刑事疑难问题与实例研究

杨路生 著

中国人民公安大学出版社
·北 京·

图书在版编目（CIP）数据

刑事疑难问题与实例研究 / 杨路生著．—北京：中国人民公安大学出版社，2022.3

ISBN 978-7-5653-3864-9

Ⅰ．①刑…　Ⅱ．①杨…　Ⅲ．①刑法-研究-中国　Ⅳ．①D924.04

中国版本图书馆CIP数据核字（2019）第272891号

刑事疑难问题与实例研究

XINGSHI YINAN WENTI YU SHILI YANJIU

杨路生　著

出版发行：中国人民公安大学出版社
地　　址：北京市西城区木樨地南里
邮政编码：100038
经　　销：新华书店
印　　刷：北京市泰锐印刷有限责任公司

版　　次：2022年3月第1版
印　　次：2022年3月第1次
印　　张：15
开　　本：787毫米×1092毫米　1/16
字　　数：230千字

书　　号：ISBN 978-7-5653-3864-9
定　　价：66.00元

网　　址：www.cppsup.com.cn　www.porclub.com.cn
电子邮箱：zbs@cppsup.com　zbs@cppsu.edu.cn

营销中心电话：010-83903991
读者服务部电话（门市）：010-83903257
警官读者俱乐部电话（网购、邮购）：010-83901775
公安业务分社电话：010-83906108

目录
CONTENTS

社会危害性问题研究

一、犯罪的本质特质——社会危害性

刑事问题的核心，是犯罪、刑事责任与刑罚。虽然说“罪刑同源”，罪与刑都是人类社会发展到一定历史阶段的产物，但毕竟先有犯罪，才会有对付犯罪的刑罚，无犯罪就无刑罚。因此，犯罪问题研究甚至可以从刑法学中独立出来，成为刑事法学中的一门独立学科——犯罪学。正因为如此，无论是从刑法学视角还是刑事法学视角，犯罪都是核心问题，对犯罪问题的研究占了相当比例。而在司法实践当中，刑事司法活动也几乎全部是围绕定性，也即罪与非罪、此罪与彼罪问题展开的。刑罚问题当然也有很大的研究价值，如财产刑适用、缓刑适用与执行。在某个时期，有些刑罚问题甚至会成为焦点问题，如在创建和谐社会、强调公民人权保护的大背景下，刑罚中最严厉的死刑问题受到普遍关注。但总的说来，由于犯罪与刑罚具有天然的因果关系，犯罪是刑罚的基础和前提，是决定性的，而刑罚是犯罪最可能的后果和结局，是从属性的。因此，在一个相当长的历史阶段内，对犯罪的研究都将维持在主流的水平。

犯罪概念、犯罪的基本特征以及犯罪构成，是刑法学对犯罪的确定性予以研究的重要成果。但由于犯罪问题本身的复杂性，人们对其中的诸多内容认识并不一致，甚至充满了矛盾和对立。依笔者的观察和了解，犯罪的社会危害性问题最具代表性，有必要予以详细研讨。

通说认为，犯罪的基本特征是社会危害性、刑事违法性和应受刑罚处罚性。其中，社会危害性是犯罪最本质、具有决定意义的特征，而刑事违法性和应受刑罚处罚性则是社会危害性的派生或者延伸。[①]但刑法学界一直有不同声音，争议较大。其中，在三特征基础上增加主观要件的四特征说，已被公认为不必要而日渐式微，因为主观要件已被包括在刑事违法性特征之中，不必要把它单独作为一个特征提出。[②]而排除应受刑罚惩罚性，认为犯罪的基本特征是应受刑罚处罚程度的社会危害性和刑事违法性，前者是本质特征，后者是法律特征，成为争议的主要声音。该主张认为，在立法上，应受刑罚惩罚性是立法机关权衡某种行为是否规定为犯罪的一个标准，也即并非任何危害社会的行为都是犯罪，只有当立法者认为某种危害社会的行为需要刑罚予以禁止时，才会将其规定为犯罪。因此，应受刑罚惩罚性是限制社会危害性的概念，将其作为独立特征不利于完整理解犯罪的概念。[③]可见，有些学者认为："社会危害性并不具备基本的规范质量，更不具有规范性。……它不具有实体的刑法意义。"[④]社会危害性作为犯罪这一事物自身所具有的区别于其他事物的最本质特征，是被普遍承认的，尽管对其概念的描述与名称有差异。

犯罪的最本质特征是社会危害性，那么立法机关的任务就是对社会生活中可能或已经发生的行为进行分析和判断：首先是价值判断——行为是否具有社会危害性，是正价值的、负价值的抑或是零价值的；其次是数量判断——行为的社会危害性是否严重，对于具有严重社会危害性的行为，以禁止性规范的形式，将其规定为犯罪。反之也可以说，刑法所规定的各种犯罪

---

① 高铭暄主编：《刑法学》，法律出版社1984年5月第2版，第66-69页。高铭暄、马克昌主编：《刑法学》，北京大学出版社、高等教育出版社2000年10月第1版。高铭暄、马克昌主编：《刑法学》，北京大学出版社、高等教育出版社2005年8月第2版，第47-49页。苏惠渔主编：《刑法学》（修订本），中国政法大学出版社1999年1月修订版，第75-80页。

② 马克昌主编：《犯罪通论》，武汉大学出版社1995年12月修订版，第13-14页；张明楷：《刑法学》，法律出版社2003年7月第2版，第94页。

③ 张明楷：《刑法学》，法律出版社2003年7月第2版，第93页。

④ 李海东：《刑法原理入门（犯罪论基础）》，法律出版社1998年版，第8页。

行为，都是立法机关认定为具有严重的社会危害性，必须使用刑罚方法予以制裁的。

归根结底这种立法活动是人的活动，是基于立法者不同的人生经历、道德观、价值观、法律意识进行交流、碰撞和妥协并最终形成立法机关整体意志的过程，其中充满了矛盾与冲突。主要表现在犯罪化与严格控制犯罪圈、重刑化与刑罚缓和主义之间的冲突与对抗。因此，我们既看到刑法在对待通奸行为、同性恋行为时，自始至终保持了理性，也遗憾地不得不接受侵占、巨额财产来源不明等立法价值不足、增加司法成本的罪名被规定在刑法中这一事实。[①]

虽然说严重的社会危害性是立法机关进行刑事立法活动时对行为是否应当规定为犯罪需要详加考量的内容，犯罪构成才是司法机关进行司法活动时所据以判定是否构成犯罪、构成何罪的法律依据，因为在规范的司法活动中，司法机关并无权对行为的社会危害性进行独立的价值判断，而只能按照体现在具体犯罪构成的各个要件，也就是社会危害性的具体表现来理解和适用法律。司法机关不能直接根据社会危害性是否达到了应受刑罚处罚的程度来认定犯罪与否，否则哪里还谈得上法治。但实际上，谁都不可避免地在具体研判个案时，考虑社会危害性问题。这其中，既包括处理是否立案、采取强制措施或者取保候审等程序性问题，也包括是否构成犯罪以及构成何罪的定性处理。从理论上解释也有根据：犯罪概念是“确定犯罪的总标准，是犯罪特征的高度概括，而犯罪构成解决犯罪的形成及法定条件，是犯罪概念的具体化”[②]，只有从宏观的犯罪概念和微观的犯罪构成两个方面，才能准确地把握案件性质。

如此可以说，社会危害性问题决定方向，或者说是行为价值的正与负，而犯罪构成决定具体行为的质量，两相比较，最终确定行为的罪与非罪性质。既要避免仅根据社会危害性来否定行为的刑事违法性，又要防止只根据犯罪

---

① 杨路生：《侵占罪研究》，载《海南大学学报》2003年第3期，第325页。

② 苏惠渔主编：《刑法学》（修订本），中国政法大学出版社1999年1月修订版，第89-90页。

构成来确认具体行为的犯罪属性。因为前者的错误在于：首先，社会危害性属于价值判断的范畴，受主体的判断能力、价值观及其所属环境等多方面的影响，对同一事物，人们可能作出不同的价值判断，如果允许司法官员仅按照自己所认定的社会危害性标准处理案件，无疑将导致主观唯心主义。其次，人的认识处于一个连续不断的发展变化过程，对同一事物的价值判断也会相应地发生变化，从深恶痛绝到恶感降低再到可以接受，甚至有好感，再到喜欢甚至加入其中。如果司法官员在判定案件时可以按照其个人好恶来确定行为的社会危害性，无异于司法儿戏。再者，从司法的属性而言，只能忠实于法律并适用法律，司法并无独立地创制法律或者在价值判断层面按照自己的理解适用法律的权力，哪怕他坚信自己的理解是正义的而立法是错误的。后者的错误在于"只见树木不见森林"，不能从宏观层面分析行为的价值属性，仅根据行为的外观特征或者构成要件与法律规定颇多相似之处，便认定行为的犯罪属性并展开刑事追究。在这一方面，1990年年初发生在浙江杭州的曹某中受贿案具有相当典型的代表性。

二、典型案例及评析

（一）曹某中案

曹某中原系某省建筑总公司副总工程师、建筑技术发展中心副主任。1985年至1987年，曹某中代表该省建筑技术发展中心担任建筑单位的技术咨询人，并受建筑单位委托为其选定、介绍施工单位。在为某县房管所等8个工程单位加固、纠偏及土建工程的技术咨询和设计过程中，先后收受施工单位现金11.45万元。1990年6月，接到举报的某市某区人民检察院认定曹某中的行为属受贿犯罪行为并对曹某中立案侦查，案件引起了社会各界的关注。辩护律师为其作了无罪辩护，认为曹某中既未利用"职务之便"，又未收取不当利益，他利用业余时间为社会提供技术服务所收取的是技术服务费，其行为应当受到法律保护。

1992年后，保护科技人员从事第二职业等活动获取的收入成为人们的共识。最高人民检察院七届第七十八次会议专题讨论曹某中案，认定曹某中不构成犯罪，决定撤销案件。20世纪80年代，正是中国开始从计划经济向市场经济转型的初期。在这个时期，虽然已经有了一些法律，但法律还显得相当粗糙与简略；虽然也有了不少政策，但政策的导向功能常常会发生摇摆。曹某中案件恰恰就发生在这个特殊的时期。本案的律师为曹某中辩护提出：曹某中“未利用职务便利”，也“未收取不正当利益”，而是利用业余时间为社会提供技术服务，所收取的是技术服务费。反映了本案辩护律师具有强烈的政策敏感性与敏锐的法律前瞻性。曹某中涉嫌受贿案经律师辩护后被最高人民检察院研究决定“不构成犯罪，决定撤销案件”，不仅直接推动了司法实践从此重视在经济犯罪认定中的法律与政策界限，而且也间接推动相关国家机关在此之后制定出台了一系列的科技服务方面的法律、法规与政策、规定。可以说，曹某中案件是浙江乃至全国推动科技体制改革以及科技法律完善上一个具有里程碑意义的案例。①

此后，最高人民检察院发文，要求全国检察机关对曹某中案进行讨论学习，明确要求在对案件把握定性时，要以行为是否有利于解放、促进生产力为标准判断行为性质。一时间，在全国产生了热议和很大反响。这个典型案例证明，必须对行为的社会危害性进行分析和把握，必须“要用历史的观点、全面的观点、识别本质的观点”②对司法实践中发生的刑事案件的社会危害性予以考量。

（二）智障少女子宫切除案

刑事司法对社会生活的干预是如此的刚性与剧烈，以至于必须要求司法保持相当的保守和克制，对于社会生活中发生的有一定价值性的争议行为，尤其是涉及专业领域尚存疑问的行为，在其专业争议未解决之前，不予司法定性评价，无疑是理性的选择。而发生在江苏南通的智障少女子宫切除案，无疑具有标本意义。

---

① 引自：http：//www.zhejiang.gov.cn/gb/zjnew/node3/node22/node168/node371/node388/userobject9ai67199.html。

② 高铭暄、马克昌主编：《刑法学》，北京大学出版社、高等教育出版社2005年8月第2版，第48页。

某市儿童福利院（某市社会福利院分部）普儿班2名痴呆女童张丽（化名）、王一（化名）分别于某年10月来月经后，因痴呆不能自理，给护理工作带来难度，该院普儿班护理组护理员多次向福利院副院长陈某汇报此事，陈某答复待向领导汇报后再定。陈某向福利院院长缪某汇报了上述情况，并建议将2名痴呆女孩的子宫切除，防止意外怀孕……2005年6月3日，某市某区人民法院开庭审理了此案。检察院欲以“故意伤害罪”追究该福利院院长缪某、副院长陈某和某大学附属医院医生王某、苏某刑事责任。被告人王某的律师为其作了无罪辩护。

某年4月，一名自称是“某市城东医院青年医生”的人在某知名网络论坛上发帖：“前天，医院来了2名少女，是某市儿童福利院送来的。2名女孩智力有障碍，大约十三四岁。有人告诉我，她们是来做阑尾切除手术的。我当时就奇怪，好好的切什么阑尾？后来发现她们看的是妇科。昨天，她们动了手术。天啊，被切除的竟是子宫……手术是在福利院的再三要求下做的，福利院的人说，2名女孩最近来了初潮，收拾起来非常麻烦，性成熟之后会更麻烦，反正她们也不能结婚生育，现在切除她们的子宫可以省去许多麻烦……我看了2名女孩的病历，她们的子宫没有任何问题，更没有器质性病变。”

帖子发出去以后，引起轩然大波，全国各地的媒体和专家纷纷指责某市儿童福利院侵犯智障少女的人身权益，并且涉嫌犯罪，2名医生“热心公益”惹祸。据实施这场手术的城东医院副院长汤某称，医院对此事没有责任，因为手术是在福利院的要求下做的，医生做手术的时候也是把它当作一项“公益事业”来对待的。据本案被告、主刀大夫王某介绍，在手术前，福利院副院长陈某曾多次找到该医院妇科大夫苏某，要求给2个女孩做子宫切除手术，苏某与他熟识，便请他联系手术医院。因为他与城东医院熟一些，便定在那里做手术。手术前，他曾犹豫不决，因为自己对法律不熟，担心出现法律问题自己负不起责任。陈某拍胸脯作担保，说“保证不牵连到做手术的医生”。手术结束后，他和苏某没有收一分钱。“切除子宫就是减少麻烦”，据城东医院妇科的一名医生说，给女智障残疾人、女精神病人切除子宫并不是什么新鲜事。这位医生还说：“这种人有智障，处理生理问题几乎不能自理。最关键的是，子宫对她们来讲也没有用处。虽然切除了子宫，但是卵巢还在，并不影响她们的女性特征。”针对“切除子宫是为了减少麻烦”这一说法，城东医院副院长汤某表示：“其实别的地方也有人在做，只不过没有引起关注。光我熟悉的，身边就有2例。”本案由于涉及太多的社会问题，并且发生在全社会关注人权、构建和谐社会的当下，所以引起了广泛的关注。但舆论几乎是一边倒地倾向于有罪，认为行为人太过残忍，必须予以刑罚惩治，以儆效尤。所谓“是可忍，孰不可忍”。

这起在全社会引起高度关注的“切除智障少女子宫案”，如果仅从法律技术层面分析，则依次应当解决以下问题：一是子宫对少女健康的影响，包括生育机能、寿命以及体质状态等不同层面。只有在某个具体层面上能够从医学的角度确认少女的子宫切除确实构成对其健康的损害，并且这种损害与其是否能够痊愈或者日后有机会生育完全无关而能够独立存在。从指控的角度看，不能把日后在某种条件下出现的损害发生可能性，当成当下指控构成伤害的现实性。二是行为人所施行的行为是出于故意，也即无论福利院相关责任人员还是施行手术的医生，在其行为被毫无疑问地确定为构成对智障少女的身体伤害的同时，其在决策或者实施这种伤害时已经对其行为的伤害性质有明确的认知，并且对所产生的损害持追求或者放任的心理态度。如果控方不能首先在医学上、其次在法律上，证明切除智障少女子宫，即使已无好转可能或者结婚生育机会仍然构成对身体的伤害，或者无法证明这种手术的身体伤害性质已经是众所周知或至少被告人是有清楚认知的，那么，定罪的证据即为不足。充其量是满足大众的情感需求而牺牲了数名被告依法获得无罪判决的权利。

如果从法域的视角审视“切除智障少女子宫案”，则不难发现，本案属于医疗和福利保障法律制度结合的领域，属于两个专门行业结合下发生的案件。因此，对于专门行业与领域所产生的相关刑事责任问题，则一般情况排斥刑法强行套用，而更多地由行业规则、惯例或者交易习惯予以调整。比较常见的如古董字画交易，因其行业的特殊性而衍生出一整套交易习惯、规则。如果支持一方因对交易反悔而动辄试图启动国家刑事机器，以诈骗为由迫害对方并行撤销交易之实，则不仅司法会因此蒙羞，而且对于行业的繁荣与发展也是有害而无益的，交易的确定性遭到损害并且交易人员的人身安全受到严重威胁（以伪造古董诈骗他人的情形不在此列）。本案也表现出相同的行业特点和属性：所谓的“伤害”行为，实质上与手术行为是同一个行为，那么，手术行为是否可以做？如何做？显然，司法必须尊重医学的观点与认知。如果对行为性质进行社会危害性评价，也必须首先建立在其属于违法医疗或手术的基础之上。就像交通肇事构成犯罪，行为必须首先具有违法性（交通管理法律法规）一样，医疗行为构成故意伤害的犯罪，也必须是违反医疗管理法律法规的行为。

至此，本案的法律性质已经清晰，属于体育、医疗或者其他特殊行业的身体损害或者其他性质的损害，刑法进行评价或者干预时必须保持消极和慎重，并且充分尊重行业习惯惯例和保持与该行业管理法律、法规相一致。对于行为的社会危害性认识有分歧或者相关管理法律法规规定缺失的情形，应尽可能通过立法活动解决，而不是由司法机关通过依据不足的定罪来满足公众情感需求。如此，在遵循法制以及罪刑法定原则的基础上，解决法律漏洞，避免类似情况再次发生。

社会危害性作为一种价值判断，毫无疑问会受到主体的认识能力、立场和观察分析问题的角度的制约和影响，这就使得经验性认知和逻辑性认知等素质养成至关重要。

古人云：“大音希声，大象无形。”越是抽象、庞大的事物，人们对它所作出的认识和价值判断，就越容易发生偏差。人类社会随着医疗科学技术的发展，人作为自然界中的一种生物进而受到自然法则的淘汰、优化而进化的能力越来越低。纯粹从人种质量的角度看，不能不引起忧虑。这正是在评价医疗科学技术进步的价值时，必须看到隐藏在人们康复和延年益寿背后的负价值。又如追求幸福生活本是人的自然权利，但在无法控制人口无序繁殖的条件下，个人的物质生活条件的大幅剧烈攀升，无疑会导致自然环境恶化，甚至全球生态系统崩溃。近年来，全球升温正毫无疑问地迫使我们不得不承认这个事实。所以，对于人们追求幸福的热情和努力自然应当加以支持，但也应看到隐忧。正如每个人都追求出则驾车的惬意生活，可真要是达到人人如此，污染和交通拥挤可能已把我们的生活肢解得千疮百孔、惨不忍睹了。

因此，在评价行为的社会危害性及其程度时，应当历史地、辩证地、全面地分析和认识，坚决克制住随意性使用和启动刑事追究的冲动。最好的刑事司法应当是：对于犯罪的人，刑事制裁是无可避免的；而对于没有犯罪的人，无论多么相像和让人犹豫，最终都会得到无罪的结局。

（三）许某案

由于行为的社会危害性问题太过复杂，虽然贵为犯罪的最本质特征，但永远无法用实证的方法或者借助于现代科学技术予以物理、化学方法准确测定其数值。所以，一些司法工作人员选择避开在判断行为的社会危害性方面进行苦心钻研，而是直接按照行为是否可以套入某个罪名的犯罪构成之中，来判断和决定是否构成犯罪。这无疑是有违立法本意的，也兀自浪费了所有先哲们确定犯罪并防止刑罚滥用的努力和研究成果，实在令人扼腕。在具体案件的罪与非罪、构成何罪的定性问题上，唯一正确的选择是：既要从社会危害性的宏观方面进行价值判断，是否达到了犯罪的“质”和“量”，又要按照具体罪名的犯罪构成要件进行比对、衡量。只有如此，才能确保最大程度地实现刑法“打击犯罪、保护社会”的任务和目标。发生在广州的许某恶意取款案，给我们提供了一个范本，来印证笔者前述观点。

1. 基本案情

2006年年初，24岁的许某到广州打工，成为广东省高级人民法院的一名保安。4月21日晚上10点左右，下班后的许某与同事郭安山来到广东省高级人民法院对面的自动柜员取款机前，用自己的工资卡取钱，原本只想取100元钱的许某，无意中将一百元按成了1000元，取款机竟然真的吐出了1000元钱，十分奇怪的许某再次把卡插进取款机，查询自己的余额，他吃惊地发现，自己的余额竟然只少了一块钱，他觉得这个很奇怪，这种难得的机会所产生的巨大诱惑就像黑洞一样吸引了他而无法摆脱，他决定再试试看。反复取款50多次后，卡中只有170多元余额的许某，一口气从自动柜员取款机里贪婪地取出了5.5万元人民币。

许某与郭安山回到宿舍后，就商量该怎么办。是报警，还是报银行？郭安山说：“天上掉馅饼一样的，反正不拿白不拿。”22日凌晨1点左右，许某和郭安山再次来到自动柜员取款机前，许某用自己的工资卡连续取款100多次。银行卡里原本只有170多元的许某，前后总共在自动柜员取款机上取出了17.5万元人民币，他的同事郭安山则取款1.8万元。

然而，取了这么多不属于自己的钱，许某并没有马上逃跑，22日上午9点，他照常到高院上班。他当时的心态是"这个钱不是我的，银行第二天肯定会发现的，发现了肯定会来人，来人就把这个钱还给他就没事了"。22日的一天平静地过去了，没有人来找许某。23日，本不该许某值班，但是许某仍然在值班室待了一天，等待广州市商业银行找上门来，结果又是平安无事，谁知道一连过了两天也没动静。许某想："既然银行都不要钱，我就走了。"于是他就把钱打包好，准备坐长途汽车回家。

从2006年4月22日凌晨，许某在自动柜员机上取走17.5万元，到4月24日下午3点许某离开广州，时间已经过去了50多个小时，但许某没有等来银行追款的人，这一下让许某有了侥幸心理，以为银行确实没发现他取钱的事，于是，他和同事郭安山各自踏上了回家之路。他哪知道，自己这时候其实已经迈上了一条逃亡路。

4月24日下午3点，许某离开单位，背着这17.5万元，坐上了回山西老家的长途汽车，就在许某离开广州的同时，广州市商业银行发现了这台自动取款机的异常情况。根据许某办卡的记录，很快查到了许某。

4月25日，银行在电话联系许某的同时，也向广州市公安局经济犯罪侦查支队报了案，而此时许某乘坐长途汽车刚到山西临汾，接到广州高院保安部的电话后，许某打电话到银行，说："我把钱还给你们就没事了。"银行一个经理却说："不行，你不仅要还钱还要回来投案，我们已经报案了。"

银行工作人员的话把许某吓了回去，由于担心会受到刑事处罚，于是许某决定不回家，到太原去找他的一个朋友。此时，又一件意外的事情发生了，许某取出的17.5万元中，藏在行李里面的5万块钱不见了，他更不敢回家，便去了太原。

许某的父亲也接到了广州方面打来的电话，但他没有找到许某，也不知道怎样去银行还钱。而此时许某到了太原，找到了以前认识的一个朋友。

据许某交代，他想去跟人家做点生意，把这个钱赚回来再还给银行。结果，网吧投资也不赚钱，那个朋友拿了他10万元投资，每个月只给他200块钱，于是，就这样拖下来。

网吧生意做不下去了，许某又应聘去一家公司跑业务，战战兢兢地度过了4个多月。2007年5月22日，许某在他出差经过宝鸡火车站时，被公安民警抓获。

2007年6月4日，广州市公安局天河分局正式对许某进行刑事拘留。2007年10月15日，广州市人民检察院向广州市中级人民法院提起公诉，指控许某犯有盗窃罪。2007年11月6日，广州市中级人民法院刑事审判第二庭，正式开庭审理许某盗窃案。2007年11月20日，广州市中级人民法院作出判决：许某以非法占有为目的，伙同同案人采用秘密手段，盗窃金融机构，数额特别巨大，行为已构成盗窃罪，遂判处无期徒刑，剥夺政治权利终身，并处没收个人全部财产。许某案经媒体报道后，在中国社会引起舆论广泛关注和争议。2008年1月14日，广东省高级人民法院以事实不清为由将该案发回重审。2008年3月31日，广州市中级人民法院第二次公开开庭审理，当庭以盗窃罪判处许某5年有期徒刑，罚金人民币2万元，并退赔其从银行ATM机上取出的17.5万元，许某不服提起上诉。2008年5月22日下午，广东省高级人民法院就备受关注的许某案进行宣判，驳回上诉，维持原判，这是该案的终审判决。

2. 争议焦点

网友们热议此案，一是因为判决太狠，考验全民的良心；二是因为法律上扑朔迷离，考验全民的智商。ATM机属于金融机构，官民皆无异议。争议焦点在于，许某的行为是否属于“秘密窃取”？学界通说认为，“秘密窃取”是指“采取不易为受害人发现的方式，在受害人当时不能发现的情形下取得他人的财物”。所谓“不易为受害人发现”是指行为时不容易被受害人发现，并非指“不为受害人发现”。有些笨贼技术不过硬，行窃时会被人察觉，但如果被害人因为胆怯而假装不知的，仍构成盗窃。由此可见，成立盗窃罪关键在于犯罪分子“自以为人们不知”，至于受害人事实上“知”或“不知”，通常无关定性。

许某在多次取款时，内心以为银行可能不知，主观形态符合盗窃。但问题的复杂性在于，如果没有ATM机的主动配合，许某无法完成侵占行为。更头痛的是，由于ATM机出现故障，导致许某实际上可以公开地实施侵占，无需秘密进行，即使许某身后站着警察，他也不知道许某的卡里没钱！许某的客观行为以及ATM机的表现，又与盗窃罪有所不符。问题出在ATM机“犯傻”，把钱不当钱，“同意”给付。对于相对人错付的，民法上以“不当得利”责令返还，民间俗称“多退少补”，法律上不以犯罪论处。对于不当得利数额巨大又拒不返还的，刑法上无专项规定，但某些人民法院以“侵占罪”解决之。

许某得款后远走高飞，民法上构成侵占财产，但能否构成刑法上的侵占罪？侵占罪是指以非法占有为目的，将他人交给自己保管的财物、遗忘物或者埋藏物非法占为己有，数额较大，拒不交还的行为。许某远走高飞，属于拒不返还，似合侵占罪。但由于这笔钱并非银行交给许某保管，也非银行遗忘物或埋藏物，犯罪客观方面又有不符。

许某的行为貌似盗窃罪又貌似侵占罪，出现归类难题，立法出现瑕疵，没有规定，一旦ATM机“犯傻”如何处置。某国有一起趣案：法律对“蔬菜”和“水果”定有不同关税，结果海关碰上了“西红柿”！进口国人民一向认其为“水果”，出口国人民一向认其为“蔬菜”，海关一筹莫展。这东西究竟是水果还是蔬菜？当你用它做闲食，它就是水果；当你用它做汤，它就是蔬菜。也就是说对于某些事物，你说它是什么它就是什么，关键看你怎么说！

法律解释的要义是“衡平”，即平衡各种利益，求得中正结果，民间称为“一碗水要端平”。笔者认为，本案判处无期，则民心不服；如果无罪释放，则纵容不法。本案可以考虑通过对侵占罪中的“将他人的交给自己保管的财物”作扩大解释，求得衡平。“他人交给”法理上包括“他人自愿交给”和“他人错误交给”。ATM机错付款可视为“他人错误交给”，从而以侵占罪处以轻刑。这样的解释确实勉强，但弥补法律漏洞，谁能天衣无缝？

更重要的是，为什么民间对法官的判决不服？焦点无非是认为量刑太狠，有失公允。如某中级人民法院副院长受贿18万元人民币，判3年有期徒刑；某高级人民法院院长受贿106万元，判有期徒刑15年。而一个并无前科的良民，因一时贪欲侵占17万余元，就被处以无期！青春、爱情、事业毁于一旦；

他的亲人将生活在阴霾中，直到永远。从社会现状来看，能够贪污受贿的，主要是官员，而盗窃犯罪的，主要是平民。就社会危害性而言，前者通常大于后者。我国刑法对两者的定罪量刑明显有待考究。

如何确保“立党为公，执政为民”的政治宣言在司法制度上得到贯彻落实，是当今社会的头等大事。笔者认为，最佳方案是修订我国的陪审法律，激活人民陪审制，激活“人民陪审员”，让人民群众直接坐上法庭，真实有效地与职业法官共同司法。

某知名宪政学者认为，许某利用ATM机的故障获取17.5万元，被广州一审人民法院判处无期徒刑公布之后，见诸媒体的意见截然对立：传统媒体与网络舆论几乎一边倒地认定，这一判决过重。一些法学专家、律师则强调，人民法院的判决并无不当。因为，《刑法》第264条明文规定，盗窃金融机构，数额特别巨大的，可判处无期徒刑或死刑。最高人民法院1997年制定、1998年生效的《关于审理盗窃案件具体应用法律若干问题的解释》则规定，盗窃3万元到10万元以上，就属于数额特别巨大。这两种意见从各自逻辑上都站得住脚。民众对于本案中的正义自有其认知，而一审人民法院判决显然不合乎这种认知，因而他们会表示不解和愤怒。法律专业人士强调的是一审人民法院的法定职能：一审人民法院只能依据法律裁决案件。

中国大体上继受了欧洲大陆法传统，一是只有宪法及法律所规定的立法机构有权制定法律；二是法官的唯一职能就是依据立法机构制定的法律对具体案件进行裁判。显然，在许某案中，法官即是如此做的。法律明确规定盗窃金融机构10万元以上就可判处无期徒刑，许某盗窃了17.5万元，法官依据简单的三段论推理就可判无期徒刑。

但是，法官不管通过什么方式得出判决，都要让人们相信人民法院是在维护正义，人民法院的判决必须合乎人们普遍的正义感。比如，法律关于犯罪要件的规定必须与社会现实相适应。为此，法律就必须持续不断地修订。否则，法官根据过时的法律自动作出判决，会严重偏离人们的正义感。

笔者认为，审理许某案的人民法院正是在这一点掉进了法律的陷阱。最高人民法院司法解释规定，“个人盗窃公私财物价值人民币三万元至十万元以上的，为数额特别巨大”。这一规定，放在10年前，或许还合乎人们的正义感，但放在今天，在经历了几年持续的通货膨胀之后，不过相当一个普通白领的年收入。让一个盗窃了这点钱的人坐一辈子监狱，人们恐怕会于心不忍。

但是，按照目前的法律规定，法官必须以事实为依据，以法律为准绳。类似案件多有存在，如频繁引发争议的铁路撞人赔偿案。铁路方面赔偿依据依然是1979年制定的一项“暂行规定”：在铁路路基上行走、乘凉、坐卧钢轨等引发的伤残，由铁路部门酌情给予一次性救济费50~150元；死亡者，铁路部门酌情给予80~150元火葬费或埋葬费，还可酌情给予一次性救济费100~150元。

许某案及类似案件所引发的民意将这个问题变成了一个现实问题。相关立法机构、最高司法机构应给予关注，进而思考如何对法律、司法进行系统改革，从而使法律尽可能地与社会生活同步演进，让法官在绝大多数案件中的裁决能与民众的正义感相符。

对于许某案清华大学法学院教授许章润认为，银行不应随便动用公众权力。顾客与银行之间首先是一种民事法律关系。事发后，银行应该首先采用民事手段来实现民事救济，如果不行，才应当动用公共权力。银行有取款录像、有身份证号码，完全可以通过通知被告等后续服务来索回。直接动用公众权力是一种不恰当的做法。公共权力是依靠纳税人的资金来维持的，是一种稀缺资源。我们感觉到这里有一个强强联合的问题，即金融这样强势一方与公安司法这样强势一方相结合，而没有把顾客作为上帝来看待。这是一个重大的缺陷。如果是民事侵权纠纷案件，那么作为公权机关的公安机关、人民法院就应当超脱其上，不予干涉。实际上，事情一旦发生，金融机构、司法机关等便强强联合，一致对外。这个案件发生在金融机构和它的服务对象之间，首先应该在平权的基础上，运用民法条例来解决。

以上专家分析，各有所长，众说纷纭。此前发生的影响巨大的案件，要么是因为骇人听闻、后果严重而引起关注，如马加爵杀人案、孙志刚被害案，要么是因为程序性争议而引起关注，如陕西邱兴华特大杀人案，在被告人邱兴华有一定精神疾病特征表现的情况下，诉讼过程中未能对被告人进行精神病司法鉴定而引发关注和争议。

许某案的核心问题，就是定性问题，即是否构成犯罪以及构成何罪。前者需要依据社会危害性理论和犯罪构成予以判定，后者则只需适用所涉嫌的个罪的犯罪构成予以衡量即可。这是一个最标准的实体定性问题。

（1）人机关系。ATM机是银行设在其选定区域内（银行经营场所内或者外）的终端服务性营业机器，由硬件和设置于其中适用的软件组成，可以通过人机对话实现银行与客户的交易。其法律属性与自动售货机有相同之处，都是完成交易，而不同之处在于ATM机人工智能更为高级，可以对交易对象进行人身识别，即读卡以及验证卡号和密码来确认交易资格。客户与ATM机所进行的交易，是有法律效力的，银行与客户双方都不得以银行方面没有人参与而要求交易无效，人机关系的实质，是银行与客户的交易关系。所以，否认ATM机的金融机构之属性，显然是错误的。

（2）许某的行为性质。许某在明知自己存款额度不足、银行系统错误的情况下，实施了一个行为——操作ATM机取款的行为。正是这个取款行为，被人民法院认定为属于“盗窃行为”，并构成盗窃罪。我们不妨看看，在银行ATM机正常工作之时，如果许某实施了同样的行为并被发现，那么必然会被ATM机拒绝，只构成一个无效操作。而今ATM机出现了错误，一个无效的取款要求被承认并得到了ATM机代表银行给付。这就是许某行为的性质。

（3）许某获得财物的方式是：通过银行ATM机的错误交付。人民法院认为，许某在明知ATM机出现错误的情况下继续取款行为构成“盗窃罪”。论点的核心就是：在银行ATM机出错的情况下，ATM机已经丧失了正常的拟人思维与识别、交易能力，行为人许某再行利用该机会操作取款，无异于白白地直接拿取银行资金，是为“盗窃”。但笔者认为，该论点有两个致命缺陷：一是无视许某得到资金是ATM机交付的，只不过该交付属于错误交付，非银行的真实意思表示状态下的有效给付而已；二是给银行客户设定了在知道银行ATM机或者工作人员出现错误时，有不得再行操作取款的义务，违反者则构成盗窃。这种模式与恶意透支构成信用卡诈骗罪一样，所不同的是，后者有法律明文规定，而前者纵使全天下的人都认为是恶意的，但是，有法律的明文禁止性规定吗？这令我们想起“罪”与“刑”的法定主义，刑法没有明文规定人们在何种情况下不得再行实施原本合法而无效的取款操作行为，否则即为“盗窃”。

(4) 盗窃罪的犯罪构成是行为人实施了秘密窃取他人财物的行为并以永久性占有该财物的全部物质利益为行为目的。[①]也即必须是行为人通过自己的行为“占有、控制”财物，而只要是通过他人“交付”的方式取得财物，则可以是抢劫、诈骗、侵占、绑架等，唯独不是盗窃。有人认为，当ATM机出现错误时，就像别人家的金库破损、金子外露一样，许某再行取款，就和拿取他人金库里的金子一样。这也是有罪判决的理由。但两者的本质差别在于：自行拿取为盗，通过他人交付，不能为盗。ATM机在正常情况下的行为，等同于银行的行为，其行为的法律后果由银行承担；当其发生错误时，就像银行所雇佣的员工出错一样，法律上当然属于银行交付了资金，否则，银行如何能够承担该行为的法律后果取得撤销交易并要求客户返还因其重大误解所得资金的权利？只不过该交付属于重大误解的法律性质，并非银行真实意思表示。客户取得不属于自己的银行资金是银行的错误所致，客户的恶意占有以及应当善意返还都无关紧要，重要的是其占有、控制银行资金的方式是通过银行给付的。绝不能简单地把要求给付行为等同于“拿取”从而对取得他人财物的方式造成误认。也不能说：银行ATM机出现错误以后，涉案财物就不是ATM机代表银行给付许某的，只能在承认该事实的条件下，进一步认识该给付不是银行的真实意思表示而已。当然，许某不操作取款，ATM机也不会错误给付，但同时，许某即使操作了取款，也不过是无效操作而已，没有意义，只有在银行ATM机发生故障时，通过ATM机的错误交付，许某才得以占有财物。

(5) 利用他人的错误给付取得财产，也可以构成犯罪。比如说，诈骗犯罪就是利用被害人识别能力低下并往往贪图获利而错误交付财产，这种错误丝毫不影响行为人构成诈骗，但这种错误必须与行为人的行为有联系：缘于行为人虚构的事实或者至少隐瞒了事实。取得财产是通过他人给付所得，不是抗辩诈骗罪成立的有效理由。但是，按照罪刑法定的基本要求，通过他人交付而占有他人财产，无论如何也不符合盗窃罪的行为方式和基本犯罪构成。

---

① 杨路生：《合同诈骗罪研究》，载《海南大学学报（人文社会科学版）》2005年第2期，第205页。

我们可以参考进行研判的内容是:《刑法》第196条以及《刑法修正案(五)》所规定的信用卡诈骗罪,全部因行为人实施了骗取代表银行进行交易的终端设施——自动柜员机或者特约商户的错误给付(或者结算)而构成诈骗罪,在此,行为人与机器(包括有人操作或者无人操作)发生的关系,相当于行为人与银行发生关系。

一直有部分专家坚持“机器不能成为诈骗对象”,清华大学法学院黎宏教授即持这种观点。他认为,一方面,行为人不可能对机器进行欺骗。另一方面,机器不可能陷入错误。[①]但一直也有不同声音,认为冒用他人信用卡或者持伪造的信用卡骗取钱款或者消费、服务的行为,是典型的信用卡诈骗犯罪。而《刑法》及其相关修正案的规定显然支持后者。笔者认为,ATM机本质上是银行所有的设施,银行承诺客户可以与之交易并视为与银行交易,该机虽无人操作,但由于技术的进步,仍可完成与客户之间的交易,可以视为银行的营业机构或者银行的拟制工作人员。谁能否定银行每天通过ATM机与客户进行的大量、巨额交易是具有法律效力的,其法律性质是银行与客户进行的交易民事法律行为,并受法律保护。因此,以虚构事实、隐瞒真相骗取ATM机错误给付的行为,自然构成诈骗罪。

我们不妨通过研究完全没有民事行为能力和资格的精神病人或者幼童的行为性质来与ATM机进行比较分析,或可有所收益,如从完全没有民事行为能力资格的精神病人或者幼童处,以糖果或者花言巧语骗取其交付所佩戴、持有的贵重财产的行为性质,从外观上看,符合“骗取”的行为特征,行为人施骗,而精神病人或者无民事行为能力人在骗术的影响下,“自愿”交付财产。其行为结果就是行为人非法取得了他人财产,而被害人所有或者持有、保管的财产受到了损失。但是,诈骗罪的被害人实施的“自愿交付”行为,是一个在被害人正常认识能力和意识能力条件下进行的行为,只不过是在被欺骗的情况下作出的不利于自己的行为,最终将严重影响被害人的利益。因此,我们所称的法律上的行为,必须既有行为的客观要素,也即必须外化为某个行为主体的身体动作,哪怕是言辞语句,同时又有行为的主观要素,也

① 黎宏:《机器不能成为诈骗对象》,载《检察日报》2009年2月19日。

即该行为是在行为人有正常意识的情况下作出的，梦游中的人所实施的行为不构成“行为”。最后，行为必须是人的行为，只有法律上具有行为能力资格的人，才有“行为权”，即实施有法律意义的行为并承担相应的法律后果。因此，精神病人或者完全没有民事行为能力和资格的幼童向行为人交付财产的行为，看上去与诈骗被害人的自愿交付很相像，疑似诈骗罪，但由于没有法律意义上的“人”，以及法律意义上的“被害人”以及“行为”，也就不存在以糖果或者花言巧语骗取被害人交付所佩戴、持有的贵重财产的行为性质构成诈骗的条件了。

对比银行ATM机的性质。ATM机是银行所有且银行早已经公开承诺银行客户可以与之通过人机对话进行交易的设施，其交易行为后果，包括ATM机出错时的法律后果，全部由银行承担。除无需银行人工操作以外，ATM机的法律地位与银行有一定授权权限的营业机构相同。它对外与银行客户发生关系并发生法律后果，它有交易识别能力和意识，虽然自动程度和范围都很低，也属于交易行为。我们不能说客户通过ATM机取得的货币，不是银行交付给客户而是客户自己“拿取”的。这就是我们无法不把它当成金融机构的原因。

两相比较，不难看出从银行ATM机与精神病人或者完全没有民事行为能力和资格的幼童处取得财产，有很大区别：前者是有交易、交付行为能力的，它在法律上构成一个“人”，或者拟制人，它自然也可以被他人所欺骗而给付，成为被害人，鉴于其没有独立的法律地位，实际上银行是被害人，ATM机的交付和被骗就是银行的交付和被骗。后者自始至终不构成“人”、“被害人”以及被害人的“交付”行为，[①]相当于不在场的财产权利人，也即精神病人或者完全没有民事行为能力和资格的幼童的监护人的财产被行为人秘密窃取，只能构成盗窃罪。

---

① 笔者认为，应当把权利能力和行为能力区分开来，不能混为一谈。精神病人或者完全没有民事行为能力和资格的幼童自始至终都是有与所有人一样的权利能力的，如生命不受侵害的权利，任何非法剥夺其生命的行为构成杀人罪。同时，由于精神或者智力原因导致精神病人或者完全没有民事行为能力和资格的幼童没有行为能力。因此，不存在骗不骗或者自愿不自愿交付的行为。至于行为人对其形式上的哄骗，实际上是为了防止其哭闹而引人注意，法律性质上等同于盗贼的轻手轻脚来盗窃一样。所谓“无意识则无交付”。

至此，我们不难看出两者之间的鸿沟：ATM机可以实施行为、可以给付，当然也可以出现错误给付。即使在错误给付的情况下，行为人获得财产的方式也是通过ATM机的给付而实现的。而从精神病人或者幼童处所得，是行为人自行拿取的，也没有被害人的给付。试图把ATM机出错情况下的给付混同于从精神病人或者幼童处直接拿取财产，看似后果一样，但无视ATM机是有行为能力的，而精神病人或幼童是没有行为能力的。同时，ATM机出现错误时的给付，仍然属于银行出现了错误给付，行为人通过银行的错误给付而占有银行财产。定盗窃罪的致命缺陷就在于此。既然许某所得是银行错误给付所致，银行如何能够不知道？银行自行付给许某巨额财产，它自己当然知道，它不知道的是它的ATM机出现故障了，该机项下所给予许某的给付是错误给付性质的，法律上属于重大误解。[①]错误给付和客户自行拿取的性质是完全不同的，所有侵犯财产罪的后果都是一样的，最多是既遂与未遂的区别，最重要的是取得财产的方式，方式决定罪名。所以，把ATM机的错误给付模糊处理并等同于许某自行拿取，是对许某取得财产的方式作出了错误认定，构成盗窃罪的结论当然也发生了错误。

3. 社会危害性

我们再从社会危害性层面来研判许某的恶意取款行为是否达到“犯罪”的质量要求，即是否具有严重的社会危害性程度，只有达到了这个层面，依据《刑法》对其进行处罚或者至少通过补救性立法规制这种行为，才有合法性、正当性和可能性。

许某在发现银行ATM机出现故障以后，继续操作取款，该行为的不道德属性是毫无疑问的。但是，不道德的行为不能直接等同于犯罪，只有其中社会危害性最为严重的部分，才可经法定立法程序予以犯罪定性。因此，首先必须把由于道德感所产生的对于许某行为的厌恶感，排除在研判其行为的社

① 笔者不认同许某所得在民事上是不当得利，认为应当是重大误解。比较二者的法律概念不难发现，既然得到银行财产的方式是银行错误给付，就像商场卖货少收了货款，应当属于重大误解而不是不当得利，除非银行ATM机曝光了，许某自行拿取，则应当在盗取与捡取性质的不当得利之间予以讨论。

会危害性过程以外，保持足够的冷静、客观、独立。

当事银行作为社会的一员，当然有权利要求法律对其财产提供足够的法律保护。但是，刑罚资源的有限性和高成本，决定了它只能是社会秩序保护系统工程中的一个次要而不是首选的组成部分，且是最后的、不得已而采用的辅助手段。“不能也不应该指望通过加强和扩大刑法的调控范围来治理社会。”①也就是说，组成社会的所有个体，都必须首先依赖自己的行为而不是全部依赖法律，尤其是刑法来保护自己的利益，只有犯罪活动，是任何个体都无力单独对抗以求存的。所以，必须由国家强制力予以追究、制裁。而当事银行自己的错误造成了错误支付，造成其财产损失主要是因自己的过错所导致，要避免同样的事情再次发生，只需银行更加谨慎和勤勉，在订购、安装制造商所提供的ATM机时，要求其提供更完善的解决方案以及责任分担即可。正如对于个人丢失东西而言，最好的办法是多加小心，而不是通过规定捡拾者不予归还即构成犯罪的方式加以解决。因此，当事银行由于自己的过错造成了自己的财产损失，导致许某的行为社会危害性评价下降。正是银行的错误，导致发生财产损失成为可能，而许某所做的不过是把它变为了现实。分清了主次关系，不难看出，与其把许某定罪，不如要求银行加强自律自觉以解决此类问题。

笔者认为，面对着银行ATM机出现错误导致的巨大利益，许某只需做跟往常一样合法但无效的取款行为，就可以轻易地得到钱，这种诱惑实在难以抗拒。如果我们诚实的话，我们必须得承认一个事实：许某所做的，也是很多普通人在这种情况下会作出的选择，就像很多人选择捡到钱交还，但也有很多人选择留给自己一样。因为，大多数人凭着直觉和对法律、事实的理解，会认为这等于“捡”到了财产一样，不认可是“偷”。笃信“君子爱财，取之有道”而不为所动者，是绅士、君子、社会楷模。认为“银行肯给，我就敢要，不要白不要”者，道德水准自然比较低下、唯利是图，但既然是很多人的选择，就不足以达到成立犯罪的社会危害性。因为立法不可能脱离其时、

---

① 陈正云：《刑法调控范围探讨》，载《中国法学》1996年第6期。

其地、其人而自说自话，它是产生于一定的现实物质生活条件基础之上的。对于很多人都会作出的行为和选择，如果硬性地规定为犯罪，形式上自无不可，但其结果必定导致法律与社会的冲突和对抗，法律得不到大多数人的自觉遵守。①

银行的损失完全可以通过民事法律予以完全的保护，这也使得许某行为的社会危害性有所平抑。在错误给付的情况下银行所遭受的损失，有一个显著的特点，那就是行为人必须是银行承认有交易资格的人（以获得银行卡为标志），且通过了银行交易审查（验证卡内信息以及密码）并在之后的交易中获取银行款项。因此，银行必然可以获知得到自己款项之人的所有信息，借此可以通过协商、谈判甚至提起民事诉讼，要求许某返还财产。众所周知，刑法作为调整社会关系方法最具强制性的法律，被普遍认为是“最后法”，根据该属性所产生的刑法之谦抑性，要求犯罪是其他法律调整方法已经不足以解决问题时，才被规定在刑法的犯罪中，由刑法予以调整，如以盗窃、抢劫、抢夺等侵犯财产类犯罪为例，社会危害性严重，且被害人往往不知行为人的基本信息而无法依靠民事法律维护自己的权益。

另外一个认为许某构成犯罪、必须予以刑事追究的理由是：许某明知银行ATM机出现错误，仍然恶意取款，如果不加以制裁，其他人都来仿效，怎么得了？这种观点实际上是功利主义的，同时也是威吓主义的，即以定罪处理可以很容易解决银行财产保护的大漏洞，同时阻吓人们不再如许某般恶意取款。或许很多人也都认为定性盗窃罪有些不恰当，但为了惩治并阻吓，只能勉强定罪了。

综上所述，笔者认为许某案依法应当不构成盗窃罪，如果没有后续发展的新行为，即拒不交还所占有的他人（银行）财产，只需使用民事法律对于涉及纠纷的当事双方予以调整即可。但是，许某取得银行财产是由于银行的重大误解，即银行在给付时并不清楚自己行为的性质而误以为正常交易，因而并不产生刑事问题，而当银行作为权利人依法要求许某返还所占有的财产

① 杨路生：《中国刑法若干问题研究》，南海出版公司2000年6月第1版，第60-67页。

时，已离开案发地广州的许某拒不返还，应当依照侵占罪追究其刑事责任。也就是说，许某取款并不为罪，强行定盗窃罪事实和法律依据不足，而许某拒不返还所占有的代为保管的他人（银行）财物，依法构成侵占罪。

《刑法》第270条所规定的侵占罪规定，恶意占有他人财物拒不返还的行为构成侵占罪，取得他人财物难以确定为犯罪，如顺手牵羊或者捡拾他人财物而定罪困难等，行为人恶意占有不予返还，恰好可以按照侵占罪追究刑事责任。

银行给付许某财产后，许某得以占有银行财产。与侵占罪规定相比较，只有第一种情形可以展开研究，也即主要研究银行的错误给付是否构成侵占罪所规定的“交付”，从而产生代为保管，最终产生交还财产之义务。拒不履行该义务，则构成不作为性质的侵占罪。

“交付”是物权法、合同法中的一个重要的法律概念。作为一个发生法律效力的民事法律行为，“交付”导致对物的占有权转移，同时物的损毁、灭失风险和责任也同时转移，有特殊法律规定或者当事人另有约定的情形除外。但银行ATM机的“交付”，并非真实意思表示，构成重大误解，因而法律上属于“可撤销行为”。但对于许某取得财物而言，是基于银行的错误交付，许某对该财产的占有，属于代为保管性质，在民事上承担返还义务，同时，在民事上、刑事上都负有返还的法律义务。当其拒不履行该返还法律义务，除了提起民事诉讼以外，当事银行还可以以其行为符合侵占罪的犯罪构成为由，以自诉方式直接起诉于人民法院，要求追究许某的刑事责任，附带提起民事诉讼。

主客观相一致问题研究

一、犯罪构成要件

犯罪成立条件是由主观与客观的一系列要件所组成的，这些要件按照一定的逻辑形式形成犯罪构成的体系。

犯罪“构成要件”的起源最早可以追溯到13世纪。当时的历史文献中出现过“Constare de delicto”（犯罪的确证）的概念，它是中世纪意大利纠问式诉讼程序中使用的一个概念。在这种纠问式诉讼程序中，法院首先必须调查是否有犯罪存在（一般审问，或称一般纠问）。在得到存在犯罪的确证后，才能对特定的犯罪嫌疑人进行审问（特别审问，或称特别纠问）。后来从“Constare de delicto”（犯罪的确证）一词又引申出“Corpus delicti”，即“犯罪事实”。这是1581年意大利刑法学家法利斯首先采用的，用以指称已被证明的犯罪事实。这个概念后来传到德国，适用于整个普通法时代，其意义是用于证明客观犯罪事实的存在。如果没有“Corpus delicti”，也即“犯罪事实”，就不能进行特别审问。因此，作为诉讼法上的概念，“Corpus delicti”所表示的是与特定行为人没有联系的外部的客观实在，如果不能根据严格的证据法则予以确证，就不能再行特别审问和拷问。“Corpus delicti”，也即“犯罪事实”这一概念，所包含的基本意义为此后犯罪构成理论的产生奠定了基础。

此后，法国刑法学家克莱因（E.F.Klein）首先把“Corpus delicti”译成德语“Tatbestand”，即犯罪构成，但当时仍然只有诉讼法的概念。直到19世纪初，德国著名刑法学家费尔巴哈（P.V.Feuerbach）才明确地把犯罪构成引入刑法，使之成为一个实体法概念。费尔巴哈从罪刑法定主义出发，要求在确认任何行为是犯罪并对之科以任何刑罚时，都必须根据法律的规定来确定。至此，犯罪构成开始具有了“构成犯罪的要件”之意，与现代刑法所称“一系列主客观要件之有机结合”相近。[①]

由于现代意义上的罪刑法定主义，是在反抗封建制的罪刑擅断、寻求刑事司法公平正义的基础上产生的，其基本要求“罪”的确定化，强调“罪”的客观实在性，为避免主观性或者基于主体性评价所导致的不公平，坚持“罪”应当具有独立的法律地位和价值，与主体的身份、财产状况、受教育程度等无关。

所谓“客观主义”，是主张对犯罪分子适用刑罚的轻重，应完全以行为人在客观上实施的犯罪行为及其所造成损害结果的大小为依据，不应考虑行为人作为行为主体的身份、地位、财产状况以及人身危险、主观恶性甚至再犯可能性。[②]在近代西方刑法学中，存在两个相互对立的学派——刑事古典学派和刑事实证学派。以贝卡利亚、费尔巴哈、边沁等为代表的刑事古典学派崇尚以实行行为为中心的客观主义犯罪构成理论，认为犯罪构成的基本要件就是见诸于客观外在的犯罪者的行为及其实际危害后果。“客观主义”理论主张在反对封建专制主义和具有强大历史传统的特权等级制度中，推动实行罪刑法定主义、保障人权方面曾起过重要的进步作用。考虑到当时刑罚适用上公开的、形式上的不平等以及追求行为人主体、主观内容对刑罚影响的困难程度，“客观主义”主张至少先达到形式上法律适用的平等。由于其所主张据以定罪量刑的客观物质性条件依据，是可以用非常直观的理化方法

---

① 也有论者认为，“在整个19世纪，构成要件还缺乏刑法学的意义，将构成要件从各论的概念中抽象出来发展成总论的理论体系的基干，则是20世纪初以来的事情，这其中有贝林格、麦耶和麦茨格尔等人的功劳”。参见张明楷：《刑法学》，法律出版社2003年7月第2版，第119页。

② 《中华实用法学大辞典》，吉林大学出版社1988年9月第1版；苏惠渔主编：《刑法学》，中国政法大学出版社1997年修订版，第91页。

直接测试其“罪”“恶”的大小，进而所确定的刑罚也就具有了平等的一般意义。

所谓“主观主义”，是与刑事古典学派的“客观主义”相对应的一个概念和理论主张。它认为刑事责任的基础不是犯罪人的行为，而是其性格等主观的东西，是主体的主观恶性。适用刑罚不是根据犯罪行为所产生的实际危害或者危险性，而是根据行为人的性格即主观恶性（人身危险性）来确定的。[①]对于具体的犯罪行为，认为应当不过多地考虑其实际造成的损害大小，而应把犯罪客观情节与行为人日常表现相比对，将其看做是窥探、确定行为人内心反社会的主观恶性大小的工具或者浮标。相对于消极的、事后报应色彩浓厚的“客观主义”刑罚观，“主观主义”明显表现出更为积极的、高级的“平等”追求，即既追求“客观主义”形式上的一般平等，反对无法律依据地看人定罪、定刑，区别对待，又追求能反映客观真理的而形式上表现得不平等的更高意义上的平等。

前者从犯罪与刑罚的关系出发，将刑事责任的基础确认为犯罪行为及所造成的危害；犯罪行为，既是刑罚一般预防的内容，又是惩罚的对象，犯罪的可罚性仅在于具体行为的危害性。后者则从说明犯罪原因和关注个别预防的立场上，主张犯罪是人内在品性、人格的表露，刑事责任的承担者是行为人，刑事责任的前提是行为人反社会危险人格的存在。两种刑法思想的对立被称为“行为与行为人”的矛盾，其中古典学派的“行为论”被冠以“客观主义”刑法理论（Objektive Zurechung），实证学派的“行为人论”被称作“主观主义”（Persona Zurechung）的刑法思想。应该指出的是，刑事古典学派并非提倡客观归罪，而是突出行为及危害事实在刑事责任中的决定作用。古典学派的犯罪理论认为犯罪成立的条件有三个，即构成要件的符合性、违法性和有责性。构成要件的符合性，是确定行为及危害事实在刑事法律中的犯

---

① 《中华实用法学大辞典》，吉林大学出版社1988年9月第1版，苏惠渔主编：《刑法学》，中国政法大学出版社1997年修订版，第91页。

罪类型，它从结构、框架和轮廓上限定犯罪的成立；违法性，是要求符合构成要件的行为必须分割或者威胁法律保护的利益，从客观上限定了犯罪的成立；有责性，是具有责任能力且主观上具有故意过失及期待可能性时才可能对行为人进行非难。只有同时具备三个条件才成立犯罪。①直言之，古典学派也主张在主观与客观因素统一的情况下认定犯罪，但这种主客观统一是以行为及实害为基础的。

同时，刑事实证学派的主观主义也并非主观归罪，而是将支配行为的内在因素解释为行为人的人格。在实证学派看来，对犯罪本质的了解莫过于追溯犯罪产生的根源，探讨刑罚与犯罪的关系莫过于考察刑罚的目的，而以实证的方法进行这类研究则更准确、更科学。犯罪作为危害社会的行为是由人实施，可是人们为什么要实施违法有害的行为而不是合法有益的行为？为什么有些人经常犯罪，而大多数人却不去犯罪呢？实证科学证明，个人的性格、人格特征，是在生理、心理与外部社会环境，诸如家庭、教育、经济状况等因素相互作用下形成，并通过个人的行为表现出来的。个人因生理、心理特征以及外部特定环境的不同，形成个性化的人格差异，也就是说人格形成的犯罪的发生，集中于这些具有反社会危险人格的人群。他们认为，古典学派主张犯罪是意志的自由选择，任何人都会因选择的失误而跨入犯罪的行列的观点是毫无根据的，人的意志不是自由的，犯罪的产生是由个人的生理、心理以及社会环境等诸多因素决定的，犯罪行为不过是行为人危险人格的表征，犯罪的实质应该是行为人的人身危险而不是行为本身。而且，刑罚作为社会自我防卫的措施，其目的不是单纯施以惩罚，给行为人造成痛苦，也并非依靠重刑威吓实现犯罪的一般预防，而是通过对行为人的改善和矫治，化解其人格危险性的倾向，达到减少和预防犯罪的目的。因此，刑事责任的基础不是犯罪的行为，而是行为人。实证学派将行为人的人格作为罪刑关系的主要线索理论，被称之为刑法中的“主观主义”。

① 张明楷：《新刑法与客观主义》，载《法学研究》1997年第6期，第93页。

笔者认为，发端于刑事古典学派的客观主义，由于反对不平等、非理性的刑罚制度的需要和对抗当时强大的历史文化传统的需要，犯罪和刑罚方面的平权思想必然表现为追求迫切需要的形式上的初级平等，废弃有强大现实存在和历史传统渊源的等级制度和法定的不平等。其追求形式上的平等以及机械、原始的低级平等，显然不及主观主义更能科学、合理地触及并实现更高级、更全面和理性的平等和正义价值目标。主观主义对客观主义的否定和超越，是人们认识发展的必然之路。

但是，如果只看到二者之间的层级关系这一面，看不到客观主义对主观主义的基础和控制关系，显然忽视和放任了主观主义滥用和失去控制的危险，将陷入主观唯心主义的泥潭——裁判者有权超越事实的边界而近乎随意性地确定有罪与否、刑罚轻重。

主观主义与客观主义作为既有联系又有区别的理论主张，目的都是为了追求和实现犯罪与刑事责任领域的公平和正义。客观主义要求一视同仁，反对因为种族、性别、出身、财富、宗教、政治信仰、受教育程度等与犯罪无关的因素介入对犯罪与刑事责任的评价之中，通过确立客观主义而实现“相同的人同等对待”。当立法者被禁止其在立法中进行不合理的分类时，就等于在平等的阶梯上前进了一大步。“相同的人和相同的情形必须得到相同的或者至少是相似的待遇，只要这些人和这些情形按照普遍的正义标准在事实上是相同的或者相似的。”①

毫无疑问，客观主义在今日的中国依然有巨大而现实的价值。我们不否认主观主义相对于客观主义具有更高级形态，但这种高级价值与追求必须立足于在立法、司法领域，确实夯实客观主义的基础。也可以说，我们追求理想主义的主观主义，但我们必须首先采取现实主义的态度尊崇客观主义。从二者的相互关系上看，也只有客观主义得到了高度的遵守和实现，才具有进一步追求和实现更高层次的主观主义的条件和基础，否则，这种追求和话语，

① ［美］埃德加·博登海默：《法理学：法律哲学和法律方法》，邓正来译，中国政法大学出版社2004年1月修订版。

立即成为“空中楼阁”。

二、主客观相一致原则

我国刑法采取的是主客观相一致原则。

主客观相一致原则的基本含义是：其一，犯罪必须是法律规定的主观要件和客观要件的有机统一体，二者相辅相成、缺一不可。它既反对客观归罪，否认主观内容对于成立犯罪及影响刑事责任的价值，又反对具有封建社会特征的“腹诽罪”“思想犯”，追究并惩罚犯罪的正当性基础在于行为人对外（相对于自己而言）实施了危害行为。其二，在犯罪与刑事责任、刑罚的关系上，既取主观主义之功利、追求预防犯罪并最大限度地保护社会之刑罚观，又撷客观主义之报应、追求惩罚犯罪并满足社会公众平等惩罚之刑罚观，仅可能实现一般正义。具体而言，一个社会公认的“好人”由于过失或者激情犯罪，虽众口一词深感痛惜，且几乎没有再犯可能性，然而“客观主义”所要求的罪已然成就，依法必须处罚；而同样在该案中，按照“主观主义”之功利价值观要求予以审视，反映在行为人主观方面的恶性情节确属轻微，依法应当予以从轻处罚。其三，决定行为是否构成犯罪以及罪行轻重的社会危害性程度，是由主观之罪和客观之罪两个方面组成的。主观之罪包括行为人的年龄、精神状态、认知能力、动机、目的、罪过形式，甚至罪前、罪中、罪后态度；客观之罪包括犯罪方法、时间、地点、对象、损害后果，甚至秩序性、精神性损害。主客观相一致原则既要求在成立犯罪以及刑事责任问题上一律平等对待，反对没有法律依据地区别对待，做到基础性公平和正义，同时又承认通过案件事实审查行为人主观恶性以及人身危险性和再犯可能性与合法性，在不放弃“客观主义”的条件下，追求刑罚个别化，有法律依据的区别对待。

现如今，“凡为法律视为相同的人，都应当以法律所确定的方式来对待”。同时，所有被法律视为不同的人，也都应当以法律所确定的方式来给予不同对待，这是事物的另一方面。只有这两个方面的完全实现，才可以说实现了平等。

司法实践中，经常遇到两种难题：一是侦查、控诉机关难以获取法律所要求的证据，证明犯罪嫌疑人或者被告人具有定罪所必需的主观罪过（以故意中的“明知”最为常见），进而导致相关犯罪难以得到有效打击和治理；二是司法机关为了实现从轻或者从重处罚之目的（当然，有时仅要求定罪即可），自由裁量、确定犯罪嫌疑人或者被告人具有（或者不具有）定罪所必需的主观罪过，毕竟主观内容较之于行为、后果等客观事实要素是隐性的，需要经由办案人员依据客观事实要素予以主观性判断，不容易确认为误判，即使被最终否决，最多也是意见不一而已。前者的根本原因在于侦查资源、能力的不足，后者的根本原因在于个别部门的功利性司法或者司法舞弊。

立法机关对于办案单位难以获取法律所要求的定罪证据、妨害打击效率所作出的反应，就是在立法时采取技术方法，以某种客观事实作为证明犯罪嫌疑人具有犯罪罪过并成立犯罪的依据，而最典型的就是设立持有型犯罪——全部存在于犯罪故意难以获取证据的危害行为。比如，巨额财产来源不明罪、非法持有毒品罪等。作为多发性的贪腐犯罪，证据难以获取，贪腐所得赃款也就渐次积累起来。即使被发现，也难以取得相关证据证明其属于贪腐所得，便以该事实为基础，设定一个财产占有人的说明义务，若其不愿说明或者不能说明，则其对于巨额财产的占有状态即可成立犯罪，自然也包括其故意内容。①

当然，如此提高打击效率的立法解决方法，自然无法避免与刑事诉讼证明责任由控诉机关承担、刑事诉讼禁止有罪推定等刑事诉讼原理、原则的直接冲突。与持有毒品、假币等违禁品构成犯罪的情形大不相同，持有巨额财产的原因或者来源，当然存在合法取得的可能性，如通过赠予、购买彩票中奖、拾得等，要求被怀疑的当事人负有说明义务，不能或者不愿说明的，即以立法的形式推定其成立犯罪——巨额财产来源不明罪。这种立法模式自然而然地令人想到了法国刑法典中关于乞丐拥有巨额金币而又无法说明来源

① 姜小川：《对“巨额财产来源不明罪”修订草案的思考》，载《中国党政论坛》2008年11月版。

的，该乞丐构成盗窃罪的规定。显而易见，该罪名除了具有有罪推定的嫌疑之外，也与刑事诉讼的证明责任全部由控方承担的刑事诉讼原理相悖，日后也必然成为推行沉默权的障碍，或者说必将会随着沉默权的合法化而寿终正寝。①

在某些多发性财产犯罪的治理活动中，人们经常会发现旺盛的购赃需求以及无所不在的销赃网络和众多的职业贩子，成为这些财产性犯罪异乎寻常的强大支持力量，而办案单位意欲惩办，又不得不慎重考虑购赃、销赃中“明知”证据的获取难度，该项证据的取得确实成为打击犯罪的法律“瓶颈”。为依法惩治与盗窃、抢劫、诈骗、抢夺机动车相关的犯罪活动，以《刑法》、《刑事诉讼法》等有关法律为依据，最高人民法院、最高人民检察院于2007年5月9日公布、5月11日起施行了《关于办理与盗窃、抢劫、诈骗、抢夺机动车相关刑事案件具体应用法律若干问题的解释》（简称《解释》），规定该类犯罪的主观方面要件是行为人必须明知是被盗抢的机动车。判断行为人是否明知是被盗抢的机动车标准有两条，即《解释》第6条规定的两种情形：第一种情形是没有合法有效的来历凭证；第二种情形是发动机号、车辆识别代号有明显更改痕迹，没有合法证明的。

第一种情形中，“没有合法有效的来历证明”，根据公安部制定的《机动车登记规定》第64条第（六）项的规定，机动车来历证明是指：（1）在国内购买的机动车，其来历凭证是全国统一的机动车销售发票或者二手车交易发票。在国外购买的机动车，其来历证明是该车销售单位开具的销售发票及其翻译文本，但海关监管的机动车不需提供来历证明。（2）人民法院调解、裁定或者判决转移的机动车，其来历证明是人民法院出具的已经生效的《调解书》、《裁定书》或者《判决书》，以及相应的《协助执行通知书》。（3）仲裁

---

① 虽然“巨额财产来源不明罪”立法成本很高，批评不断，且没有收到预期的打击腐败的价值——几乎所有的案例表明，该罪没有独立价值，全部附着于贪污、贿赂罪之后，且几乎所判刑罚要么被吸收，要么被限制加重，但立法机关对于该罪所作的调整并不是取消该罪名，而是将其最高刑由五年有期徒刑提高至十年有期徒刑。参见《中华人民共和国刑法修正案（七）》。

机构仲裁裁决转移的机动车，其来历证明是《仲裁裁决书》和人民法院出具的《协助执行通知书》。(4) 继承、赠予、中奖、协议离婚和协议抵偿债务的机动车，其来历证明是继承、赠予、中奖、协议离婚、协议抵偿债务的相关文书和公证机关出具的《公证书》。(5) 资产重组或者资产整体买卖中包含的机动车，其来历证明是资产主管部门的批准文件。(6) 机关、企业、事业单位和社会团体统一采购并调拨到下属单位未注册登记的机动车，其来历证明是全国统一的机动车销售发票和该部门出具的调拨证明。(7) 机关、企业、事业单位和社会团体已注册登记并调拨到下属单位的机动车，其来历证明是该单位出具的调拨证明。被上级单位调回或者调拨到其他下属单位的机动车，其来历证明是上级单位出具的调拨证明。(8) 经公安机关破案发还的被盗抢且已向原机动车所有人理赔完毕的机动车，其来历证明是《权益转让证明书》。

第二种情形中，《解释》规定了“发动机号、车辆识别代号有明显更改痕迹，没有合法证明”的标准，其中有“明显”二字，是因为在现有技术条件下，有些伪造、变造发动机号、车辆识别代号的技术相当高超，除非专业人员使用专门的技术手段，一般人员用肉眼难以进行有效的识别。

《解释》之所以将这两种情形作为判断行为人是否明知的标准，主要是考虑到有关行为人在进行相关行为时，依法都负有义务和责任审查机动车手续是否齐全、合法，这是行为人进行相关行为的基本法律义务。行为人如果违背《解释》第6条规定的这两种情形，没有进行审查或者没有进行有效的审查，就应当认定行为人主观上属于“明知”。[①]这一规定提高了打击盗抢机动车犯罪尤其是黑市消化所盗抢的机动车的能力，公安机关在查办盗抢机动车案件过程中，只需按图索骥，发现涉案车辆“没有合法的来历证明”，或者“发动机号、车辆识别代码有明显更改痕迹，没有合法证明”，即可结案并追究相关人员的刑事责任。但是，这种主观故意中的“明知”，是通过利用司法解释给人们设定注意义务，违反该种注意义务，便直接推定为该义务人“明

① 祝二军：《关于盗抢机动车犯罪的司法解释之解读》，载《人民法院报》2007年5月15日。

知”，而并非依靠相关证据证明其“明知”。这种推定“明知”并非第一次，在此前的案件中，价格明显低于市场平均价是推定成立“明知”的情况之一。这种推定一直都包含着偏离司法公正的风险：确有疏忽大意而涉案，如被朋友欺骗或是轻信对方急于出国、调离而低价。当然，还包括为了节省过户费用而不认真验车的情形。

笔者认为，解决之道是在该司法解释相关条文规定之后，通过增加“但书”规定的形式，把确有证据证明具有误认或者疏忽的事实基础之情况，则不适用上述推定“明知”。事实上，从法理上来说，原本确有造成误认的事实基础的情况，司法上均应当依法予以承认，最高人民法院《关于对为索取法律不予保护的债务，非法拘禁他人行为如何定罪问题的解释》明确规定，即使为索取法律不予保护的高利贷、赌债而拘禁他人的，按非法拘禁罪处理。这清楚地表明：虽然该债务不受法律保护，仍然不认为行为人具有“非法占有目的”。“非法占有目的”是指意图凭空地、永久性地彻底享有他人财产性利益，如盗窃、抢劫。而强行索取法律不予保护的债务，虽然该债务法律不予保护，并不必然导致行为等同于抢劫。毕竟事出有因，毕竟行为人认为存在“债务”，其主观内容与意图凭空地把他人财物永久性地据为己有的盗、抢之类，确有本质不同。这就是司法解释中与法理相契合而坚持主客观相一致、承认误认对于主观内容产生影响的法律依据。只不过最高人民法院在盗抢机动车进行推定“明知”的规定中，没有再行补充强调，在当前的司法环境下，可能出现上述机械主义、教条主义而致打击扩大化。

三、典型案例及评析

2008年1月11日，某市某反扒队员魏某与“晴天”等7人相约在某市青泥洼桥附近反扒，当日20时许，他们见路人张某和一对男女发生争执，当听到女青年呼喊“抢劫”时，魏某等人上前将张某摁倒在地，对其面部及身体踢踹，致使张某多处骨折，经法医鉴定为轻伤。人民检察院对参与的7名反扒队员提起公诉，并全部判决有罪。

本案主要有三个焦点问题：其一，被告人基于制服“坏人”并意图将其扭送公安机关的目的而实施的暴力攻击行为，是否在犯罪构成的主观要件上不同于普通伤害行为？所对应的正是笔者一直主张的行为出于过失而非故意、被告人坚称“我不是故意伤害”。其二，对于一起事出有因且所有参与者都表现出悔意并积极作出经济赔偿的轻伤害案件，是否有必要对所有参与者追究刑事责任？假设参与人数更多一些呢？其三，能否确定具体致轻伤的行为是谁所为？如果无法准确认定，而把刑事责任分摊与所有参与者是否符合法律规定呢？

该案相关证据表明，当事女青年在现场指认、呼喊“抢劫”，使得被告人等围拢过去，要求被害人暂时交还手机并一起去派出所，由专门的国家机关处理。从证据效力来讲，作为直接证据的被害人（手机失主）的当场指认犯罪并且是暴力犯罪，《刑事诉讼法》（1996年）第61条第2款明确规定，被害人或者在场亲眼看见的指认他犯罪的，公安机关可以先行采取拘留的强制措施，即符合该种情形的，允许对被直接指认的“犯罪嫌疑人”强行予以人身控制。虽然这并不等同于普通公民也有此项权利，但可以直接推导出来的结论是，普通公民也可以实施扭送权。事实上，第63条第1款就直接规定了该项权利。该权利的行使，当然可能出现混乱或者错误，正如本案所发生的悲剧性后果一样，但不能就此否定该法律规定。正所谓“两害相权取其轻”，在紧急情况下，要么任由“犯罪嫌疑人”堂而皇之地逃脱，要么授权公民实施扭送权并接受可能出现的错误与布局性后果。

正是由于当事女青年不够慎重地当场呼喊、指认“抢劫”这一事实，使得被告人行为具有了合法性——扭送“犯罪嫌疑人”（本案实际上的被害人）去公安机关。《刑法》第20条规定，对正在进行行凶、杀人、抢劫、强奸、绑架以及其他严重危及人身安全的暴力犯罪，采取防卫行为，造成不法侵害人伤亡的，不属于防卫过当，不负刑事责任。

设若该被害人确实是抢劫犯，其在被制服的过程中受轻伤，司法机关是否依然会追究7位反扒队员的刑事责任呢？被害人是无辜的，不应该白白被打成轻伤，这才是问题的核心——我们太习惯于按照实体而不是程序来判断是非。

7位被告人确实具有产生误认的事实、证据基础，其行为后来被证实属于认识错误，这种情形在法律上导致其在实施殴打他人的行为时，误以为是在惩奸罚恶、伸张正义。对于出现的误伤好人的结果，其不是明知，而是应当预见。根据《刑法》第14条的规定，只有在对行为性质有明确认知、对行为后果有明确认知、对行为与后果之间的因果关系有明确认知的情况下，行为人仍然实施该危害行为并希望或者至少是放任危害后果的发生，才构成故意。7位被告人从始至终都认为自己是在"行侠仗义"、"为民除害"，是在与违法犯罪针锋相对。

如果类似的情况出现在假想防卫中，假想防卫人确有产生误认面临不法侵害而实施假想防卫，则其造成的危害结果看似是出于故意，实则属于过失。故意则要求行为人明知自己的行为是在危害社会并会发生危害社会的后果，并且希望或者至少放任自己的行为发生危害社会的后果，与自以为是在与不法侵害作斗争的假想防卫人之主观内容相去甚远。假想防卫人对于误认所造成的危害后果是出于过失——应当预见而采取更加谨慎的态度使用暴力。极端情况下，难以要求假想防卫人预见自己的"防卫行为"会造成危害社会的后果，如看到有人拿枪瞄准他人预备射击，当即出手予以棍棒打击致其受重伤，之后才发现现场正在拍戏，并无不法侵害发生，则属于意外事件，假想防卫人没有过错。[①]

这起致人轻伤案件，检察机关把参与的7人全部予以起诉，值得商榷。

首先，从实体法范畴来看，这7人每个人的行为是否都达到了犯罪的严重程度，必须追究刑事责任？论罪行轻重，假设有罪的话，所有人的主观之罪都很轻，而客观之罪是7人的共同行为致一人轻伤。我国刑法在关于犯罪概念中专门以"但书"形式规定：情节显著轻微，危害后果不大的，不认为是犯罪。如果说，7人不都符合该"但书"，也可以反过来考究一下，是不是7人都不符合，都达到了严重的社会危害性而成立犯罪？

其次，从程序法范畴来看，追究7人的刑事责任，是否意味着没有证据

---

① 高铭暄、马克昌主编：《刑法学》，北京大学出版社、高等教育出版社2005年8月第2版，第140页。

证明谁的行为导致了轻伤结果的发生？在群殴案件中，经常出现难以确定致伤（死）行为人的情形。那么，有证据证明在整个案件中突出者作为主要责任人接受定罪处罚。而本案只是轻微刑事案件，确实无法查清致伤的行为人，可以选择行为相对突出之人予以公诉，若连此条件也无法达到，则依法按照证据不足处理。如果是因为无法查清具体的致伤人，不得已把7位参与者全部公诉，则笔者认为有些不妥——民事责任可以如此分摊，刑事则绝对不行。

最后，从时下的刑事政策来看，作为多发而影响和谐社会的轻伤害案件，近年来一直被当成可以实践宽严相济刑事政策的代表性罪名。从刑事责任的目标与诉求看，“刑事和解”的基本目标定位于恢复。这种恢复是所有与犯罪相关的各方全面恢复正常状态的一种整体性、系统性反应。对被害人而言，这意味着物质损失的赔偿，精神安宁的重建，以及重新以某种健康的姿态融入社区生活；对于犯罪人而言，意味着责任的承担，生活态度与行为模式的重构，交往能力的培育和提高，以新的、建设性的角色复归社会；对于社区而言，意味着传统社区道德的确证，交往规则和人际关系的重整，社区安全与服务的加强，以及社区凝聚力的增进。[①]以个案处理的刑事和解为契机，努力实现改进与超越。而实证调查证明，在全国司法机关刑事和解成功案例的案由中，轻伤害高居第一位，达到29.2%。[②]最高人民法院2010年2月8日发布的《关于贯彻宽严相济刑事政策的若干意见》要求，要全面、客观把握不同时期不同地区的经济社会状况和社会治安形势，充分考虑人民群众的安全感以及惩治犯罪的实际需要，注重从严打击严重危害国家安全、社会治安和人民群众利益的犯罪。对于犯罪性质尚不严重，情节较轻和社会危害性较小的犯罪，以及被告人认罪、悔罪，从宽处罚更有利于社会和谐稳定的，依法可以从宽处理。必须充分考虑案件的处理是否有利于赢得广大人民群众的支持和社会稳定，是否有利于瓦解犯罪，化解矛盾，是否有利于罪犯的教育改

---

① 杜宇著：《刑事和解与传统刑事责任理论》，载《法学研究》2009年第1期，第81页。

② 宋英辉等：《公诉案件刑事和解实证研究》，载《法学研究》2009年第3期，第7页。

造和回归社会，是否有利于减少社会对抗，促进社会和谐，争取更好的社会效果。而作为全国检察机关统帅的最高人民检察院也早在2006年12月28日发布的《关于在检察工作中贯彻宽严相济刑事司法政策的若干意见》中明确要求，宽严相济是我们党和国家的重要刑事司法政策，是检察机关正确执行国家法律的重要指针。检察机关贯彻宽严相济的刑事司法政策，就是要根据社会治安形势和犯罪分子的不同情况，在依法履行法律监督职能中实行区别对待，注重宽与严的有机统一，该严则严，当宽则宽，宽严互补，宽严有度，对严重犯罪依法从严打击，对轻微犯罪依法从宽处理，对严重犯罪中的从宽情节和轻微犯罪中的从严情节也要依法分别予以宽严体现，对犯罪的实体处理和适用诉讼程序都要体现宽严相济的精神。检察机关要按照构建社会主义和谐社会的要求，认识和把握宽严相济刑事司法政策在新的形势下对检察工作的重要指导意义，在对严重犯罪依法严厉打击的同时，对犯罪分子依法能争取的尽量争取，能挽救的尽量挽救，能从宽处理的尽量从宽处理，最大限度地化消极因素为积极因素，为构建社会主义和谐社会服务。正确把握起诉和不起诉条件，依法适用不起诉。在审查起诉工作中，严格依法掌握起诉条件，充分考虑起诉的必要性，可诉可不诉的不诉。对于初犯、从犯、预备犯、中止犯、防卫过当、避险过当、未成年人犯罪、老年人犯罪以及亲友、邻里、同学同事等纠纷引发的案件，符合不起诉条件的，可以依法适用不起诉，并可以根据案件的不同情况，对被不起诉人予以训诫或者责令具结悔过、赔礼道歉、赔偿损失。

笔者认为，该案按照案件实际情况，起诉1人作为致人轻伤的行为责任人承担刑事责任，是相对合乎事实和法律规定的处理方案。本案的问题并不在于人民法院，事实上人民法院已经力所能及地对公诉机关的公诉行为作出了补救——除了有特殊情况的1人外，其余6人全部判处缓刑，这也是对于公诉的否定。问题出在公诉机关不应该把所有参与人员一律予以起诉。

据办案检察官陈述，在被害人倒地之后，几位被告人仍然有殴打行为。如果是，则当然是不理智、情绪化的行为，不仅于事无补，反而适得其反。笔者认为，从定性的依据来看，单凭这一点，尚不足以作为有罪的真凭实据。因为这一行为只是一个情节，而追究刑事责任要求的是致伤的行为，必须从证据角度证明是否与这部分殴打有因果关系。如果确实无法证明是谁、什么动作造成了该轻伤结果，按照“两个基本”的要求，也可以去粗取精，但不可以因此而把所有参与人按照犯罪起诉。也就是说，如果确有证据证明伤害结果是某人所致，那么未造成严重后果的其他人不应承担犯罪的刑事责任而被起诉；如果没有证据能够证明伤害结果是何人所为，也绝对不能由所有参与的人均摊刑事责任。

防卫权问题研究

一、防卫权行使困局的成因及其破解

不少防卫人被作为“斗殴”追究刑事责任；司法机关往往按照“不得已”标准考量防卫人的行为性质；防卫人在罪犯逃离现场从而获得防卫机会时进行防卫，往往被“一刀切”地认定为“防卫不适时”；公、检、法机关受理防卫类案件的程序和特点，使得防卫人经常被定性为“伤害（杀人）”而得不到制度性的制约和救济。最终，形成公民不能、不愿行使防卫权的困局。破解对策为：规范涉及“斗殴”定性处理相关案件的程序和要求；明确不得按照“不得已”标准判定行为性质；确定犯罪嫌疑人携赃物逃离现场的行为性质为“正在进行”；对“扭送权”相关内容及其范围、对象和损害后果的责任，以司法解释的形式加以明确和细化，使其切实可行。

鉴于治安形势的持续紧张，1997年《刑法》修订时，在依然追求公权力与公民防卫私权利、侵害人与被侵害人权利同时平衡保护的价值目标下，立法明显将天平向防卫方倾斜，以期鼓励公民更多地使用防卫权参与制止、抑制违法犯罪活动。遗憾的是，立法的价值取向似乎并未得到预期的回应，而使用防卫权的被侵害人发现自己经常成为被告（犯罪嫌疑人）且难以脱罪。这又反过来形成恶例，阻滞了公民对防卫权的选择和使用，以致被寄予厚望的防卫权行使形成困局。本文致力于研究其形成原因，探寻破解之道，以期抛砖引玉。

二、滥用“斗殴”定案对困局形成的影响

相互斗殴，是指双方以侵害对方身体为意图进行相互攻击的行为。主流观点认为，防卫权成立的条件之一是针对不法侵害进行防卫，而因琐事引起的斗殴，是双方违法行为，法律上不承认任何一方存在合法性问题。“由于斗殴双方具有积极地不法侵害他人的意图与行为，客观上也是侵害对方法益的行为，故不属于正当防卫。”[①]从法理上讲，这种分析与认定并无不当。之所以说“斗殴”妨碍、抑制了防卫权的行使，是因为结合防卫的时间、对象等条件，“斗殴”给司法敞开了模糊处理相关案件的“合法”大门，严重影响公民防卫权的行使与选择。

首先，从防卫时间来看，当双方产生冲突时，人们会努力把冲突控制在言词、说理范围内，而当一方（往往是强势一方）开始使用武力时，几乎所有的相对方都会认为：“他是犯法的，他先动手，我可以自卫了，我是合法的。”而当部分人选择针锋相对时又很快会发现，法律似乎在和他开玩笑——他和对方都被认定为斗殴。虽然从理论上讲，防卫人自不法侵害人“开始着手”之时就可以防卫，但此时的防卫人即使精通法律，也很难向司法机关证实：对方是连续侵害，是“行凶”。甚至在对方连续使用武力侵害的情况下，防卫人除有较严重的伤情事实外，仍然面临非常大的危险，被认定为斗殴——对轻微侵害是不成立防卫的，而即使有伤，也难以证明是在冲突之前由对方的单方侵害造成的。

其次，从冲突双方力量对比来看，由于侵害方总是处于主动、攻击态势，而相伴随的往往是强于被侵害人的力量（人数、器械或体格甚至熟悉环境程度等心理）优势，而被侵害人则总是处于被动、劣势。[②]自然，防卫人只能选择双方力量相对均衡的情况才有机会进行防卫。如果必须等到对方表现出攻击的连续性、攻击的强度确已达到“严重”，甚至是“行凶”的程度而不至于

① 张明楷著：《刑法学》，法律出版社2003年7月第2版，第264页。

② 田宏杰：《防卫权及其限度——评关于正当防卫的修订》，载陈兴良主编：《刑事法评论》第二卷，中国政法大学出版社1998年4月第1版，第253页。

事后被认定为“因琐事斗殴”，则会动摇是否进行防卫的决心，除非防卫人经得起连续性打击或者有很强的隐性优势。

最后，从涉嫌刑事案件的程序来看，冲突造成较严重损伤的，一般都会经当事人告诉或者目击者报警而由公安机关立案处理，而部分办案机关仅根据伤情把案件定性为“斗殴”，直接追究致伤一方。

由此可见，“斗殴”观以及部分司法的习惯性处理，对于防卫权行使困局之形成有重大影响。防卫人一旦进行防卫，有可能被认定为“斗殴”而不被承认合法性的危险境地，而防卫人自己也很难有确实充分的证据和理由抗辩。1997年《刑法》对防卫是否过当作了更为科学的规定，解决了防卫人的防卫行为是否“过当”，降低了防卫行为被定性为防卫过当形式犯罪的风险，但其前提是行为人的行为性质是“防卫”，对于一些司法机关轻率地以“斗殴”否定防卫的情形，没有任何影响和动摇。该类案件大多争议都集中在是“斗殴”还是“防卫”上，充分证明了“斗殴”观及其司法习惯处理对防卫权行使困局所产生的消极影响。事实上，在原本公权范畴内所授予私权有条件合法性的情形，由于限制该私权被滥用的需要，往往设置并使得该私权行使需要很高的技术要求，加之司法技术限制，最终导致公众无法接受，并最终形成法律确认的私权被虚无化。

三、“不得已”司法标准对困局形成的影响

无论是1979年《刑法》，还是1997年《刑法》，关于正当防卫的规定条件中，均未把被侵害人出于“不得已”而进行的防卫行为作为成立正当防卫的条件，也即防卫人在可以防卫也可以不防卫的情况下，选择了防卫，并不影响对防卫行为合法性的认定。事实上，为了鼓励公民与不法侵害作斗争，防卫人还可以是并未受到侵害的第三人。

但是，司法实践中只有明显表现出躲避、退让而躲无可躲、退无可退且侵害人变本加厉施行侵害的情形下进行的防卫，才有机会获得司法机关的合法性评价。也就是说，防卫行为必须出于“不得已”，实际上已经成为行为成立正当防卫的条件。正如有学者认为：“有的违法侵害行为非常一般，行为人

有充分的躲避、求救、防止条件，没有必要进行防卫。”①

早在1954年制定的《中华人民共和国刑法指导原则草案》第5条对正当防卫确有“不得已”的规定：“为了防卫公共利益或者个人的人身和权利免受正在进行中的犯罪侵害，不得已而对犯罪人实行的正当防卫行为，不认为是犯罪。但是防卫行为显然超过必要限度，应当认为犯罪，根据具体情况可以减轻或者免予处罚。”这个规定把正当防卫的起因概括为犯罪侵害，并把正当防卫实施的前提限定为“不得已”，在一定程度上不利于人民群众有效地行使正当防卫权利。②所以，自1957年第22稿《中华人民共和国刑法草案》时起，便不再要求防卫出于“不得已”，并一直保持至今。

那么，这一立法上已有定论而并非被忽视的问题，为什么会被司法实践否定并反其道而行之呢？笔者认为，究其原因，这种情况是不法侵害与斗殴的分辨与确定难度超出想象，司法机关无奈之中选择了把行为人的行为是出于“不得已”作为判断辅助标准，来解决案件定性问题。

首先，防卫人成立正当防卫所对抗的“不法侵害”，至少有三种主张：其一，一般是指犯罪分子有预谋、有准备地正在进行的犯罪活动，即把“不法侵害”限于直接故意犯罪的范围内；③其二，“不法侵害”包括犯罪行为与违法行为；④其三，“不法侵害”既包括犯罪行为，也包括其他违法行为，但又不泛指一切违法犯罪行为，即有些犯罪并不需要防卫，而有些形成紧迫性的违法行为需要防卫属于不法侵害。⑤不法侵害的模糊性导致司法实践中办案人员“各行其是”，加之一般“轻微”侵害不允许防卫的精神引导，防卫人的行为属于合法还是非法，难以确认。

其次，防卫人的行为成立正当防卫，要求行为人具有防卫意图，而基于

---

① 赵秉志主编：《刑法教学案例》，法律出版社2003年8月版，第76页。

② 赵秉志著：《刑法总则问题专论》，法律出版社2004年5月第1版，第502页。

③ 李道重：《正当防卫的程度可以大于不法侵害的程度》，载《河北法学》1984年第2期。

④ 高铭暄著：《刑法专论》（上编），高等教育出版社2002年版，第434页。

⑤ 陈兴良著：《正当防卫论》，中国人民大学出版社1987年版，第84页。张明楷著：《刑法学》，法律出版社2003年7月第2版，第258页。

愤怒、报复等情绪化原因的攻击行为不被承认具有合法性。如果对方一开始侵害，被侵害人立即还击，由此进入新的循环争斗，被侵害人的还击更容易被认定为报复性攻击、“斗殴”而非合法性防卫，因为此时尚难以确认侵害人的最初攻击已经达到了“不法侵害”从而可以防卫的强度，同时，对方的侵害行为尚未表现出连续、持续状态，因而也难以认定反击行为的目的是为了制止不法侵害而不是报复、斗殴。

由此不难看出，司法实践按照“不得已”标准从严掌握行为人成立正当防卫的条件，是因为“不法侵害”难以掌握，又由于一般轻微侵害不主张防卫。所以，司法机关久而久之便创造出借助于防卫人的攻击行为是否出于“不得已”，进而探知不法侵害是否具有持续性、强烈性，防卫人也因而易于被承认具有了防卫意图而非“斗殴”意图，同时也证明了侵害行为已经达到了可以予以防卫的程度。司法在此与立法渐行渐远，同时也意味着防卫一方在案件处理过程中将命运多舛。

四、防卫时间的理解偏差对困局产生的影响

防卫人实行的防卫行为，必须在不法侵害“已经开始且尚未结束”期间。但如前所述，除非侵害人持刀拿枪，在侵害一发生即行防卫，否则必然被按照“不得已”标准判断为不成立防卫，而是认定为因琐事“斗殴”。2002年发生在陕西的董伟“刀下留人”案，充分证明了这一点。[①]如果我们不是仅关注该案摄人心魄的戏剧化过程和结果，而是研究案件本身的问题，就不难发现，该案的悲剧性结果是由长期形成的防卫壁垒所导致的，而死刑判决及执行不过是把刑事立法及司法中一直存在的问题集中暴露出来了。

在此，重点研讨行为人对犯罪嫌疑人（而非不法侵害人）的攻击行为发生在犯罪嫌疑人逃离过程中的行为性质及所面临的风险，并尝试证明严格的时间条件限制并不具有法理依据，且已成为防卫权行使困局的重要原因。

---

① 《枪下留人赶在行刑前四分钟》，载《华商报》2002年7月12日。

首先，人民法院处理发生在犯罪嫌疑人逃离现场过程中的攻击行为，均以犯罪行为已经结束为基本判断，进而得出行为属于非法性质的故意伤害，是防卫不适时。[①]相信公安机关与检察机关也普遍持同样的观点。如果这种流行的观点在法律上是成立的，那就意味着荒诞披着法律的外衣站在世人面前：任何人都只能在劫匪实施抢劫、刀枪相加时予以对抗、防卫，而当劫匪结束抢劫行为开始逃离，则立即获取法律的严格保护，他人只能报警或者温和地“扭送”，趁机攻击的，则是故意伤害。也即：客观上无法防卫、不能防卫时，法律允许防卫；因歹徒逃离而有机会防卫时，法律禁止防卫。笔者相信，这决不是法律设定正当防卫制度所追求的，虽然正当防卫制度并不以绝对牺牲不法侵害人的权益为代价，需要在防卫人与侵害人之间进行权利平衡。因为这种理解及判例已经导致二者之间极端不平衡了（关于“扭送”，下文另行分析）。

其次，从犯罪形态研究入手，可以准确理解犯罪性质的侵害“已经结束”的真正含义（所以讨论内容限定在针对犯罪层次的不法侵害）。众所周知，故意犯罪的完整形态包括预备、未遂、中止和既遂，而以时间顺序，又可以将其划分为预备阶段和实行阶段，实行行为结束后，并非所有犯罪立即成立既遂，尤其是涉及财产性犯罪（如盗窃）或者既涉及人身又涉及财产性犯罪（如抢劫）。一般认为，前者以被害人失去对财物的控制且犯罪人实现对财物的自由支配、控制为既遂；后者也应当以行为人实现对财物的控制和支配为既遂。[②]犯罪嫌疑人逃离现场的行为，性质和进入现场一样，都属于犯罪实行行为的有机组成部分，从逻辑上讲，属于“着手实行犯罪”的进入现场行为，并未开始直接的“盗取”、“劫取”实行行为，法律性质上定性为实行，那么，逃离现场行为自然属于实行，也即必须对实行行为按照一个标准予以确定：要么发生在实行阶段的行为内容都是实行行为性质——此为广义的实行行为

① 《辽宁营口的哥撞死劫匪被判11年》，载《华商晨报》2006年6月28日。

② 按照最高人民法院《关于审理抢劫、抢夺刑事案件适用法律若干问题的意见》第10条规定，具备劫取财物或者致人轻伤以上后果两者之一的，均属抢劫既遂。因此并不限于财物一项既遂标准。

概念，所对应的是实行阶段的行为内容，要么仅限于犯罪构成所规定的具体行为才是实行行为——此为狭义的实行行为概念，所对应的是犯罪构成规定的具体的实行行为。唯独不能判断进入现场用广义的实行行为概念，也即进入行为是实行阶段的行为，因而是实行行为，属于“已经着手实行犯罪”，而对离开现场行为，又按照狭义实行行为概念，因其发生在具体实行行为之后，而否认逃离行为性质上仍然是实行阶段的行为。而只有逃离现场后，犯罪嫌疑人实现了对财物的非法占有目的“已得逞”，才构成“既遂”。

最后，正是由于进入、实行、逃离这三项行为内容构成了一个完整的实行阶段，财产性犯罪人的逃离行为当然属于实行性质，是为了既遂——实现自由控制支配财物目的所不可或缺的，《刑法》第269条规定的转化型抢劫罪，有使用暴力或者以使用暴力相威胁必须“当场”的要求，强调使用或威胁使用暴力与先行行为有时间及空间上的密切联系，从而构成抢劫罪。同时，也证明了刑法对于与逃离相关的毁灭证据、窝藏赃物和抗拒抓捕所采取行动的支持与保护。

上述广为流传的“已经结束”观点的谬误在于曲解了行为“已经结束”的含义，把取得财物行为等同于犯罪行为。需要强调的是，有些犯罪，如强奸，其行为特点决定了无论既遂还是未遂，自逃离始，不法侵害即告结束。① 而盗窃、抢劫等财产性犯罪，即使犯罪嫌疑人占有了财物，也属于暂时性的，被害人也只是暂时脱离了对财物的直接掌握和控制，犯罪并未结束——尚未达到既遂程度的控制财物，被害人也未完全丧失对财物的控制，逃离行为正是努力达到既遂的实行行为，任何人都有权对其实施防卫，重新实现权利人对财物的控制。当然，对于盗窃、诈骗、抢夺等逃离现场所采取防卫的强度，以阻止其逃离和控制人身为必要限度，除非其使用暴力或者威胁使用暴力抗拒；而对于抢劫、绑架等暴力犯罪人携带非法暂时占有的财物逃离，性质上仍属于行为尚未结束，可以直接行使特殊防卫权。

笔者并不主张对所有的犯罪均按照是否既遂判断其是否“已经结束”进

① 何秉松主编：《刑法教科书》，中国法制出版社1997年12月第1版，第336页。

行划分，如强奸，即使在未遂的情形下，自逃离便意味着侵害“已经结束”，即使予以抓捕，也是在行使“扭送权”而不是行使特殊防卫权。马克昌先生对此有精辟论述：所谓“已经结束”，一方面危害结果已经造成，即使实行防卫，也不能阻止危害后果的发生即时即地地挽回损失；另一方面即使不再实行防卫，也不会再发生危害后果或者危害后果不再扩大。[①]有些侵害行为，虽已占有财物，但尚未逃离现场，仍应视为“尚未结束”，可以实行正当防卫。[②]笔者深以为然，并在此寻求法理依据，以期拨乱反正。

五、怠于行使职权对困局产生的影响

涉及防卫与否的刑事案件，依照《刑事诉讼法》管辖范围的规定，全部由公安机关立案侦查。对于公安机关来说，其侦查活动包括两个方面，即专门的调查工作和有关的强制措施。前者是查明案件事实，以“谁干的”为核心；后者则以抓获犯罪嫌疑人为核心，通常所谓“破案”与否的标志，就是在查明事实的基础上抓获犯罪嫌疑人。公安机关所谓的“复杂疑难案件”，通常是指难以查明行为人并缉捕其到案的案件，而不是检法两家在办理案件中遇到的证据或者定性困难的案件。搞清楚这一点，对于公安机关经常以斗殴对防卫人予以定性并对案件的最终处理产生引导性影响，进而成为防卫权行使困局形成的重要原因，就很易于理解和认识了。

首先，防卫类案件一经发生，对侦查机关而言，就属于已经告破。案件的两个核心问题：“谁干的”和“抓获嫌疑人”大多已经解决。究其原因，此类案件一般属于突发性质，没有预谋，行为人事后愿意接受司法机关的处理并期待承认，即使不清楚是否犯罪，也会基于自首的法律制度诱导而自动投案。如此，办案单位就如同评卷人遇到白卷一样，既不用工作，又有工作量。在治安形势持续严峻、案件侦破压力巨大的现实条件下，防卫类案件注定得不到公安机关的重视，注定被以最经济、高效的方式处理——案件无需再查

① 马克昌主编：《犯罪通论》，武汉大学出版社1995年12月修订版，第705页。

② 何秉松主编：《刑法教科书》，中国法制出版社1997年12月第1版，第336页。

再破再费工夫，定性“斗殴”，直接要求检察机关追究致伤（亡）行为人的刑事责任。

其次，公安机关更愿意把问题交由检察机关解决。按照《刑事诉讼法》的规定，侦查机关在侦查终结后，必须就案件性质予以程序性定性，虽然起诉权在检察机关，审判权在人民法院，公安机关的定性只有程序意义，但法律制度追求的是三机关在互相制约的情况下运作的结果，无论有罪还是无罪。现实情况经常是，一些公安侦查机关不愿花费时间、人力、物力细查并研究定性，简单地定性“斗殴”，如果有问题，检察机关可以把关。如此，防卫人轻易丧失了依赖侦查机关查明事件起因、详细过程、双方力量对比及使用暴力情况及全部证据，进而得出事实真相、得到公正处理的最原始机会。

再次，对案件的准确定性，依赖于对事实的查明，依赖于侦查机关像侦办其他案件一样投入，对于影响最终定性的事实细节全部调查取证，并在此基础上审查、分析证据，去伪存真。而这一切，恰恰需要办案单位大量的资源投入，其工作量并不一定亚于其他案件。现实情况却是，对于案件因证据不足而被检察机关或者审判机关予以否定的案件，侦查机关高度重视并加强工作，而对于难以定性导致检法两家予以否定的案件重视不足。事实上，这种否定并不常见，并且即使偶有发生，也无法动摇公安机关依照现行“斗殴”模式处理防卫类案件的普遍性。

最后，按照刑事诉讼制度设计，检、法两家有权对侦查机关的错误定性予以否定，当事人的这种愿望虽然美好但却很难实现。哪怕公安机关再随意、经不起推敲和细究的案件处理结果，也会对检察机关和人民法院的办案产生影响，它实际上已经开启了刑事诉讼这架国家机器，任何一家欲予以否定，都要使用较之前大得多的力量。检察机关在审查起诉时，即使发现疑点，由于没有侦查权而只能退回公安机关补充侦查，一些公安机关对此持消极态度，即使经两次退查，部分检察机关又会选择把问题交给人民法院来处理而不起诉，因为后者需要对案件负起终局性处理的责任，远不如把问题交给人民法院。如果遭到人民法院不予支持，还可以撤回起诉以避免错案追究。因此，防卫人依靠检察机关否定侦查机关的定性而获得清白的机会并不大。同样，对于公、检两家取得一致的“斗殴”定性，人民法院更难以否定，况且以“斗殴”定罪处罚对人民法院也一样是最有利的。

综上所述，司法机关以“斗殴”定性防卫类案件，原因是怠于行使职权，从而降低成本提高效率，达到利益最大化。而只要治安形势的压力和资源不足的现实没有根本性的改变，这种情况就难以改变，并成为防卫权行使困局产生的重要原因。

六、防卫权困局的破解

对上述防卫权困局产生的原因进行分析归纳，不难看出是一些司法机关对法律的理解和适用而偏离立法精神。因此，相对应的破解方法主要集中于以下两个方面：

1. 以公安部、最高人民检察院、最高人民法院联合发布的形式，出台规范以“因琐事”斗殴处理案件定性的相关司法解释，以便共同执行。

（1）明确突发性伤害（致死）类案件的工作重点在于全面收集证据，准确定性，确定罪与非罪，不得轻率地一概按照“斗殴”处理。

（2）斗殴的情形一般表现为：双方确因琐事发生矛盾而互不相让，后因言语、动作同时对抗且升级，双方力量（包括心理、身体及第三方支持情况）基本平衡；而一方具有且依仗优势，无事生非、寻衅滋事，以言语、动作挑衅、侵犯他人人身和人格尊严的，应确认为侵害，被侵害方对应采取的警告或轻微对抗性动作，应视为合法。侵害方若因此采取进一步的侵害，受侵害方有权采取与侵害相应的防卫措施。①

（3）明确规定不得按照“不得已”标准衡量行为人是否具有合法性。若一方确实表现为具有攻击性、侵害性的非法行为时，应当确认其违法性，以及对方抵抗行为的合法性，不能因抵抗行为不是“不得已”而否定其合法性，对于此后发生的对抗及相互攻击，当然确认为由非法侵害一方引起并承担违

① 杨路生：《中国刑法若干问题研究》，南海出版公司2000年6月版，第93页。

法侵害升级的法律后果，被侵害方的行为则是在侵害行为升级情况下所采取的防卫性质。

(4) 公检法三机关应依照《刑事诉讼法》的规定，切实履行相关职能，互相制约，防止出现为提高效率而忽视办案质量，草率定案的情形发生。

2. 在已经发布的有关审理盗窃、抢劫案件司法解释的基础上，补充规定涉及财产类犯罪携赃物逃离现场的行为性质是"正在进行"，公民可以行使防卫权；其中，所谓现场，结合《刑法》第269条"当场"的立法精神，是指与实施犯罪的特定时间、空间相联系的区域，并不限于被害人或者目击者目力所及的范围。

3. 对于《刑事诉讼法》第63条所规定的"扭送权"，应当以司法解释的形式加以明确，包括其与防卫权的区别以及实施该权利可能产生损害的责任承担，如果被扭送人驾乘机动车辆或者仍然持有凶器，或者不放弃逃离的则允许公民以造成其损害的方式实施扭送权，不能以"行为可能致其受到伤害(死亡)，而其生命、健康权利也是受法律保护的"为由，否定公民扭送行为的合法性。无论是谁，只要他造成战争状态并且是这种状态的侵犯者，就置身于这种危险的境地。①不能因为实施扭送权有危险，就停止扭送，就像不能因为被告人绝食，就放弃对其审判一样，毕竟，这种危险是被扭送人自己造成的。

防卫行为的合法与否，立法上一直在公权与私权的平衡、防卫权与侵害人人身权的平衡之中进行艰难抉择。在对立法进行体会并反思司法活动时，可以发现有些看似无暇、合理的观点和主张与社会生活实际脱离，并成为阻滞公民信仰并尊崇法律的障碍。与此同时，司法必须设身处地从当事人的实际情况出发，来理解和适用法律。唯此，司法和社会生活才会形成良性互动，而立法也不会受到司法的抵抗和修正，共筑和谐才成为可能。

---

① [英] 洛克：《政府论（下篇）》，商务印书馆1996年版，第12页。

七、典型案例及评析

（一）正当防卫一审辩护成功案

2003年8月14日凌晨2时许，吕某与同学吴某在海口市某村的一处排档吃夜宵时，与店主邓某产生矛盾并发生暴力冲突，吕某身受重伤后逃离现场，并因失血过多晕倒在距离现场几百米处，送医院抢救后脱离危险。后经法医鉴定，吕某所受伤情等级为重伤。

本案经海口市公安局某分局派出所侦查终结，于2003年10月1日对邓某实施刑事拘留，同年10月13日予以逮捕，后移交海口市某区人民检察院审查起诉。该区人民检察院资深检察官对犯罪嫌疑人邓某的到案情况、邓某与吕某的身高体重对比情况、涉案凶器以及证人证言进行审查后要求补充侦查。之后，以海南省海口市某区人民检察院向某区人民法院提起公诉，指控被告人邓某犯故意伤害罪（重伤），其指控如下：

“经依法审查查明：2003年8月14日凌晨2时许，被害人吕某与同学吴某在海口市某村被告人邓某所经营的排档吃夜宵时，因价钱和味道的原因，与被告人邓某发生争执，吕某结账后就把桌上的夜宵倒在地上。被告人邓某认为吕某故意拿汤洒到其脚上，致冲突升级。被告人邓某从装食品的玻璃柜上拿起一把尖刀，被害人吕某从汤锅内拿起一把汤勺，打斗中，被告人邓某将被害人吕某右肘部刺贯通。经海口市公安局刑事科学技术鉴定：（1）吕某因右肘部失血性休克属重伤；（2）吕某右肘部贯通伤，神经、血管损伤属轻伤。

认定上述事实的证据如下：（1）被害人的报案书和陈述；（2）被告人的供述和辩解；（3）证人吴某、王某、陈某的证言；（4）辨认笔录、现场照片及现场图；（5）伤情照片及伤情鉴定书。

本院认为，被告人邓某无视国家法律，非法故意伤害他人身体，致人重伤，其行为触犯了《中华人民共和国刑法》（1997年）第234条第2款之规定，应当以故意伤害罪追究其刑事责任。根据《中华人民共和国刑事诉讼法》（1996年）第141条之规定，提起公诉，请依法判处。”

被害人吕某同时向区人民法院提起了附带民事诉讼，要求：（1）被告人支付医疗费20962.31元，误工费5088元，住院伙食补助费375元，护理费280.35元；（2）被告人赔偿经济损失27000元；（3）被告人支付第二次手术费用20000元；（4）被告人支付精神损害赔偿金80000元。

其所列出的事实和理由是：2003年8月14日凌晨2时许，原告吕某和同学吴某在海口市某村被告人邓某所经营的排档吃夜餐，当时由于被告没按原告所要求的味道配餐，原告付完钱后准备到别的地方吃，被告过来与原告发生口角。原告的同学吴某出来劝和，事情平息后原告准备离开时，忽见被告跑到装食品的玻璃柜上拿起一把尖刀冲向原告刺来，原告赶紧跑开，约跑了30多米后不慎跌倒，被告冲上来拿起尖刀往原告身上乱刺，原告的右肘部被刺贯通。原告起身逃跑，被告不肯罢休还继续追赶原告100多米，后因原告躲在暗处被告无法找到，才免被捅死。原告因失血过多昏迷倒地，后被120救护车急送医院抢救。原告虽在医院做了神经弥补手术，但效果甚微，目前五个手指麻木尚不能动弹。2004年4月1日原告到医院复查，医生建议做第二次手术探查神经，费用约2万元。由于被告蛮不讲理，手拿尖刀故意伤害他人身体，其行为已经触犯了刑律，不仅要承担刑事责任，而且其行为已给原告造成了极大的精神创伤。另外，由于原告遭到创伤后，无法按时装修、经营“蓝岛二楼原情调酒吧”，给原告造成租金等每月9000元的损失。据此，原告为了维护自己的合法权益不致受损，根据《民法通则》（已失效）及最高人民法院关于精神损害赔偿的有关规定，特向人民法院提起刑事附带民事诉讼，请求人民法院给予依法判决。

本案原告与被告人对案件的描述大相径庭。原告吕某在其报案书以及被害人陈述中表述的虽有出入、矛盾较多，但完全是一副无辜的样子，不承认自己有任何过错，而称被告人邓某简直就是个十足的疯子——完全是莫名其妙地拿刀追杀他。被告人邓某则在其全部供述中非常一致地称吕某一步一步地欺侮他，并追着用铁勺殴打他，即使在他拿起小刀并警告原告时也未停止，直到在攻击时被捅伤。

本案被告人在其所作的供述和辩解中对于本案过程的陈述是，不知道什么原因，吕某肆意寻衅滋事，先是因嫌炒粉贵了1元钱，故意让他来结17元的账，再当着他的面将饭菜倒在地上羞辱他来泄愤。接着，看到他忍让默不作声，则得寸进尺地把汤泼到他的身上。他只是质问了一句："你这是干什么？"便立即遭到吕某的推搡并将他推倒在花坛里，进而被吕某拿着汤勺劈头盖脸地打击。他只好从结账的饭桌处向拐角处的灶台处逃去，而吕某在后紧追不舍，他的头、肩和手上都被打中受伤。后被迫顺手从玻璃柜上拿起用于撬海螺的小刀指向并威吓吕某，并加以警告。吕某打得兴起不肯收手，并自恃铁勺有长度优势而继续迎面挥舞铁勺攻击，他也只好硬着头皮胡乱刺划。在对攻后不久，吕某忽然跑开了，他并不知其受伤，还顺势追了几步，没有追上，就此作罢。

本案有两个与当事人有利害关系的证人：吴某与陈某，分别是吕某的同学和邓某的服务员。此外，还有一个目击证人名叫王某，海南屯昌人，虽然当时王某在与邓某下象棋，但彼此并无来往。三人分别就其所了解的情况向侦查机关作了陈述。

虽然检察官做了一些程序性工作，包括讯问被告人、听取被害人和被告人的辩护人的意见并退回侦查一次，但并没投入时间与精力来认真研究，而是把该案当成一起简单的刑事案件。对于被告人所述说的情况以及辩护人所提的可能的定性争议，检查官甚至没有去现场做一些查验，也没有深入研究案件当中的诸多疑点，这也就埋下了失败的种子。

该案虽然看似证据混乱、矛盾，但仍能够去伪存真，证明案件的真实过程和情况。就案件的冲突起因而言，虽然吕某在其陈述、报案书以及民事起诉状中称口味不合、老板没有按照交代的口味去做，不提价格问题，但服务员陈某却清楚证明起因是吕某认为炒粉比市价贵了1元钱，陈某当即解释说那是素炒的炒粉价格，荤炒则是现价。吕某虽不得已接受，但心里窝火，并由此埋下了滋事的种子。除此，再无其他矛盾。而吕某为了掩饰自己的过错，一直不敢承认是因为自己不接受多1元钱的价格，至于其忽而称是口味不合，忽而称是老板不按交代的烹饪方法去做，是店家的错，则被证实为谎言。就老板和服务员陈某证实，老板邓某根本没有和食客见面，也没有听闻所谓的口味要求。被害人吕某对于所选择的大排档，可能提出什么口味要求，以实现其总共17元夜宵的质量保证。

（1）冲突的起因。当是非曲直在案件的起始端就被模糊处理为不分黑白的“琐事”，无所谓对错，谁的过错大一点，谁的过错小一点，甚至于谁都没有过错，都被忽略了，无过错的一方因而也就失去了获得起因阶段被侵害一方法律地位的认定机会。如果不是其后的侵害方表现出强烈而极端凶狠的单方攻击行为，则防卫方几乎没有获得合法性认定的机会了。解决的方法就是司法办案单位必须对此高度重视，不得随意定性“斗殴”。斗殴的情形一般表现为双方确因琐事发生矛盾而互不相让，后因言语、动作同时对抗且升级，双方力量（包括心理、身体及第三方支持情况）基本平衡；而一方具有且依仗优势，无事生非、寻衅滋事，以言语、动作挑衅、侵犯他人人身和人格尊严的，应确认为侵害，被侵害方对应采取的警告或轻微对抗性动作，应视为合法。侵害方若因此采取进一步的侵害，受侵害方有权采取与侵害相应的防卫措施。

（2）形成案件冲突的过程。先是心存不甘的吕某在阻止同学吴某买单的同时，毫无必要地要求服务员陈某叫老板邓某来收钱结账。而事后的情况恰恰证明了原因：吕某要羞辱老板来发泄不满。这是非得叫老板邓某来结账收取17元钱的原因。既然客人要求，懵懵懂懂的邓某中止了和证人王某的中国象棋博弈，过来收钱结账。吕某付钱过后，当着邓某的面把鸭头和炒粉倒在了老板邓某的面前，看到邓某默不作声，没有作出任何反应（按照邓某的说法：客人买过单了，他想倒菜自己也没有办法，回头打扫就是了，小本生意还能怎样）。于是，仍觉得不解气的吕某，在底气更足、气焰更甚的情况下，他得寸进尺地把汤也倒在了邓某的面前，汤汁溅了邓某一裤子。虽然案发多日以后，邓某因缺乏证据意识并没有保留此裤作为物证，但就连吕某本人在其报案书中也对此情节予以承认。其他人也都证明了这一点。

忍无可忍的邓某质问道：“你这是什么意思呀?”不成想吕某借机起事，立即噌地一下站了起来，气势汹汹地反问道：“你是什么意思?”并顺势动手推搡了邓某一把，猝不及防的邓某当即摔倒在身后的花坛中，没等邓某起身，吕某又顺手拿起桌旁汤锅里的大铁勺，劈头盖脸地打向邓某。邓某连滚带爬地逃往拐角处的玻璃柜处，并捡起上面用来撬海螺的小刀，与吕某对峙，并警告说："你再打我？"吕某一时无法完美收官，遂依仗器物铁勺的长度优势继续对邓某挥勺攻击，邓某则以下握式方法持小刀迎面捅刺。未几，吕某被刺中右肘部，疼痛难忍，便无法坚持，忽然转身逃离。邓某紧追几步，未及赶上，便作罢。后收摊去医院诊治受伤的身体并形成病例证据。

庭审中，吕某并未出庭参加诉讼。但凭借办案单位形成的证据材料，以及辩护人自行取证的证据内容，充分证明了上述案件事实：吕某无事生非，肆意欺凌被告人，且其行为从当面无理羞辱他人发展到殴打，进而持凶器持续性侵害邓某。被告人邓某所进行的抵抗依法成立正当防卫。所产生的损害后果由侵害人自行承担。

为了强化证据，避免邓某的病例不被采信，辩护人（笔者）克服重重困难，申请到了海口市公安局法医深入到海口市第二看守所对邓某作了伤情鉴定，并出具了其存在受伤，且构成轻微伤的鉴定结论。于是，案发当日所形成的病例、邓某的陈述以及现场经法庭验看的邓某受伤情况、法医鉴定结论四位一体，逻辑结构严密地证实了吕某使用暴力并致邓某多处受伤的事实，且多是背后伤、抵抗伤。而吕某自己则自始至终都否认自己有打人行为，哪怕是被动打人都一概不承认。此证据证明了：吕某在撒谎。法庭对其陈述的事实产生了怀疑。

对于吕某右肘部所形成的贯通伤（轻伤）以及引发的休克（重伤）原因，起诉书称是在斗殴中导致，吕某则称是看到邓某拿刀追杀自己后，转身逃离，邓某从后面追赶并捅刺造成的受伤。而事实上，其所形成的右肘部内侧自下而上的贯通伤，根本不可能如吕某所声称的方式从后面形成，而只能于二人当面对立互相攻击所形成。

吕某声称因味道原因和老板邓某冲突，经吴某劝解后，邓某突然从玻璃柜处拿刀返回追杀他，他只好逃离吃饭的现场饭桌。邓某紧追不舍，从后面捅刺他，致他受伤。但果真如此的话，那么他一定跑错了方向：现场勘查图及照片、笔录记载了受伤及血迹所在位置，恰恰在玻璃柜的远端，如果他看到邓某从玻璃柜处持刀过来而逃跑，唯一的路是顺着向南的路逃离，因为小巷是通的，而不是迎着邓某过去，这完全不合逻辑。但当辩护人（笔者）指出这一点时，本案公诉人却试图解释并掩饰他们办案的不作为和不严肃。

除了上述内容以外，辩护人（笔者）通过调查取证，所获取的被害人吕某以及被告人邓某的相关事实证据，属于人格、品行证据，这种证据在中国的刑事司法活动中往往地位奇特。很多法官会以“与所审理的案件事实无关”为由不予理睬，幸运的是，审理本案的法官与主审法官表现出了很高的职业素养，使得辩护人（笔者）能够从容地把当地居委会和左右邻居所作的关于被告人邓某一贯安分守己，从不争强好胜与人争勇斗狠之事的相关证据材料出示于法庭，并就其所要证明的问题作了非常有力的说明。这些证据一方面证明了邓某的平素表现，这属于酌定量刑情节；另一方面也对于案件事实起到了很强的旁证作用。合议庭最终接受了辩护人（笔者）基于如下逻辑观点的事实描述：在海南，从来没有听说过做小本生意养家糊口的排档主人会动辄与人结仇冲突，除非万不得已。吕某恃强凌弱，无事生非地肆意寻衅滋事，其在行凶过程中，被忍无可忍的店主邓某反击而致伤，属于咎由自取，邓某的行为是正当防卫，不负任何法律责任。

辩护人（笔者）并未出示从海口市公安局取得的有关吕某的人格、身份证据，为其保留了一份做人的体面。如果审判结果不理想，还可以留在二审时使用，因为刑事诉讼实行实体公正优先的诉讼价值排序，并不像民事诉讼讲求效率具有同等价值，对有利于查清案情的证据，并未规定只能在诉讼时效内举证才有效力。

庭审结束后，法庭立即表示希望人民检察院撤回起诉，否则只能作无罪判决。人民检察院在对案件进行仔细认真的研究后，检察长基于对案件的了解和判断，不支持坚持不撤回起诉并寻求败诉后再对一审判决予以抗诉的提议，最终作出了对案件撤回起诉并不起诉的决定。人民法院则以一纸裁定，驳回吕某的刑事附带民事诉讼，理由是该附带民事诉讼由于刑事诉讼被撤回起诉，其所附带的民事诉讼自然无法再行审理，原告应当另行起诉。对于这个结果，吕某也没有再行起诉。其申诉于海口市人民检察院被驳回。

（二）正当防卫二审改判案

1. 基本案情

2013年7月，被告人曾某通过挂靠海南省某国营农场建筑工程公司，与海口市某建设工程公司签订《施工协议》，承包海口市某建设工程公司某经济开发区教师村项目的清苗工作，并组织人员施工。被告人何某、封某以教师村项目征用土地上有何某父亲所种植的青苗等附着物、曾某未与其家人就青苗补偿事宜进行协商便施工为由，阻碍被告人曾某施工。

2014年6月2日上午10时许，为阻碍被告人曾某施工并争抢某村工地工程，被告人封某驾驶一辆轿车载着阿雄、坯猫和阿雄的朋友（姓名不详）共四人来到海口市某经济开发区某村工地处，封某下车看到被告人李某在指挥工地的工人挖运土方，就走上去对李某说："马上停工不要做，等商量好后再开工"，并对运输土方的司机说："谁再继续干活就砸车打人。"被告人李某未听从封某的要求，叫工地的工人继续干活，封某等人见状开车离开。封某等人离开后，李某打电话把此事告诉正在工地附近巡查的被告人曾某，曾某随即赶到工地向李某了解情况。

被告人封某离开工地后，将曾某在某村工地挖运土方一事电话告知被告人何某，随后，被告人封某、何某和何某勇（在逃）等人在某村会合。被告人何某带领封某等人来到某农场二幢房找朋友借了一辆皮卡车，由何某开车载封某、何某勇、阿雄和坯猫来到何某家，何某从家里拿出镰刀和铁棍放在皮卡车的后箱。当日11时许，被告人何某开着皮卡车载封某、何某勇、阿雄和坯猫到某村工地处。刚一停车，何某勇便大喊一声"把他们都砍了"。随后，何某勇、何某持砍刀，封某、阿雄、坯猫持铁棍冲进工地追打在工地干活的被告人曾某、李某、曾某松（在逃）、曾某强（在逃）；曾某等人见状便拿起工具进行反击。被告人曾某、李某、曾某强持竹棍，曾某松持镰刀和被告人何某、封某、何某勇、阿雄、坯猫等人对打。双方持械打斗几分钟后，被告人何某、封某、何某勇、阿雄、坯猫等人逃跑。

海南省海口市某区人民法院刑事判决书

［2015］某刑初字第××号

公诉机关海南省海口市某区人民检察院。

被告人封某，外号大炮青，男，1979年8月22日出生于海口，汉族，初中文化，无业，住海南省海口市某区国营农场第四社区四幢房。2000年10月13日因犯抢劫罪被某市人民法院判处有期徒刑十年，2006年3月10日被释放。

因本案于2014年6月25日被刑事拘留，同年8月1日被逮捕。现羁押于海口市第二看守所。

被告人何某，男，1990年4月22日出生于海南省海口市，汉族，初中文化，无业，住海南省海口市某区国营农场第四社区某村。2013年10月l2日因犯寻衅滋事罪被海口市某区人民法院判处有期徒刑六个月，2014年4月28日刑满释放。因本案于2014年6月25日被刑事拘留，同年8月18日被逮捕。现羁押于海口市第二看守所。

辩护人杨某，海南瑞来律师事务所律师。

被告人曾某，外号阿球，男，1975年8月1日出生于海南省海口市，汉族，初中文化，无业，住海南省海口市某区国营农场第二社区场部宿舍。2006年1月13日因犯故意伤害罪被广州市中级人民法院判处有期徒刑八年，2010年8月21日被释放。因本案于2014年6月25日被刑事拘留，同年8月18日被取保候审。

被告人李某，男，1992年2月29日出生于海南省海口市，汉族，初中文化，无业，住海南省海口市某区国营农场第四社区某村3号，因本案于2014年6月25日被刑事拘留，2014年7月25日被取保候审。

海南省海口市某区人民检察院以海某检公刑诉（2015）70号起诉书指控被告人封某、何某、曾某、李某犯故意伤害罪，于2015年2月9日向本院提起公诉。本院于同日立案，并依法组成合议庭，公开开庭进行了审理。海口市某区人民检察院指派检察员李某、余某出庭支持公诉，被告人何某及其辩护人杨某、被告人封某、曾某、李某到庭参加诉讼。其间，公诉机关依法建议延长审理期限一次。现已审理终结。

经审理查明，2013年7月，被告人曾某通过挂靠海南省某国营农场建筑工程公司，与海口市某建设工程公司签订《施工协议》，承包海口市某建设工程公司某经济开发区教师村项目的清苗工作，并组织人员施工。被告人何某、封某以教师村项目征用土地上有何某父亲所种植的青苗等附着物、曾某未与其家人就青苗补偿事宜进行协商便施工为由，阻碍被告人曾某施工。

2014年6月2日上午10时许，为阻碍被告人曾某施工并争抢某村工地工程，被告人封某驾驶一辆轿车载着阿雄、坯猫和阿雄的朋友（姓名不详）共四人来到海口市某经济开发区某村工地处，封某下车看到被告人李某在指挥工地的工人挖运土方，就走上去对李某说："马上停工不要做，等商量好后再开工"，并对运输土方的司机说："谁再继续干活就砸车打人。"被告人李某未听从封某的要求，叫工地的工人继续干活，封某等人见状开车离开。封某等人离开后，李某打电话把此事告诉正在工地附近巡查的被告人曾某，曾某随即赶到工地向李某了解情况。

被告人封某离开工地后，将曾某在某村工地挖运土方一事电话告知被告人何某，随后，被告人封某、何某和何某勇（在逃）等人在某村会合。被告人何某带领封某等人来到某农场二幢房找朋友借了一辆皮卡车，由何某开车载封某、何某勇、阿雄和坯猫来到何某家，何某从家里拿出镰刀和铁棍放在皮卡车的后箱。当日11时许，被告人何某开着皮卡车载封某、何某勇、阿雄和坯猫到某村工地处。刚一停车，何某勇便大喊一声"把他们都砍了"。随后，何某勇、何某持砍刀，封某、阿雄、坯猫持铁棍冲进工地追打在工地干活的被告人曾某、李某、曾某松（在逃）、曾某强（在逃）；曾某等人见状便拿起工具进行反击。被告人曾某、李某、曾某强持竹棍，曾某松持镰刀和被告人何某、封某、何某勇、阿雄、坯猫等人对打。双方持械打斗几分钟后，被告人何某、封某、何某勇、阿雄、坯猫等人逃跑。在打斗过程中，双方均有不同程度的受伤。经鉴定，被告人何某、封某的伤情属轻伤一级，被告人李某的伤情属轻伤二级，曾某松、曾某强伤情属轻微伤。

2014年6月25日，被告人封某、何某、曾某、李某经公安机关传唤后到案。

另查明，被告人封某曾因犯抢劫罪于2000年10月13日被某市人民法院判处有期徒刑十年，因减刑于2006年3年10日刑满释放。

被告人何某曾因犯寻衅滋事罪于2013年10月12日被海口市某区人民法院判处有期徒刑六个月，2014年4月28日刑满释放。

被告人曾某曾因犯故意伤害罪于2006年1月13日被广东省广州市中级人民法院判处有期徒刑八年，因减刑于2010年8月21日被释放。

2013年8月5日，封某曾带人到曾某负责的某村工地闹事并与曾某等人发生过冲突。

上述事实，被告人封某、何某、曾某、李某在开庭审理过程中亦无异议，且有扣押在案的铁管、刀套，到案经过、110接警记录，施工协议书，工程计量表及批复表，巡查员工作证及职责表，被告人封某、何某、曾某、李某的供述，同案人曾某松、曾某强的供述，证人陈某、陈某鹏、吴某、陈某保、冼某、张某、周某、何某勇（2013年8月11日笔录）、何某志（2013年8月11日笔录）的证言，法医学损伤检验鉴定书，现场勘查笔录，现场方位图，辨认笔录及指认照片，被告人封某、何某、曾某的刑事判决书及释放通知书，户籍证明材料等证据证实，足以认定。

辩护人当庭提交的两份土地租赁合同，与案件事实无关，本院不予采纳。

本院认为，被告人何某、封某故意伤害他人身体致一人轻伤二级、二人轻微伤，被告人曾某、李某故意伤害他人身体致二人轻伤一级，其四被告人的行为均已构成故意伤害罪。公诉机关起诉指控的犯罪事实清楚，证据确实、充分，指控罪名成立。被告人何某、曾某因犯前罪被判处有期徒刑，刑罚执行完毕后五年内又犯应当判处有期徒刑以上刑罚之罪，是累犯，依法应从重处罚。被告人封某曾因犯抢劫罪被判处有期徒刑，系有前科，酌情从重处罚。被告人封某、何某对本案的发生负有过错，酌情对被告人曾某、李某从轻处罚。四被告人当庭自愿认罪，依法从轻处罚。被告人何某案发后虽及时拨打110报警电话，但其仅交代被他人砍伤的事实，并未如实陈述整个案件事实，对其行为依法不能认定为自首，故其辩护人有关何某主动投案，是自首的辩解意见，本院不予采纳。被告人何某在共同犯罪中主动准备作案工具，并积极参与，在共同犯罪中并非起次要作用，故其辩护人有关何某是从犯的辩护意见，本院不予采纳。何某辩护人提出有关被告人何某不构成累犯的辩护意见，没有法律依据，本院不予采纳。根据被告人李某的犯罪情节及悔罪表现，对其适用缓刑不致再危害社会，对其所居住的社区亦无重大不良影响，依法对其宣告缓刑。依照《中华人民共和国刑法》第二百三十四条第一款、第二十五条第一款、第六十五条第一款、第六十七条第三款、第七十二条第一款的规定，判决如下：

一、被告人何某犯故意伤害罪，判处有期徒刑一年六个月。

（刑期从判决生效之日起计算。判决执行以前先行羁押的，羁押一日折抵

刑期一日，即自2014年6月25日起至2015年12月24日止）

二、被告人封某犯故意伤害罪，判处有期徒刑一年三个月。

(刑期从判决生效之日起计算。判决执行以前先行羁押的，羁押一日折抵刑期一日，即自2014年6月25日起至2015年9月24日止）

三、被告人曾某犯故意伤害罪，判处有期徒刑九个月。

（刑期从判决生效之日起计算。判决执行以前先行羁押的，羁押一日折抵刑期一日）

四、被告人李某犯故意伤害罪，判处有期徒刑七个月，缓刑二年。

（缓刑考验期限，从判决书确定之日起计算）

五、扣押在案的作案工具铁管1根，刀套1个，没收销毁。

如不服本判决，可在接到判决书的第二日起十日内，通过本院或者直接向海南省海口市中级人民法院提出上诉。书面上诉的，应当提交上诉状正本一份，副本三份。

审　判　长　　魏　某
审　判　员　　李　某
人民陪审员　　谭　某
二零一五年七月二十二日
书　记　员　　王　某

2. 案件焦点问题研究

本案的焦点问题是：何某有没有青苗补偿的问题存在？即使存在争议问题，何某应当向谁主张？何某有没有权利要求挂靠的实际施工方停工？何某伙同他人持械攻击他人是否构成不法侵害？该侵害的程度与级别是否属于“行凶”？

按照判决书认定的事实，仅仅是施工方没有按照何某一方提出的霸道要求“立即停工”，何某便毫不犹豫地呼朋唤友、分发管制刀具、铁棍去施工现场攻击他人，显然属于目无法纪公然寻衅滋事、伤害他人的违法犯罪行为。即使确有青苗问题，也必须寻求法律途径解决。因此，其自行纠集多人持械群起攻击他人的行为，毫无疑问属于不法侵害。同时，其人数多、侵害意志坚决，在立即遇到抵抗的情况下仍然坚持攻击，所持工具均属于致伤、致命性器械、凶器，完全达到了刑法规定的高度危险、严重侵害人身安全的暴力犯罪的“行凶”标准，足以获得任何人自由行使无限防卫权（特殊防卫权）的程度。

绝大多数人在这种情况下，会聪明地选择屈服与退让。没必要跟不要命的流氓地痞拼性命，自有国家或者其他人收拾他、替天行道。笔者认为，绝大多数人都是如此聪明地解释自己不抵抗而屈服的行为，结果是流氓地痞“不战而屈人之兵”，只需要虚张声势做个凶悍的样子就几乎无成本地获取巨大利益，这种退让当然是使众多坏人做大做强的原因。极少数心怀正义且有勇气还恰好拥有一定的运气或者身体条件，怒发冲冠站出来对抗侵害时，结果却几乎是注定了的悲剧——有罪。要么是定性斗殴，要么是轻微侵害不得防卫，要么是侵害没有紧迫性或者连续性，要么是没有防卫意图，要么是防卫不适时，总有一款适合其入罪。

本案中，何某一方仅因莫须有的罪名，就在光天化日之下聚众持械两次冲入他人施工现场，砍杀他人，与黑社会团伙无异，其攻击强度明显已经达到威胁在场施工人员生命健康的程度。被侵害、威胁一方，当即就地取材，坚决予以迎击。这个行为是合法行为、违法行为还是严重违法行为达到犯罪程度（具有严重的社会危害性）？

对于奋起抵抗的防卫一方，部分公安机关习惯性地要求起诉，部分检察机关习惯性地决定起诉，部分人民法院习惯性地判决防卫人有罪。

3. 二审判决书

海南省海口市中级人民法院刑事判决书

［2015］海中法刑终字第××号

原公诉机关海南省海口市某区人民检察院。

上诉人（原审被告人）何某。2013年10月28日因犯寻衅滋事罪被海口市某区人民法院判处有期徒刑六个月，2014年4月28日刑满释放。因本案于2014年6月25日被刑事拘留，同年8月1日被逮捕。现羁押于海口市第二看守所。

上诉人（原审被告人）曾某。2006年1月13日因犯故意伤害罪被广州市中级人民法院判处有期徒刑八年，2010年8月21日被释放。因本案于2014年6月25日被刑事拘留，同年8月1日被取保候审，2015年7月28日被海口市某区人民法院决定收押。现羁押于海口市第二看守所。

辩护人周某，海南东方国信律师事务所律师。

原审被告人封某。2000年10月13日因犯抢劫罪被某市人民法院判处有期徒刑十年，2006年3月10日被释放。因本案于2014年6月25日被刑事拘留，同年8月1日被逮捕。现羁押于海口市第二看守所。

原审被告人李某。因本案于2014年6月25日被刑事拘留，2014年7月25日被取保候审。

海口市某区人民法院审理海口市某区人民检察院指控原审被告人何某、封某、曾某、李某犯故意伤害罪一案，于2015年7月28日作出（2015）某刑初字第××号刑事判决。宣判后，被告人何某、曾某不服，提出上诉。本院受理后，依法组成合议庭，公开开庭审理了本案。海口市人民检察院指派检察员杨某、代理检察员黄某出庭履行职务，上诉人何某、上诉人曾某及其辩护人周某、原审被告人封某、李某到庭参加了诉讼。现已审理终结。

原审判决认定，2013年7月，被告人曾某通过挂靠海南省某国营农场建筑工程公司，与海口市某建设工程公司签订《施工协议》，承包海口市某建设工程公司某经济开发区某村项目的清表工作，并组织人员施工。被告人何某、封某以某村项目征用土地上有何某父亲所种植的青苗等附着物，曾某未与其家人就青苗补偿事宜进行协商便施工为由，阻碍被告人曾某施工。

2014年6月2日上午10时许，为阻碍被告人曾某施工并争抢某村工地工程，被告人封某驾驶一辆轿车载着阿雄、坯猫和阿雄的朋友（姓名不详）共四人来到海口市某经济开发区某村工地处，封某下车看到被告人李某在指挥工地的工人挖运土方，就走上去对李某说："马上停工不要做，等商量好后开工"，并对运输土方的司机说：谁再继续干活就砸车打人。被告人李某未听从封某的要求，叫工地的工人继续干活，封某等人见状开车离开。封某等人离开后，李某打电话把此事告诉正在工地附近巡查的被告人曾某，曾某随即赶到工地向李某了解情况。

被告人封某离开工地后，将曾某在某村工地挖运土方一事电话告知被告人何某，随后，被告人封某、何某和何某勇（在逃）等人在某村会合。被告人何某带领封某等人来到某农场二幢房找朋友借了一辆皮卡车，由何某开车载封某、何某勇、阿雄和坯猫来到何某家，何某从家里拿出镰刀和铁棍放在皮卡车的后箱。当日11时许，被告人何某开着皮卡车载封某、何某勇、阿雄和坯猫到某村工地处。刚一停车，何某勇便大喊一声“把他们都砍了”，随后，何某勇、何某持砍刀，封某、阿雄、坯猫持铁棍冲进工地追打在工地干活的被告人曾某、李某、曾某松（在逃）、曾某强（在逃）；曾某等人见状便拿起工具进行反击。被告人曾某、李某、曾某强持竹棍，曾某松持镰刀和被告人何某、封某、何某勇、阿雄、坯猫等人对打。双方持械打斗几分钟后，被告人何某、封某、何某勇、阿雄、坯猫等人逃跑。在打斗过程中，双方均有不同程度的受伤。经鉴定，被告人何某、封某的伤情属轻伤一级，被告人李某的伤情属轻伤二级，曾某松、曾某强伤情属轻微伤。

2014年6月25日，被告人封某、何某、曾某、李某经公安机关传唤后到案。

另查明，被告人封某曾因犯抢劫罪于2000年10月13日被某市人民法院判处有期徒刑十年，因减刑于2006年3月10日刑满释放。被告人何某曾因犯寻衅滋事罪于2013年10月12日被海口市某区人民法院判处有期徒刑六个月，2014年4月28日刑满释放。被告人曾某曾因犯故意伤害罪于2006年1月13日被广东省广州市中级人民法院判处有期徒刑八年，因减刑于2010年8月21日被释放。

2013年8月5日，封某曾带人到曾某负责的某村工地闹事并与曾某等人发生过冲突。

上述事实，被告人封某、何某、曾某、李某在开庭审理过程中亦无异议，且有扣押在案的铁管、刀套，到案经过，110接警记录，施工协议书，工程计量表及批复表，巡查员工作证及职责表，被告人封某、何某、曾某、李某的供述，同案人曾某松、曾某强的供述，证人陈某、陈某鹏、吴某、陈某保、冼某、张某、周某、何某勇（2013年8月11日笔录）、何某志（2013年8月11日笔录）的证言，法医学损伤检验鉴定书，现场勘查笔录，现场方位图，辨认笔录及指认照片，被告人封某、何某、曾某的刑事判决书及释放通知书，户籍证明材料等证据证实，足以认定。

辩护人当庭提交的两份土地租赁合同，与案件事实无关，不予采纳。

原审判决认为，被告人何某、封某故意伤害他人身体致一人轻伤二级、二人轻微伤，被告人曾某、李某故意伤害他人身体致二人轻伤一级，其四被告人的行为均已构成故意伤害罪。公诉机关起诉指控的犯罪事实清楚，证据确实、充分，指控罪名成立。被告人何某、曾某因犯前罪被判处有期徒刑，刑罚执行完毕后五年内又犯应当判处有期徒刑以上刑罚之罪，是累犯，依法应从重处罚。被告人封某曾因犯抢劫罪被判处有期徒刑，系有前科，酌情从重处罚。被告人封某、何某对本案的发生负有过错，酌情对被告人曾某、李某从轻处罚。四被告人当庭自愿认罪，依法从轻处罚。被告人何某案发后虽及时拨打110报警电话，但其仅交代被他人砍伤的事实，并未如实陈述整个案件事实，对其行为依法不能认定为自首，故其辩护人有关何某主动投案，是自首的辩解意见，不予采纳。被告人何某在共同犯罪中主动准备作案工具，并积极参与，在共同犯罪中并非起次要作用，故其辩护人有关何某是从犯的辩护意见，不予采纳。何某辩护人提出有关被告人何某不构成累犯的辩护意见，没有法律依据，不予采纳。根据被告人李某的犯罪情节及悔罪表现，对其适用缓刑不致再危害社会，对其所居住的社区亦无重大不良影响，依法对其宣告缓刑。依照《中华人民共和国刑法》第二百三十四条第一款、第二十五条第一款、第六十五条第一款、第六十七条第三款、第七十二条第一款的规定，遂判决如下：一、被告人何某犯故意伤害罪，判处有期徒刑一年六个月；二、被告人封某犯故意伤害罪，判处有期徒刑一年三个月；三、被告人曾某犯故意伤害罪，判处有期徒刑九个月；四、被告人李某犯故意伤害罪，判处有期徒刑七个月，缓刑二年；五、扣押在案的作案工具铁管1根、刀套1个，没收销毁。

宣判后，何某、曾某不服，提出上诉。何某上诉称，其认罪态度好，原审判决量刑过重，请从轻判处。

曾某上诉称，其有自首情节，且其行为属于防卫过当，应判处管制或缓刑。

曾某的辩护人发表辩护意见称，曾某的行为属于正当防卫，应改判无罪。

本院经审理查明，原审判决认定上诉人何某、原审被告人封某故意伤害他人身体健康，致一人轻伤二级、二人轻微伤，上诉人曾某、原审被告人李某故意伤害他人身体健康，致二人轻伤一级的犯罪事实清楚，有经原审庭审举证、质证和认证的证据为证。二审期间，上诉人、原审被告人、出庭履行职务的检察员均未提出新的证据。本院对原审判决中认定的事实和列举的证据予以确认。另查明，海口市某建设工程公司某村项目工地案发前因施工需要已经拉起铁丝围栏。在案发前，曾某因何某、封某曾到过工地阻拦施工产生纠纷而报警，案发后，曾某向派出所报了警，双方家属也进行过调解。上述事实有辩护人向法庭提交的海口市公安局某派出所出具的情况说明、调解协议书围栏施工示意图，铁丝围网施工协议、清苗施工协议、工程计量支付月表、案发现场照片等予以证实，本院予以确认。

本院认为，上诉人何某、原审被告人封某故意伤害他人身体健康，致一人轻伤二级、二人轻微伤，上诉人曾某、原审被告人李某故意伤害他人身体健康，致二人轻伤一级，其四人的行为均已构成故意伤害罪，应予以惩处。何某、曾某因犯前罪被判处有期徒刑，刑罚执行完毕后五年内又犯应当判处有期徒刑以上刑罚之罪，是累犯，依法应从重处罚。封某曾因犯抢劫罪被判处有期徒刑，系有前科，酌情从重处罚。何某案发后虽及时拨打110报警电话，但其仅交代被他人砍伤的事实，并未如实供述整个案件事实，原审判决依法不认定自首准确；何某在共同犯罪中主动准备作案工具，并积极参与，在共同犯罪中起主要作用，原审判决依法不认定从犯准确。

对于上诉人何某关于其认罪态度好，原审判决量刑过重，请从轻判处的上诉意见，本院认为，原审判决在量刑时充分考虑了何某在本案中的犯罪地位、使用的作案工具、累犯、认罪态度等情节，在三年以下有期徒刑的量刑幅度内对其判处有期徒刑一年六个月的刑罚并无不当，其上诉意见无理，不予以采纳。

对于上诉人曾某关于其行为属于防卫过当，应判处管制或缓刑的上诉意见及其辩护人关于曾某的行为属于正当防卫的辩护意见，本院认为，正当防卫是一种正义合法的行为，其主要意义在于抵御或排除不法侵害行为。本案中，首先是要确定曾某、李某的行为是否是防卫行为。经查，曾某、李某是正在进行正常的施工行为，并未侵犯他人的利益，对何某、封某等人多次威胁、阻挠施工的行为均通过报警处理的方式予以解决，案发前并无证据显示曾某、李某对何某、封某等人进行言语或行为上的挑衅，也无证据证明曾某、李某事先对何某、封某等人可能的来犯进行人手或工具上的准备，曾某、李某是在施工场所、在毫无预见的情况下突遭何某、封某等人有组织、有准备的追打砍，其为了防止自身或他人人身安全，就地使用现场的工具予以抵御，其行为应认定是一种防卫行为。但本院认为，从封某有右尺骨骨折、多处刀伤及何某的伤情看，曾某、李某的防卫行为明显超出必要的限度，造成不必要的损害，应认定为防卫过当，依法应当减轻处罚，故曾某的部分上诉意见有理，予以采纳，但请求判处其管制或缓刑的上诉意见无理，不予采纳。辩护人的意见无理，不予以采纳。

对于上诉人曾某关于其有自首情节的上诉意见，本院认为，案发后，曾某到派出所报警，并制作了笔录，如实陈述了案发经过，虽然并未陈述对方受伤情况，但从案发当时现场混乱且对方逃离现场的实际情况看，曾某不可能知晓对方的受伤情况，且曾某在之后的侦查阶段中也如实供述了主要犯罪事实，在一审阶段对指控的事实也无异议，其行为符合自首的条件，应予以认定，依法可从轻处罚，其上诉理由应予以采纳。

综上，根据本案上诉人、原审被告人的犯罪事实、性质、情节及社会危害程度，依照《中华人民共和国刑事诉讼法》第二百二十五条第一款第（三）项、《中华人民共和国刑法》第二百三十四条第一款、第二十条第二款、第二十五条第一款、第六十五条第一款、第六十七条、第七十二条第一款的规定，判决如下：

一、维持海口市某区人民法院（2015）某刑初字第××号刑事判决的第一项、第二项、第五项，即被告人何某犯故意伤害罪，判处有期徒刑一年六个月；被告人封某犯故意伤害罪，判处有期徒刑一年三个月；扣押在案的作案工具铁管1根、刀套1个，没收销毁；

二、撤销海口市某区人民法院（2015）某刑初字第××号刑事判决的第三项、第四项，即被告人曾某犯故意伤害罪，判处有期徒刑九个月；被告人李某犯故意伤害罪，判处有期徒刑七个月，缓刑二年；

三、上诉人曾某犯故意伤害罪，判处拘役六个月；

（刑期从判决生效之日起计算。判决执行以前先行羁押的，羁押一日折抵刑期一日，即自2015年12月26日起至2015年12月20日止）

四、原审被告人李某犯故意伤害罪，判处拘役四个月，缓刑一年。

（缓刑考验期限，从判决书确定之日起计算）

本判决为终审判决。

审 判 长　　温 某

审 判 员　　何 某

审 判 员　　蒋 某

二〇一五年十月二十九日

书 记 员　　王 某

该案二审合议庭，对一起轻微的刑事案件，投入足够多的人力资源认真研究并予以改判，可以看出法官的良心和职业操守，合议庭坚持忠于事实和法律。这项改判，值得我们所有的法律人向艰难地追求正义的法官致敬！

1997年《刑法》明确规定，防卫人构成防卫过当形式的犯罪，条件有二：其一是防卫行为明显超过必要限度；其二是防卫行为同时造成了重大损害。本案中，判决已经认定了双方人数以及使用器械、造成损害后果的详细情况，可谓完全没有超过必要限度，甚至稍稍弱于侵害一方。何来“明显”超过必要限度？就防卫方所造成的损害后果而言，仅是与侵害方所造成的损害是同等性质的轻伤，何来重大损害？甚至我们完全可以讨论，防卫一方适用无限（特殊）防卫权的可能性。

敲诈勒索罪定性研究

敲诈勒索行为与主张权利行为的界限历来是极富争议性的重要问题，二者所对应的是合法与非法、正价值与负价值（社会危害性），应当具有明确的界限。一个行为不能同时具有合法与非法两种属性，而一个以获取财产为目的的行为，其性质应当由是否具有合法性来决定而不是由数额决定，数额只能影响其合理性。提出财产性主张之后所实施或者威胁实施的压力性手段，应当予以合法性审查。在确认有权利受侵害事实的情况下，受侵害人径自向侵权人提出财产性要求的，其行为性质不应当受其所提出的数额是否合理所影响。

《刑法》第274条对敲诈勒索罪采用了简单罪状予以规定，直接规定为敲诈勒索公私财物，数额较大的行为。一般解释为：以非法占有为目的，以威胁、要挟方法索取数额较大的公私财物的行为。然而并非所有索要财物行为都不具有合法性，且某些不确定性权利所对应的财产价值本身就难以计算。所以，单纯以索要数额是否合理来确定行为性质，既不合理，又不可行；加之公民自力救济时也往往为了追求利益最大化和对方的妥协而威胁、要挟，威胁、要挟的概念又是如此的模糊不清，导致敲诈勒索罪变得只能意会难以言传了，随之而来的风险则是主张权利行为因为数额确定不当而被定性为敲诈勒索。事实上，无论是当事人还是参与解决事件的国家机关工作人员，面对明显不合理的财产给付数额要求时，很容易产生被敲诈的感受以及按照敲诈勒索罪惩罚对方的冲动，司法实践中出现的一些有争议的敲诈勒索案件，也大多缘于此。因此，有必要厘清相关问题，明确敲诈勒索罪与非罪的界限。

一、 权利是否受到侵害是索要财物行为罪与非罪的分界线

敲诈勒索罪是“以不法所有为目的，对他人实行威胁，索取数额较大的公私财物的行为”[①]。它的基本模式为：行为人以不法所有为目的对他人实行威胁——对方产生恐惧心理——对方基于恐惧心理而处分财产——行为人取得财产。如若对方（被害人）未交付，则应以未遂犯处罚。我们很容易发现，如果去除威胁、恐惧词义中的贬义和褒义，具有这种模式的行为并不一定都构成敲诈勒索罪，如在主张权利过程中为实现目的而使用威胁性语言的过激言行。

因此，我们所需要解决的首要问题是构成敲诈勒索罪的嫌疑范围过宽：“以威胁方法索要财物”，如强奸案件被害人亲属向犯罪嫌疑人要求赔偿金，并以告发使其坐牢作为有效的威胁手段，迫使其赔偿，相信大家不认为构成敲诈勒索罪。但不可否认的是，该亲属的行为完全符合“以威胁方法索要财物”的模式，并且威胁告发犯罪，即使属实，也不影响成立犯罪。[②]实践中，也确实有强奸案件被害人亲属被追究敲诈勒索罪的实例。当然，与被害人无关的其他人利用所获得的有关强奸信息，威胁告发并索取财物，则无疑属于敲诈勒索性质。

由此不难看出，被害人及其亲友向犯罪嫌疑人索要财物，也存在着被误认为敲诈勒索的可能——符合“以威胁方法索要财物”的敲诈勒索罪行为模式。由于存在侵害事实，考虑到对被害人隐私及名誉的保护，要求犯罪嫌疑人赔偿就成为较为常见的做法。而在犯罪嫌疑人方面，则被迫在被告发或者赔偿之间做选择。在此过程中，讨价还价以及是否告发，当然不可避免。一

---

① 张明楷著：《刑法学》，法律出版社2003年7月第2版，第763页。

② 陈兴良著：《刑法学》，复旦大学出版社2008年1月第1版，第432页。

旦该事实过程被查实，如果不是出于同情的考虑，至少从敲诈勒索罪的犯罪构成及一般行为模式上看，是有理由主张予以定罪的。

笔者认为，行为人权利是否受到侵害，是“索要财物行为”是否具有合法性、是否构成敲诈勒索罪的重要判断根据。而自力救济（又可称为私力救济），是在某一特定利益遭受侵害或与某一特定利益相联系的权利被侵犯之后，享有救济权的当事人在法律许可的范围内以自己或他人的力量实现对侵害的补偿并防止受到更大的损害。

因此，判断行为人索取财物的行为是否触犯敲诈勒索罪，首先要看是否存在行为人权利受到侵害的事实。如果是，则行为人获得债权，也就是合法的请求权，行为人在事实层面和法律层面均获得合法的请求权。行为人可以请求公权力予以救济，如告官、诉讼，由于其权利受法律保护。因此，基于其请求而开始的公共事务管理机关会按照法定程序救济、维护其权利；行为人当然也可以在请求公权力救济之前通过谈判协商、调解等方式进行自（私）力救济，这种救济大多也表现为索要财物（提出赔偿要求），并且也会有谈判失败后的后续手段准备与告知，往往带有威胁、要挟的性质和色彩。但是，由于其行为源自于权利受到侵害事实而获得的请求权，行为人为了实现这种特定权利而采取了恐吓的自救行为，其主观当然不具有非法占有他人财物的目的而是实现自己的权利，这两种目的是不可能并存的。[①]客观上的索要财物行为也就成为实现权利行为而非敲诈勒索行为。

值得注意的是，这里所说的“权利受到侵害事实”，应采取客观主义予以审查，否则，既无法避免自救维权行为被定罪，也难以依法惩治以维权为借口而行敲诈之实的犯罪行为。比如，以被别人看了一眼、踩了一脚为由，要求赔偿，并以暴力、骚扰或持续吵闹纠缠相逼迫，不成立侵害事实，当然也不产生请求权——索要财产性给付。路人无意间踩了脚，仅产生道歉义务且属于道德范畴，另一方以此为由，威胁性地索要“数额较大”的他人财物，因无侵权事实而可以成立敲诈勒索罪。

① 董玉庭：《权利行使的疆界——敲诈勒索罪与非罪的理论分析》，载《法学论坛》2004年9月，第42-45页。

（一）如何认定权利受到了侵害

既然权利受到侵害对确认行为性质有极其重要的作用，如何确认“权利受到侵害”的重要性不言自明。

一项事实，本身具有客观性，虽然最终是由主观认识和确认的，但该事实本身又具有不依赖于主观而存在的特征。而权利，包括不同意义上的内容，如法律、道德、宗教、组织成员意义上的权利。“法律意义上的权利，是作为法律关系主体即权利主体或享有权利的人（公民、法人、其他组织甚至国家本身），具有为与不为，或要求他人为或不为的能力或资格。”①“人的权利以客体为标准，可分为以人格权表现的人权、以物权表现的人权、以请求权表现的人权、以知识产权表现的人权。”②在实际生活中，比较常见的受到侵害的权利，是人身权和人格权。在市场经济条件下，随着交易等经济活动的不断增加，各种以经济纠纷形式出现的权利侵害也日渐增多，但大多数情况下，双方谁是谁非以及给对方造成多少损害，很难查清。需要特别慎重，既要防止以经济纠纷为借口的敲诈行为堂而皇之地施行，也要控制防止借用敲诈勒索罪迫害他人。

以下三种情形在认定中必须加以特别强调并排除：第一，虚构权利受侵害事实；第二，以极其轻微的受侵害事实为借口，如不慎轻微碰撞等；第三，故意制造受“侵害”事实。

总体而言，认定是否属于权利受到了侵害，其一是确认当事人是否具有某项权利；其二是确认该权利是否受到了侵害，而该侵害可以归责或者至少归因于另外一方当事人。如此，便可确认属于“权利受到了侵害”。

（二）权利受侵害人获得两项权利：程序上的请求权和实体上的受偿权

在确认权利受到侵害的条件下，当事人依法获得了两项权利：其一，有权要求权利救济，也即有权提出权利保护、救济的主张。这项权利是程序性权利，只因其权利受到侵害的法律事实而产生，属于救济权，其产生仅由于

---

① 沈宗灵主编：《法理学》，北京大学出版社1999年3月第1版，第438页。

② 徐显明主编：《法理学教程》，中国政法大学出版社1994年8月第1版，第89页。

保护或实现第一项权利。事实上，没有救济就没有权利。其二，有权要求停止侵权、赔礼道歉、赔偿损失甚至精神损害赔偿等受偿权。这项权利是实体性权利，需要借助各种实体性法律规定予以确定。比如，在权利侵害行为触犯不同法律规定时，尤其在受侵害权利既包括物质性的内容，又包括精神性的内容时，被侵害人应当得到的损害赔偿的方式以及物质性赔偿的额度，确定过程非常复杂。以女性性自由权利受到暴力侵害为例，这种损害主要是精神性的，当然也不排除暴力行为可能造成身体的物质性损伤。虽然其强度已达严重刑事犯罪并依法承担刑事责任的剧烈程度，但实体性的物质性赔偿却并不能得到相应层级的赔偿。

（三）分别审查两项权利的合法性，避免以实体权利否定程序权利

最高人民法院《关于确定民事侵权精神损害赔偿责任若干问题的解释》法释〔2001〕7号（2001年3月10日起施行）第1条规定：自然人因下列人格权利遭受非法侵害，向人民法院起诉请求赔偿精神损害的，人民法院应当依法予以受理：（1）生命权、健康权、身体权；（2）姓名权、肖像权、名誉权、荣誉权；（3）人格尊严权、人身自由权。第九条规定：精神损害抚慰金包括以下方式：（1）致人残疾的，为残疾赔偿金；（2）致人死亡的，为死亡赔偿金；（3）其他损害情形的精神抚慰金。第十条规定：精神损害的赔偿数额根据以下因素确定：（1）侵权人的过错程度，法律另有规定的除外；（2）侵害的手段、场合、行为方式等具体情节；（3）侵权行为所造成的后果；（4）侵权人的获利情况；（5）侵权人承担责任的经济能力；（6）受诉法院所在地平均生活水平。法律、行政法规对残疾赔偿金、死亡赔偿金等有明确规定的，适用法律、行政法规的规定。

由此，以司法解释的形式确认了公民权利受到侵害时的实体性救济，既包括物质性内容，也包括精神性内容；同时，也确认了实现该实体性公力救济的程序性权利——民事诉讼，受侵害人依法可以向属于公权力性质的人民法院起诉。

特别需要强调的是：应当把行为人的程序性权利与实体性权利予以分别审查，避免因实体性权利不受法律保护或者因行为人所主张的数额与应然数额间存在巨大差异而否定程序性权利。审查行为人是否具有程序性权利，即

向他人提出要求的权利，依赖于其是否确实具有权利受到侵害的事实。有该项事实，则受侵害人依法获取了程序上的救济权，该程序上的救济权是独立的，与实体性主张和要求是否合理合法、是否应当予以支持，是两个不同的法律关系。就像诉权，只要原告自认为权利受到侵害，即可以行使，人民法院仅对其起诉予以形式审查，以承认和保护其诉权。但如此并不意味其实体性主张获得了人民法院的支持。事实上，人民法院可能判决其胜诉，也可能判决其败诉（不予支持），在其他当事人反诉的情形下，甚至可能判决其承担对他人的民事责任。即便如此，仍然不意味对其提起诉讼的受理是轻率和错误的：这原本是两个不同的法律关系。

行为人实体性权利的救济，是所有民事纠纷的核心。其中，损害事实、责任与过错以及各种实体性法律规定，需要法庭依据全案事实和法律予以确定，如前文所述，异常复杂。比如，消费者买到一瓶可口可乐饮料，发现很罕见的质量问题，那么，司法上到底可以支持该消费者多少数额的诉讼请求，因为精神损害而难以确定。在法定调解程序中，也不排除为了避免巨大商誉损失而由双方自愿达成巨额赔偿协议。但最重要的是，在对相关行为人的行为性质予以判定时，不能草率地估算、判定赔偿额并判定行为人所要求的数额是否合理合法、是否感觉上属于讹诈性质的“敲诈勒索”；同时，以所要求的数额不合理来否定行为人所依法享有的程序上的请求权、主张权。否则，必然出现荒唐的局面：作为权利受到侵害时当事人依法所享有的程序上的请求权，当事人求助于公权力进行公力救济是合法的，而采取自力救济方式主张权利时，该权利行为却被确定为非法，甚至是犯罪性质的敲诈，并且这种确定是因为实体上的否定所推出的合理性。

（四）用否定实体主张不合理作为依据和理由来否定程序性权利并将该权利主张定性为敲诈的情形

1. 被害人及其近亲属因被害人受到犯罪侵害而自行或者在他人组织下索要赔偿。

由于法律及有关的司法解释并不承认和支持精神损害赔偿，被害人及其近亲属基于犯罪受到的侵害提出物质性赔偿，如果犯罪并没有造成物质性损害（如医疗费、器物损毁等），办案人员易于否定其请求权，并将该主张行使程序性权利的合法行为当作敲诈勒索予以定性处理。常见于侮辱、诽谤或者性侵害等犯罪案件。

2. 行为人所提出的实体性财产主张被办案人判定为明显过高，在判断是否构成敲诈时，人们习惯于对所主张的事由以及索赔额度进行简单而感性的比较和判断。

如果办案人认为明显不成比例或者大大超过办案人认为合理的范围和幅度，就会断定行为人是“讹诈”，借机敲诈他人。比较常见的情形是在就餐、医疗等合同法律关系中，因发生纠纷而一方提出所谓高额、“天价”索赔。一些办案人员会不加思考而习惯性地判定，如买到内有虫子的可口可乐饮料后开价500万赔偿的行为是敲诈勒索性质。我们无意于解决到底实体上应当赔偿多少，重要的是认清错误的本质和发生错误的原因：以并不准确和科学的实体性权利判定及否定行为人主张的程序性权利。

3. 行为人所主张的权利受侵害事实不存在，而只是行为人认为其权利受到了侵害，包括行为人并不存在某项权利或者虽然其享有某项权利，但其权利并未受到他人侵害，或者虽然其权利确实受到了侵害，但是并没有其认为的那么严重的程度。

在此，最重要的是把这种情形与可能构成敲诈勒索罪的虚构或者借口以及故意制造权利受侵害事实的情形予以清晰的区分：前者存在造成误认、法律上“认识错误”的客观事实基础；后者不存在产生错误认识的客观事实基础。因此，前者是认识性错误，不存在故意；后者则是故意。

随着全社会权利意识的提高以及保护人权能力的加强，公民在权利受侵害情形下寻求救济，法律上所支持、给予的力度也越来越高、越来越强。《中华人民共和国食品安全法》（简称《食品安全法》）明确规定，生产不符合食品安全标准的食品或者销售明知是不符合食品安全标准的食品，消费者除要求赔偿损失外，还可以向生产者或者销售者要求支付价款10倍的赔偿金。在这里，对消费者很有利的一个保护是，只要生产或者销售了不符合食品安全标准的食品，并不要求人身损害后果，即可要求赔偿损失，并可要求获得10倍赔偿。这突破了《中华人民共和国消费者权益保障法》的双倍赔偿的界限，对制售不符合安全标准的生产经营者是一个很大的打击，当然对消费者的保护也是很有力度的。这恰好印证了权利受侵害是一个异常复杂的实体问题，并且处于长期的变化之中。如果司法上确实有吃饭吃出了质量问题而提出“天价”索赔，因而被确认为“敲诈勒索”的案例，那么，我们必须反思问题出在哪里？问题出在当事人提出赔偿等实体性主张不尽合理、不一定具有法律依据，并不影响其拥有提出主张的程序性权利。这恰似“我不同意你的观点，但我誓死捍卫你说话的权利”。同理，不能因为实体性救济主张的不合理（况且只是感觉），就否定其提出主张的权利本身，并将这种提出主张的行为定性为“敲诈”。

二、行为人是否使用“威胁”“要挟”方法

敲诈勒索罪是指以非法占有为目的，对被害人使用恐吓、威胁或要挟的方法，索要公私财物的行为。由于“威胁”“要挟”的含义过于模糊、难以确定，因而在司法实践中，这一法定行为方法并不具有强大的甄别能力。相反，很容易把一些合法的争取实现权利和权利救济的后续性手段，或者将在主张权利过程中一些明显没有达到刑法所要求的“威胁”“要挟”程度的过激言行和气头上的话语，错误地当作“威胁”“要挟”。于是，“以威胁性、要挟性方法（语言、言辞）”“索要（敲诈或者勒索）公私财物”便构成敲诈勒索罪的条件，而“数额较大”这一没有规范、定性价值的条件，非常易于满足，部分办案人员会随意性地确定一个其认为合适的索要额度，超过部分则认定为敲诈勒索的“数额”，如只要高于1000元即可。①

刑法意义上的“威胁”“要挟”方法，应当具有识别价值。因此，不能涵盖过宽、边界模糊不清。

1.“威胁”“要挟”必须具有强烈的攻击性。

一般认为，敲诈勒索的行为基本模式是：行为人以不法所有为目的对他

---

① 2000年4月28日最高人民法院《关于敲诈勒索罪数额认定标准问题的规定》中规定，敲诈勒索公私财物“数额较大”，以1000元至3000元为起点。

人实行威胁——对方产生恐惧心理——对方基于恐惧心理而处分财产——行为人取得财产。因此，构成一定意义上的“威胁”“要挟”方法，必须具有强烈的攻击性，这种强烈的攻击性主要表现在能够对被害人的某一方面利益形成巨大而直接的侵犯。比如，比较常见的“威胁”“要挟”方法是：对被害人及其近亲属实施暴力、毁坏被害人的人格或名誉、暴露隐私缺陷、暴力性毁损财物等。如果行为人宣称的对被害人不利的行为带有对其不利影响的负面性质，但强度明显较弱，不足以对被害人产生精神性的强制，则应当排除于“威胁”“要挟”方法的范围之外。

2.“威胁”“要挟”方法必须具有影响被害人自由意志的可能性。

由于被害人性格各异，对待邪恶的威胁、要挟的反应不同，被害人是否屈服、行为人是否基于被害人的屈服而获取了财物，不影响敲诈勒索罪的罪名成立，只影响犯罪形态的既遂和未遂。但这并不是说，任何一种施加于被害人的不利影响，都可以构成“威胁”“要挟”。构成敲诈勒索罪所要求的“威胁”“要挟”方法，之所以作为犯罪构成要件，并借助于禁止性规定加以抑制，就在于这种“威胁”“要挟”方法，攻击性强，且具有影响被害人自由意志的现实可能性，最终有可能使得被害人被迫作出违背自己真实意志、向行为人交付财物的行为。所以，一般的威胁性语言或者轻微辱骂、威胁，抑或是听起来像是严重威胁，但细究不过是气话、过激言行，甚至被害人也不认为这是一种应当认真予以考虑的内容，都不符合敲诈勒索罪规定中的“威胁”“要挟”方法，最多只有外形相似，却不具有刑法意义上的实质内核。“总之，犯罪分子是通过对公私财物的所有人、管理人实行精神上的强制，使之产生恐惧、害怕心理，不得已而交出财物。这是本罪区别于其他侵犯财产罪的显著特点。”①足以造成恐惧的方式方法，其对于被害人具有相当强度的精神强制力量，至少具备使得被害人产生如鲠在喉、寝食难安的力度。

3.“威胁”“要挟”方法不排除合法行为，但合法方法成为“威胁”“要挟”方法的前提是双方没有任何法律关系。

---

① 引自何秉松主编：《刑法教科书》，中国法制出版社1997年12月第1版，第832页。

或者说，行为是否具有合法性，并不是判断或者排除的根据。比如，举报行为本身是合法行为，但不影响它可以作为一种“威胁”“要挟”方法。同样应当注意这种结论的使用条件和适用范围。笔者主张，只有在被害人与行为人不曾发生纠纷（双方原因）、权利侵害（单方原因）的情况下，一种合法的行为本身也足以构成严重影响被害人作出正常决断的“威胁”“要挟”方法，从而不排除成立敲诈勒索罪的可能性，而在被害人与行为人之间确实发生了纠纷、冲突，甚至是一种单纯的侵害的情形下，行为人以合法的程序性救济权利，如声称谈不妥就爆料给媒体、在网络上公开曝光或者向人民法院起诉、投诉给政府要求解决等，本身就是法律赋予权利人的合法救济途径，该权利的行使不能被敲诈勒索罪作例外性的否定。“在讨回合法债务的过程中，行为人使用了威胁或者要挟的行为，也不能以敲诈勒索罪论处。”①这种权利如果说对被害人产生了不利影响，那也是法律所确定的而不在于行为人是否宣称，况且被害人早已对这种不利后果有相当程度的预判，也不足以影响其决策并作出违背自由意志的给付。

因此，敲诈勒索罪中性质上属于犯罪方法的“威胁”“要挟”方法，排除合法权利或者方法是一般情形，只有在双方素无来往和关系的特殊情形下，行使合法权利或者方法才可以成为“威胁”“要挟”方法。

刑法上的威胁、要挟方法，或者说索要财物的行为方法，应当与民事上的胁迫行为相区别，从而在合法索要（实体上法律予以支持）、非法索要（实体上法律不予支持或者因索要方法违法、构成民事胁迫而无效、可撤销）、犯罪性质的索要（敲诈勒索罪）进行合乎逻辑的区分。事实上，在所有行为的法律性质界定上，都可以而且应当作出以上三项定性分类：合法、非法、非法中的一般违法与犯罪。最典型的例证是1979年《刑法》对正当防卫的规定，防卫行为（合法行为）超过必要限度后，直接构成非法中的犯罪（严重非法），缺失了合法与犯罪之间的第三态——不合法，但尚未达到严重违法（犯罪）而只是一般违法的情形。这种规定所导致的直接后果就是，防卫人防卫

① 何秉松主编：《刑法教科书》，中国法制出版社1997年12月第1版，第832页。

行为被急剧扩大，司法上只要是认为其超过了必要限度，哪怕是超过了很有限的度（当然这种必要限度本身也充满了争议性而呈现相当的不确定性、随意性），那么，检察机关和审判机关都可能会定性行为人的防卫行为是防卫过当性质的犯罪。这项规定在1997年《刑法》中得到了修正。现如今，即使防卫人的防卫行为被认定超过了必要限度，其仍然有理由依赖于法律明确设定的强度审查保护，司法工作人员也必须进一步审核行为人是否超过很“明显”，并且为了防止这一主观性评价过于依赖办案人的个人认知，法律还要求其进一步客观评价该防卫行为在“明显”超过必要限度的同时，是否还造成了重大损害。这一修订，实质就是在合法的防卫行为与严重的构成犯罪的违法行为（防卫过当性质的犯罪）之间，承认了逻辑上客观存在的中间态——第三态，即既不是完全合法的防卫，又没有达到犯罪程度的超限度，定性为一般违法。

在索要他人财物所涉及的“威胁”“要挟”方法定性上，也应当存在三种状态：合法、非法（胁迫）、严重非法（犯罪）。各地发生的一些案件，把合法方法当成非法的“威胁”“要挟”方法，或者按照只要被害人反悔或者声称非自愿、受到了胁迫，就认定属于敲诈勒索罪的“威胁”“要挟”方法，其错误性质也在于没有认识到存在中间态，即既非完全合法也非犯罪的民事胁迫，法律属性上是当事一方精神上受到了强制而作出的意思表示，非其真实意思表示，属于无效民事行为。法律上支持其无效主张，换言之，被害人对于轻微的“威胁”“要挟”方法下作出的违背其真实意思表示，损害到他的利益包括经济物质利益的，完全可以通过民事法律的救济途径加以解决。

关于“胁迫”，1986年颁行的《中华人民共和国民法通则》（已失效）第58条规定，一方以敲诈、胁迫的手段或者乘人之危，使对方在违背真实意思的情况下所为的民事行为归于无效。1999年3月15日第九届全国人民代表大会第二次会议通过的《中华人民共和国合同法》（已修订）第54条第2款规定，一方以欺诈、胁迫的手段或者乘人之危，使对方在违背真实意思的情况下订立的合同，受损害方有权请求人民法院或仲裁机构变更或者撤销。最高人民法院《关于贯彻执行〈中华人民共和国民法通则〉若干问题的意见（试行）》（已失效）第69条规定："以给公民及其亲友的生命健康、荣誉、名誉、财产等造成损害，或者以给法人的荣誉、名誉、财产等造成损害为要挟，迫使对方作出违背真实的意思表示的，可以认定为胁迫行为。"

以"威胁""要挟"方法胁迫他人为意思表示进而获取非法利益，自古即有，并不新鲜。罗马法最早在合同领域承认，胁迫促成的意思具有不完整性。古罗马法学家把胁迫分为两类：一类是物质胁迫，又称绝对胁迫，它是对人身施加的胁迫，即暴力，绝对排除他人意愿；另一类是精神胁迫，就是后世所谓的胁迫，只为迫使某人实施行为而施加的胁迫，罗马人又称"恐吓"或"对心素施加的胁迫或强制"。这被解释为：被胁迫人不绝对排除意愿，而是因为害怕才自愿实施的行为。

法国民法典发展了罗马法对于胁迫的规则。《法国民法典》第1112条对"胁迫"予以界定，凡足以使有理智的人产生恐惧、使之担心人身或财产面临重大而紧迫之危害的言行，均构成胁迫。其第1111条规定，如同意系因错误所致，因胁迫而为，因欺诈之结果，不为有效同意。所谓"胁迫"，是指"威胁"，即精神上的胁迫，亦即行为人对他人的意愿施加压力，但并不完全"废除"其意愿。

《德国民法典》在立法中首次引入了"不法胁迫"的概念，从学理上对认定不法的标准进行了分类：

（1）用以胁迫的手段不法。如果用以威胁的手段是法律所禁止的，亦即用以威胁的手段是非法的，那么非法性的存在当无疑虑。

（2）所追求的目的不法。如果胁迫所追求的目的是为法律禁止的，那么胁迫行为也属非法无疑。在这种情况下，人们甚至可以认为存在《德国民法典》第138条规定的违反善良风俗的行为，因为即使受胁迫人想使这一行为有效，该行为也是不可能发生效力的。

（3）手段与目的关联的违法。虽然手段与目的就其本身而言并不违法，但是手段与目的的联系仍然可能违法。如使用此种手段以达到彼种目的的做法，违反了一切具有公平和正义思想的人的礼仪感，即存在此种情形。在此，应特别考察，胁迫人对达成其所追求的效果是否具有某种正当的利益，以及胁迫是不是一种适当的手段。

综上所述，敲诈勒索罪所要求的“威胁”“要挟”方法，应当具备一定的条件，包括强度特征以及具备使被害人屈从的可能性，不能把所有可以造成他人心理恐惧的方法全部等同于“威胁”“要挟”；在合法主张与非法敲诈之间，还存在着民事胁迫行为，应防止将其误当成犯罪处理。

三、以“索要数额是否合理”判定行为性质缺乏法律依据

大多数情况下，人们习惯于依据索要数额是否合理来判断行为人是否属于恶意，进而判断行为是否属于敲诈勒索。这种根据数额来定性的思维模式看似合理，实则没有法律依据，混淆了合法性应由法律规定、数额仅影响合法性或违法性的程度这二者之间的清晰界限，应当予以分析和纠正。

行为的法律性质，应当依据法律予以界定。以盗窃为例，秘密窃取他人财物，即属于法律禁止的盗窃行为，具有非法属性，这是不容置疑的。而盗窃数额，只有在具备盗窃属性之下才有意义。当然，盗窃数额对于构成一般违法还是盗窃犯罪有决定性意义，但对于盗窃与否的定性没有意义。

而在索要财物数额的定性中，由于权利人的权利受到侵害程度并非一目了然，往往双方分歧巨大，当侵害方认为索要数额严重不合理时，就会产生被敲诈的感觉。笔者认为，对于具体权利受偿额应当确定为多少一时难以定论时，双方漫天要价、坐地还钱的过程，不应当被定性为敲诈。尤其是考虑到在确有侵害事实的情形下，双方的谈判是自由的，各自都有进退的自由和选择，不宜随意定性为敲诈。这就像提出请求权是实现合法债权的手段，权利人可以向司法机关提出“天价”赔偿数额，但不会因其数额离谱而被定为敲诈勒索罪。反之，同样的行为发生在行为人与侵权人的谈判中，自然也不能因为数额不合理而认定行为是敲诈。

在确有权利受侵害事实的情形，由于侵害程度不同，且存在物质性损害和精神性损害，后者的计算并无明确的法律或者司法解释性规定。因此，必须特别强调不得以数额不合理为由而定性为敲诈。

通常当存在侵权或者至少存在经济、债权债务纠纷时，人们对行为人所提出的给付要求，会设定一个自己认为合理的估值，然后再据此判断行为人

所要求的数额是否合理，如果明显高于其所设定的“合理”数值，且超出部分数额巨大，则认定行为人主观上属于“敲诈勒索”。剖析这一思维过程，其原始起点的荒谬立即大白于天下：凭什么确定某个数额是合理的？它的事实依据和法律依据何在？所有长于民事诉讼侵权责任的人都清楚地知道一个事实，当事人由于侵权或者纠纷而自认为被侵权的情况非常复杂，人民法院确定侵权事实以及最终确认赔偿责任也是非常复杂的。如果案件涉及知识产权侵害，则损害计算方法更非一日得以解决；人身权与人格权混合损害，则精神损害更是难以确定。

在司法实践中，由于部分人在对行为人所提出的给付要求会预先草率地设定一个貌似公正、实则没有事实和法律依据的额度，同时并不希望对此展开细致、缜密的科学论证。所以，就简单地把行为人的要求（索求）额度与自己设定的所谓“合理额度”标准进行比较，其差额部分就作为以下两个论断的依据：一是以该额度作为判断行为人是否具有“敲诈勒索罪犯罪故意”的根据；二是以该额度作为衡量是否达到“敲诈勒索罪数额较大”的定量、定性依据。前者完全脱离了无事生非、凭空勒索的敲诈勒索罪的立法本意，变通为充当感性裁判者判定索赔或者主张权利不合私人判断，由此，涵盖了扩大甚至滥用经济纠纷或者权利受侵害而主张赔偿等情形；后者则把原本没有定性能力和价值的数额，仅根据私人的没有任何法律依据的判断或者感觉，就当作确定敲诈勒索性质后的犯罪数额，最终使得办案人员在对行为人的行为进行司法审查时偷梁换柱，拥有了原本不具有的行为人实体上所主张权利合理与否的判定权，并进而看似正当地认定行为是“敲诈”。

由此，通过一种空对空的路径来判定是否存在“敲诈”“勒索”行为。之所以称其为空对空，是在此过程中，明显出现了两个主观内容，或者说这个判断过程中表现为：从主观到主观，也即从判断者的主观出发，借助于判断者设定的主观性十足的标尺判断行为人的主观。于是，行为人确有权利受到侵害并据此提出主张的客观事实被忽略了，行为人向他人提出救济性赔偿甚至有可能被至少部分法律支持的事实也被忽略了，行为人被如此荒谬而简单地定性为恶意敲诈的“坏人”。

即使属于索要数额不合理的情形，也不能必然得出行为人索要财产行为属于“敲诈勒索”的结论。

首先，敲诈勒索罪要求以“非法占有为目的”，也即行为人无事生非，以威胁使用暴力或者公开被害人隐私等恶害相加。就行为人而言，他并没有在法律上或者事实上与被害人有一点联系，仅凭对被害人施加恶害的方法，使被害人产生恐惧，进而被迫违心地给付财产，因而此种犯罪被命名为“敲诈”“勒索”，着实贴切。而如果在行为人与被害人之间确实发生了权利侵害或者经济纠纷，自认为受到损害、损失的一方主张对方赔偿，与刑法所规定的黑社会敲竹杠或者恶意勒索他人自有天壤之别。最重要的是，前者是要凭空勒索他人钱财，而法律上却并没有联系或者事由，属于具有“非法占有为目的”；后者则双方确有权利冲突或者经济纠纷，至少存在索要财物一方自认为有理由提出主张的客观事实基础，至于到底谁应当给付谁、给付多少，则是另外一个要考察的法律关系，不影响行为人索要财物“事出有因”，不具有“非法占有为目的”。

其次，判定行为人是否有提出财产性主张的权利与判定其要求在多大程度上是合理的或者不合理的，是完全不同的两个问题。前者是程序性的，后者是实体性的。后者的实现依赖于前者，而前者的承认并不等同于后者被承认。是否有权自行向他人提出物质性要求，只决定于一项事实，即双方是否发生法律上的事实层面的联系。具有该事实依据，则双方发生民事法律关系，权利受侵害方或者自以为受侵害方便有权依据该事实向对方提出财产性主张，至于该主张在实体上是否得到法律承认和支持，不影响其有权提出主张，也即所提出的主张是否完美、合理，不能产生否定其具有提出该主张的权利的效力。

四、“以非法占有为目的”的确定

行为人构成敲诈勒索罪，主观方面须具有直接故意，且行为具有“以非法占有为目的”。但由于各方在理解和掌握“以非法占有为目的”上存在分歧，司法上也出现了回避该要件内容的倾向。对此，必须厘清“以非法占有为目的”的本意，进而指导和控制司法活动，将其纳入追求和实现立法本意的轨道上来。

对“以非法占有为目的”的理解，目前仍然存在很大争议，主要有两种观点：一是认为“行为人意图非法地改变公私财产的所有权”；[①]二是认为“以违法方法将他人财物转移到自己的控制之下，并以所有人自居予以保存、使用、收益或处分”。[②]有学者认为两种观点的差别在于：“前者强调的是行为人具有非法谋取公私财产所有权的意图；后者强调的是行为人对财物的控制企图。”[③]

笔者认为，“以非法占有为目的”应当理解并定义为“希望永久性地彻底享有公私财物权益的心理状态”，排除仅属方法非法（如秘密取回他人借用并拒不归还的财产）或仅属暂时非法占有（实际控制的意思，典型如挪用犯罪），以及“行为人并不直接行使他人财产所有权的权能，但其行为使所有人无法行使对其财产所有权全部权能的情况”。[④]在此，民法意义上的“占有”概念与刑法意义上的“非法占有”概念形成了交叉或冲突：就实际控制的意思则是一致的，就永久性完全享有该项财物利益，则是刑法的特殊要求。所以，有论者说“以非法占有为目的”应理解为非法所有的目的——虽然行为人永远不可能借此获得所有权，但不影响他主观上希望如此。[⑤]不对此加以明确，就难以避免一直存在的把刑法上的“以非法占有为目的”与民法上的“实际控制目的”等同起来，并且造成相当大影响的情况。[⑥]

上述对“以非法占有为目的”的界定根据如下：

1. 立法根据。

从刑法关于所有侵犯财产性犯罪的规定来看，全部都是以“永久性彻底享有公私财物权益”的目的作为“以非法占有为目的”，排除了只具有暂时性获取公私财物的使用收益的主观内容作为“以非法占有为目的”，事实上人们

---

① 苏惠渔：《刑法学》，中国政法大学出版社1997年版，第556页。

② 齐章安：《合同诈骗罪与民事欺诈行为界限分析》，载《法律科学》1999年第5期。

③ 孙国祥：《非法占有目的刍议》，载《南京大学法律评论》2001年第2期。

④ 引自顾晓宁：《非法占有目的探源》，载《人民司法》1999年第6期。文章认为这种情况也可能被认定属于“非法占有目的”。

⑤ 谢菁菁、刘炜：《关于贷款诈骗罪的思考及立法建议》，载《中国律师》2002年第5期，第69页。

⑥ 邓国华：《为逃跑夺警车如何定性》，载《检察日报》2004年9月15日。

一直对挪用类犯罪（挪用公款、挪用资金以及挪用特定款物）构成要件中不要求“以非法占有为目的”是一致认可的，这就反证出暂时性的控制财物以获取物的使用收益或仅以违法方法取回财物、解决经济纠纷，都不属于“以非法占有为目的”。同时，《刑法》第238条第3款规定，为索取债务非法关押、拘禁他人的，依照前两款（即非法拘禁罪之规定，笔者注）的规定处罚。这很清楚地表明，如果仅是方法违法，但并没有意图凭空地永久性地将他人财物占为己有，不属于具有“以非法占有为目的”。

2. 司法解释根据。

最高人民法院《关于对为索取法律不予保护的债务非法拘禁他人行为如何定罪问题的解释》明确规定，即使为索取法律不予保护的高利贷、赌债而拘禁他人的，按非法拘禁罪处理。这清楚地表明，虽然该债务不受法律保护，仍然不认为行为人具有“以非法占有为目的”。“以非法占有为目的”是指意图凭空地永久性地彻底享有他人财产性利益，正如盗窃、抢劫。而强行索取法律不予保护的债务，虽然该债务法律不予保护，并不必然导致行为等同于抢劫：毕竟事出有因，行为人认为存在“债务”，其主观内容与意图凭空地把他人财物永久性地据为己有的盗、抢之类，确有本质不同。此例也足以证明，方法非法并不必然就是具有“以非法占有为目的”。

3. 司法实践根据。

在各地司法实践中，对于因财产归属争议而强行夺取财物的，一般不认为行为人具有“以非法占有为目的”；又如，两个甚至更多国有公司之间产生买卖关系，一方收受货物后进行销售，待资金回笼后仍长期拖欠，一般也不作犯罪处理——不存在“以非法占有为目的”。[①]而在实践中出现的“骗取贷款准备归还的行为（俗称借鸡生蛋）”，并不认定为贷款诈骗罪。[②]

因此，构成敲诈勒索罪，其主观要件除了必须行为出于直接故意以外，

---

① 叶和忠：《对合同诈骗七种手法的认定》，载《检察日报》2005年3月1日第3版。

② 谢菁菁、刘炜：《关于贷款诈骗罪的思考及立法建议》，载《中国律师》2002年第5期，第69页。

还必须具有“以非法占有为目的”，也即行为人具有凭空地占有数额较大的公私财物之行为目的。权利受到侵害或者至少自以为权利受到侵害而实则属于确有导致其产生法律上误认的客观事实基础、事出有因的纠纷或者债权债务关系、劳资或买卖冲突等，行为人即使言辞过激，甚至喊打喊杀，也属于用非法方法实现“权利”、解决纠纷，可以确认行为人主观上不具有“以非法占有为目的”。即使被害人生性胆小怕事且在被胁迫的情况下违心地签订了“城下之盟”，也完全可以用民事诉讼的方法维护自己的合法权益。

五、典型案例及评析

（一）笔记本电脑天价索赔案

2006年2月9日，某大学英语专业大学生黄某，在北京某科技有限公司（某品牌电脑代理商）以20900元价格购买了一台某品牌V6800V型笔记本电脑一台，配置是：P-M 760 2.0G CPU/1G内存/80G硬盘/15.1显示器。黄某回家之后即发现电脑使用出现异常，遂与该公司联系，然后将电脑送到该公司，由该公司人员陪同前往该品牌电脑北京分公司进行检测。该品牌公司工程师进行检测后告诉黄某，电脑无任何硬件故障，重新安装系统软件之后就可正常工作了。次日上午，该公司通知黄某将电脑取回。

黄某将电脑取回之后，发现电脑使用仍然不正常。2006年2月10日下午，黄某再次将该电脑送到该北京分公司检测，并要求该公司退货。该公司称，如果有硬件故障可以退货，而如果没有硬件故障的话不能退货。该品牌公司对该机进行了检测，并开具该品牌皇家俱乐部服务行为报告，该品牌公司工程师告诉黄某，机器没有硬件故障。重新安装软件之后问题就解决了。黄某在该品牌公司工程师的劝说下，将电脑取回。

2006年2月10日晚上，黄某发现电脑又出现运行不稳定的情况而且死机频繁，于是向朋友周某求助。周某使用软件检查之后发现，该电脑内部原配的P-M 760 2.0G CPU被更换成了工程样品处理器2.13G CPU，而按照英特尔公司相关规定，工程样品处理器CPU是不允许使用到最终产品上的。周某还发现，该品牌皇家俱乐部服务行为报告上明确注明：升级原2.0G CPU为

2.13G CPU。

2006年2月14日至3月7日，黄某、周某、舒某先后多次与该公司协商谈判，并提出索赔500万美元的要求，并以此作为平息事端、进入和解程序的交换条件，而如果和解不成，将会向北京市海淀区人民法院提起民事诉讼，并将公告于全国媒体。同时，黄某等人表示，他们并非出于索赔，而是计划拿这些钱用于成立“中国反消费欺诈基金会”。但不论黄某与周某作何表述，这笔500万美金的巨款确使双方进行了深入交涉。

在和解谈判过程中，该公司包括中国业务总经理许某在内多位高层均承认更换工程样品CPU一事，并详细说明了更换过程。2006年2月17日应该公司要求，在北京市公证处由该公司工程师对该机进行检测，结果确认该机内被换装的是工程样品处理器CPU无误。2006年3月5日，在多次谈判未果的情况下，黄某决定向人民法院起诉，并正式告知该公司准备启动相应法律程序。2006年3月7日，该公司以进行谈判为由，将黄某和周某带至该公司北京分公司，然后报警对其进行抓捕。2006年3月8日，黄某及周某被北京市公安局某分局以涉嫌敲诈勒索罪刑事拘留。2006年4月14日，黄某、周某被北京市某区人民检察院以涉嫌敲诈勒索罪批准逮捕。2006年6月13日，黄某及周某接到北京市某区人民检察院下发的关于受理二人涉嫌敲诈勒索的《犯罪嫌疑人权利义务告知书》。2006年7月26日至11月10日，北京市某区人民检察院以证据不足为由两次退回北京市公安局某分局补充侦查。2006年12月26日，北京市某区人民检察院以证据不足为由，批准黄某取保候审。2007年11月7日，北京市某区人民检察院以证据不足为由，对黄某作出不起诉决定。2008年6月16日，北京市某区人民检察院对黄某发出《审查刑事赔偿申请通知书》。

事已至此，双方均已付出惨痛代价。当事一方的黄某及周某因“维权过当”而锒铛入狱，饱受身心创伤，而当事另一方虽强势公关并通过各种途径对媒体的跟踪调查予以压制，但媒体的密集报道依旧滚滚而来。毋庸讳言的是，借由此次争端，该电脑品牌形象大受影响，众多的负面评说亦令公司上下压力重重。

在此事件中，全国舆论风向可谓一边倒，对弱者的同情以及对强者的愤慨，迅速形成鲜明对比，而电脑公司刻意避开产品质量问题不谈，只就黄某本人及朋友周某的“天价索赔”大做文章，并重金约请中国消费者维权领域颇具影响力的知名律师全权代理此案，此一系列重磅组合拳却只针对一个娇小的女大学生及其稍懂技术的朋友，其动作不可谓不夸张。

黄某及周某出狱多日后委托北京市义方律师事务所和大成律师事务所的执业律师代理此案，希望与电脑公司再次沟通，尤其就当初事实性质及当下赔付问题进行交涉。

2008年10月16日，记者就此致电电脑公司公关负责人姜某，特就事实细节及黄某等人的最新动作，与姜某进行了沟通。姜某表示，这个事情已经过去太长时间，电脑公司本不想再继续关注下去，而且公安机关对此事已定性，即“敲诈勒索”。姜某对记者解释说，上述两人在此之前不单敲诈过电脑公司，还有其他企业，“我只是听说这两人出来了，但具体的事情不想再多说”。姜某认为，是黄某等人把电脑买回去进行了重新加工，而不是电脑CPU本身存在问题，但在这件事情上，因已被判刑的缘故，“他们内心的不平衡我可以理解，但我们才是真正的受害者，至于说他们要采取怎样的行动，我们不去管，也不关心”。

自2006年起，一直跟踪此案的代理律师张某，在接受记者电话采访时一度充满警惕，怀疑记者来自电脑公司。他表示，此事的解决并非寄希望于媒体，他们更希望电脑公司方面采取主动，但实际情况显然不是这样。张某表示，他受黄某、周某委托，如对方拒绝此要求，他会择日将本案付诸司法程序，以“公正合理地解决”。

本案一波三折，很有代表性地反映出一直存在但又长期没有得到充分认识、研究的敲诈勒索罪之犯罪构成的模糊性。电脑公司方面无法接受对方因为一部电脑的质量问题而提出天价索赔，产生了强烈的被勒索感受，因而集体商讨决定以报警方式反告索赔顾客敲诈勒索。接受报案的警方也主要依据索赔数额巨大而主观地认定不合理、属于敲诈性质，同时，把顾客为实现目的而宣称在媒体上曝光当作是“威胁”、“要挟”，采取了立案并刑事拘留的措施，后报检察机关批准逮捕。人民检察院侦查监督机关审查公安机关的逮捕申请时，出于与公安机关同样的分析和认识，批准了对黄某执行逮捕。

案件在北京市某区人民检察院审查起诉时出现了变化，因为有人对黄某的敲诈勒索行为性质产生了怀疑并发出不同声音，并由此产生了激烈对抗和讨论。通过辩论、研究，检察官们厘清了在把握敲诈勒索罪构成要件上的模糊认识，拒绝跟着感觉走，把事出有因、确实因权利受到侵害而向责任方提出索赔的合法行为，与无理取闹，仅凭依靠对他人实施精神强制而意图获取不义之财的敲诈勒索行为，划分出清晰的界限。前者即使数额不尽合理，也并不导致其行为由合法转变为非法，且其将事件在媒体上曝光本来就是其合法权利，不足以达到敲诈勒索罪所要求的“威胁”、“要挟”的强度和性质。电脑公司方面也完全可以在赔付协商谈判或者把冲突公诸于众之间进行选择，何来敲诈勒索？

（二）医患法律关系分析

近年来，各地不断出现群体性质的医疗纠纷，对社会秩序管理形成威胁，在已经乱成一团的医患关系中更是火上浇油，有必要予以法律性质解析，以资借鉴、参考。医患法律关系是依法解决医患纠纷的基础，既要依法解决医患矛盾、冲突，维护各方的合法权益，又要在定纷止争的过程中准确识别和把握医患纠纷所涉及的不同法律关系，促进和谐社会建设。

各地频发的医患冲突，由于事关民生和社会稳定，已经成为全社会关注的焦点问题，在某种程度上甚至推动了医疗改革的进程。但到目前为止，人们多关注于具体个案的处理，研究也主要停留在医患冲突的对策层面。从医患法律关系入手，剖析二者的对立统一关系，引导医患关系朝着健康、法律层面发展，抑制其朝对抗和冲突方向发展，并开展相应的法律制度和医疗制度建设，成为必然之选。由于医患法律关系缺乏明确的法律定位，在医患双方产生了强烈的不信任的情况下，协商解决机制自是无效，调解（往往是地方政府或者是政府机关）也难以在诉求差距巨大的双方找到平衡，但医疗事故鉴定制度却没有完全提供可以让双方心悦诚服的解决方案，有时还加剧了心理对抗和不信任。

1. 医患法律关系研究的重点。

对于医患关系，国家干预的力度保持在何种水平上，既承认医患法律关系的基础是平等民事主体之间的医疗服务法律关系，又坚持其作为国计民生的重要组成部分予以国家干预，以促进其健康有序发展，造福于全社会。参考现今正在进行的医改，其要点也在于此。

2. 医患法律关系研究的难点。

在医患法律关系中，双方利益保护的平衡点，在多大程度上承认其一般的商业属性而追逐利润最大化，在多大程度上根据其特殊性而约束其医疗行为并在冲突处理和违法行为制裁的过程中体现出来。前者要求对医患法律关系的基础性质是商业服务予以承认，并允许其在制定价格、提供医疗服务的过程中，按照商业模式进行并自行发展；后者则依据其医患法律关系具有国计民生性质的特殊性，予以国家干预，如必须对所有人给予最低程度的医疗服务而不得唯利益是从。近年来所引起争议的医患纠纷，无一不是因这种矛盾积累起来的强烈的不信任所引发。

3. 医患法律关系研究的创新点。

理清医患法律关系的组成内容，力争建立起以市场为基础的一般医患有偿医疗服务关系、国家依据国计民生的需要而予以干预的行政法律关系。同时，研究医患法律关系的特点和形式，构建能够在两种关系冲突中平衡各方利益、排解纠纷的冲突解决机制，最终促进和谐社会和稳定的生活秩序。

下面以河南为例，自2010年10月起，《河南省医疗纠纷预防与处置暂行办法》开始施行。为维护焦作市医疗机构的正常秩序，焦作市公安、卫生部门联手打击“医闹”事件，遇到八种“医闹”行为，公安机关在接到医疗机构报警后，将依法进行处理。“医闹”是以医疗纠纷为借口寻衅滋事的不法分子，这些人发现家属或患者有些小意见便进行鼓动，以暴力为手段，拦门阻路，打骂医护人员，限制医护人员人身自由，打砸医院财物，以达到高额赔偿之目的，并事前与患方约好经费包干或经费分成，借此生财。

第一，为患者、家属提供诉求服务。发生医疗纠纷后，一些患者或家属没有通过正规途径依法处理纠纷，很重要的原因是不知道如何进行合法诉求。

河南省卫生厅、省司法厅、省公安厅、河南保监局等部门联合制定的《河南省医疗纠纷预防与处置暂行办法》规定，河南省各医疗机构将成立由院长负责、多部门负责人组成的医疗纠纷预防处置小组，制定医疗纠纷处置预案，设置医疗纠纷专门接待场所，接受患方咨询和投诉，及时沟通、有效预防纠纷发生。同时，为有效预防医疗纠纷事件的发生，河南省规定，在全省范围内建立医疗纠纷人民调解工作机制，向患者、家属及医疗机构提供相关咨询和服务，防止医疗纠纷恶化。

焦作市要求尽快建立健全医疗纠纷人民调解工作机制，积极引导医疗纠纷双方当事人采用人民调解的方法化解矛盾，切实维护安全有序的调解秩序。

第二，三种方式处置医疗纠纷。发生医疗纠纷后可通过三种方式进行处置，即患者或其家属可与医疗机构协商解决；当事人向卫生行政部门或医疗纠纷人民调解委员会申请调解解决；当事人还可直接依法向人民法院提起诉讼。

针对医疗纠纷，医疗机构应及时启动医疗纠纷处置预案，告知患者或其家属相关处置方法和程序，并回答疑问。患者在医疗机构内死亡的，则需将尸体移放太平间或殡仪馆；医患双方当事人不能确定死因或对死因有异议的，可按照规定标准进行尸检。

患者申请医疗纠纷人民调解委员会调解的，委员会应3日内答复是否受理。若同意受理，应于两个月内免费调解，期满仍未达成调解协议的，当事人可依法向人民法院提起诉讼。

第三，严打八种“医闹”行为。“医闹”不仅干扰了正常的医疗秩序，也侵害了其他患者的就诊权和医务人员的诊疗权，扰乱了医疗机构正常的运行秩序。为维护患者合法权益和医疗市场秩序，焦作市明确规定，今后医疗机构在遇到以下“医闹”行为时，可立即向所在地公安机关报警，同时报告当地卫生行政部门。这些“医闹”行为包括：在医疗机构诊疗或办公场所内寻衅滋事；在医疗机构主要出入通道拉横幅、设灵堂、张贴大字报等扰乱医疗秩序；侮辱、诽谤、威胁、殴打医务人员造成一定后果；非法限制医务人员人身自由；故意破坏或窃取医疗机构的财物和文件材料、档案资料；抢夺患者、他人或医疗机构医疗文书以及与医疗纠纷相关的医疗证物（药品、卫生材料、器械等）；对患者在医疗机构内死亡，其家属拒绝将尸体移放太平间或殡仪馆；其他扰乱医疗机构正常办公秩序的行为。

焦作市规定，聚众闹事10人以下的“医闹”事件，由辖区派出所处置；

聚众闹事10人以上50人以下的，由所在县市区公安局处置；聚众闹事50人以上的，以所在县市区公安局处置为主、市公安局协调增派警力处置为辅。

在严厉打击“医闹”行为的同时，焦作市还要求，行政机关工作人员在处置医疗纠纷过程中玩忽职守、不履行法定义务的，依法给予行政处分，构成犯罪的，依法追究刑事责任。医务人员有违反相关法律法规或技术操作规范、不负责任延误抢救时机造成严重后果的，隐匿、伪造或销毁相关资料的应依法给予处罚，构成犯罪的，依法追究刑事责任。[①]

无独有偶，云南昆明也制定了处置“医闹”事件方案，八种行为可追责。在医院内（外）挂横幅、设灵堂等“医闹”行为将被追究刑责。2010年10月12日，由昆明市公安局和昆明市卫生局联合制定的处置“医闹”事件工作方案出台。其中明确规定，在发生“医闹”事件时，公安机关可以按刑事案件来处理，并可追究八种“医闹”行为当事人的刑事责任。

近年来，随着医患纠纷的不断增多，以医疗事故争议为由，扰乱医疗机构正常秩序的事件呈明显上升的态势，造成了极为恶劣的社会影响。为此，昆明市公安局和市卫生局联合成立了处置“由医疗纠纷引发的扰乱医疗机构正常医疗秩序的群体性治安事件” 工作领导小组，由昆明市公安局局长任组长，成员包括昆明市各级公安部门和卫生部门的负责人。各县、市、区也要成立类似的组织领导机构，负责本辖区内此类事件的处置工作。方案要求，公安机关要规范处置“医闹”群体性治安事件，严厉打击扰乱医院正常医疗工作秩序和社会治安的“医闹”事件，尽可能将事件制止在萌芽状态，如发生“医闹”事件时，辖区派出所要提前介入，迅速组织警力赶往现场，维护正常医疗秩序，有效控制事态发展；昆明市公安局国保支队负责收集情况，掌握第一手资料；昆明市公安局刑侦支队负责在发生“打、砸、抢、烧”等突发事件时，组织警力与属地公安机关共同做好现场秘密取证和抓捕疑犯工作，按刑事案件现场勘查要求开展工作，严厉打击“医闹”事件中的犯罪活动；昆明市公安局法制支队负责做好相关法律、法规及有关政策的法制宣传

---

① 刘婧、张苗：《本月起公安、卫生部门联手打击“医闹”》，载《焦作日报》2010年10月8日。

工作，等等。

由医疗纠纷引起的“医闹”事件，当出现以下八种涉嫌违法犯罪行为时，辖区公安机关要及时、有效地依法处置，直至追究当事人的刑事责任：

第一，聚众占据医疗机构或办公场所，寻衅滋事，严重干扰正常医疗工作秩序的；

第二，已发生打、砸、抢、烧等严重违法行为的；

第三，侮辱、威胁、围攻、殴打医务人员或非法限制医务人员人身自由，严重影响医务人员正常工作的；

第四，在医疗机构内（外）挂横幅、设灵堂、烧冥纸、摆花圈、贴标语、发传单的；

第五，拒不将尸体移送太平间或殡仪馆并超过规定时限，陈尸要挟医疗机构，经劝说无效的；

第六，抢夺医疗文书及与医患纠纷相关的证据（如药品、卫生材料和医疗器械等），经劝说无效的；

第七，涉及有社会恶势力或职业“医闹”插手的严重违法犯罪行为的；

第八，其他涉嫌人身、财产侵害的违法犯罪行为，涉嫌影响公共安全的违法犯罪行为。[①]

通过研究医患法律关系的一般性与特殊性，以及这两种属性在医患冲突的产生以及解决中所产生的影响，理顺医患关系，找出法律关系中的矛盾、对抗因子并通过制度予以排解，同时设置清晰而强有力的法律解决纠纷机制，化解纠纷并保持客观公正，促进和谐社会建设。以“医闹”为例，形式上是患者借机闹事谋取利益，实质是处于弱势的患者发泄对强势医方的强烈不信任。因此，一方面要研究对其行为予以法律规制，约束其进入法律维权的路径；另一方面要认真研究产生这种强烈不信任的深层次社会心理、医疗法律制度方面的原因并争取最终加以制度性地解决。

---

① 陈娜：《昆明制定处置“医闹”事件方案8种行为可追责》，载《云南信息报》2010年10月13日。

医患法律关系主要研究内容应当包括：医患法律关系的主体、客体和内容。医方天然具有优势地位，其利用这种优势发展壮大自身，同时也使得社会主义医疗卫生事业得以壮大和发展，如何做到兼顾患者利益而不致唯利是图，是医患关系和谐稳定的根本。

笔者希望通过研究理清医患法律关系的组成内容，建立起以市场为基础的一般医患有偿医疗服务关系、国家依据国计民生的需要而予以干预的行政法律关系，以及对于上述两种关系所引发冲突的最终司法解决机制。同时，研究医患法律关系的特点和形式，构建能够在两种关系冲突中平衡各方利益、排解纠纷的冲突解决机制，最终促进和谐社会和稳定的生活秩序。

首先，医患关系中的医方。医方的医疗行为具有双重属性：其一是基本属性，即受法律保护的有偿医疗服务属性。这种基本属性决定了绝大多数情况下，医方提供的医疗服务是有偿的商业服务性质：有钱就有医疗服务，没钱就没有医疗服务。由此，长期存在的消极安乐死现象就不难理解了。患者没有经济能力或者其亲属不愿继续提供医疗费用了，医院当然不予救治。偶尔，这种无钱不医的现象以及合理性，会被突发的见义勇为或者孕妇被医院见死不救等事件经媒体曝光而饱受质疑与批评。但这种质疑，永远无力改变医疗行为是有偿的商业服务之基本属性。即使医院方面追求利益最大化的创新举措，如郑州某医院创办星级病房以获更佳收益，被广泛批评和质疑，也无法否定这原本就是非常正常、合理也合法的经营行为，医院原本就不是慈善机构，是商业性质的医疗机构。医方的医疗行为属性之二是政治属性、事业单位属性，一般民众理解为“白衣天使”、为人民服务的救死扶伤属性。正是这一属性的存在，人们总是赞美医护的职业、职务行为，希望通过这种赞美促进医护们不仅仅是公事公办地履行职务，而是对每一个病患都予以最高的精神关注、投入。因此，医方的医疗行为从来就没有被认定为普通商业行为，医院从法律上、行政管理上都是作为“事业单位”而存在的。

医患关系的所有纠纷、矛盾的引线，都埋藏引发于这两种关系的紊乱之中。一方面，我们不得不承认医疗单位是收费有偿的，是营业赚钱性质的；另一方面，我们又总是不甘于接受这个现实，经常性地对于医疗单位所表现出来的贪婪与嗜血、冷血，进行大规模的讨伐与批判，用医疗卫生行业是社会主义建设事业的一个方面、人民群众生命健康的极端重要性等道德伦理标尺衡量医疗行为。结果必然是：人们一边无奈地看着医疗费像脱缰的野马，一边不得不接受政府方面给出的聊以自慰的理由，即卫生医疗事业飞速发展，或曰：失之东隅，收之桑榆。

其次，医患关系中的患方。人们几乎都或多或少地感受过弱势的患方在求医时的无助与无奈。患者经过痛苦不堪的排队挂号缴费之后，有时一两分钟就被打发出来了，一些医生甚至不愿意听完患者的病情陈述。但这一点儿也不影响医生以商人的心理开出“大药方”——能赚两分为什么要只赚一分？对于医疗行为，绝大多数病患根本无力判断是非对错，只能就范而无法质疑，因为这实在是太专业了，医生一句“你是医生还是我是医生”“你懂不懂”，就足以让病患们俯首帖耳了。

因此说，在医患关系中，处于绝对优势控制地位的医方，在国家大力发展医疗卫生事业的政策支持下，采取多种经营方式，增加利润（或者称盈余，因为医院的服务业企业地位一直没有在法律上确立下来，官方称之为“事业单位”）。也不可避免地给弱势的患方种下了强烈的被剥夺感和不信任的种子。患方寻找自己的方式给予强势一方反击，这种反击一方面具有强烈的不信任特点，另一方面具有同样强烈的情绪化特点，往往能获得第三方的同情和支持。有时候这种同情或者支持甚至表现在出警解决纠纷的警察身上，因为他们也曾经做过患者。

当然，这是就医患关系的总体而言。具体到医务工作者身上，并不排除个体在医患关系紧张、对抗中被医方牺牲以换取医方息事宁人，而平素工作待遇不高且强度很大，导致医务工作者个体产生强烈的压抑感、挫折感，也即自称的“弱势”感。

医患法律关系的产生，是基于病患就医所产生的医疗服务合同法律关系。病患到医院挂号、就医，医院方面出具挂号凭据、病历，标志着合同成立并有效（医院、诊所没有法定营业资格资质等除外）。病患不认可医疗行为的过程、结果或者费用，都可能产生纠纷。遗憾的是，长期处于弱势一方积累起来的对于强势一方的不信任，促使纠纷一触即发，二者实为因果关系。医者、官员所感受到的“暴民”“刁民”，实为弱势一方的自我保护和过激反应而已。

医患纠纷大致有两种：一是医方确有过错；二是医方没有过错而病患认为有过错。而病患方明知医方没有过错，却借口受侵害施压索财，属于形似纠纷，实为敲诈的犯罪。

在医方确有过错并致损的情况下，病患与医方交涉属于就医疗纠纷协商、谈判的行为性质。其行为合法性与合理性毫无疑问。但应当注意，病患及其亲属并不因此具有妨害社会公共秩序的权利，不能采取哄闹、打砸或者陈尸大厅等方式。既要防止因同情病患遭遇而听之任之，又要避免因说服、劝阻无效而上纲上线，仅依据行为过激而定性“敲诈勒索”。

在医方确无过错而病患认为有过错的情况下，关键是要把握病患是否确有产生误认的事实基础，医方的解释说明是否具有合理性。如果确有令病患方产生权利被医方侵害的合乎情理的事实基础，则应当排除敲诈勒索的可能性而依法依理劝解，也可以说服其到医疗卫生行政管理机关或者人民法院请求解决纠纷。同时，对于严重妨害医院正常秩序的违法行为，可以依法处罚。

在极端的第三种情况下，病患一方明知医方没有过错而寻衅滋事，或者以委托的方式授权他人解决，则属于无事生非，严重者构成敲诈勒索。但是，必须强调的是，病患哄闹医院只是一方面，而代表官方维持秩序、解决冲突的公安机关同情病患，如果法律水平低下，以医疗纠纷为由消极怠职，才是最重要的一方面。正是这种消极的不予干预，实质上放任了病患的无理取闹和有恃无恐，而医方则渐行绝望，难以接受不断扩大的负面影响，最后与病患签“订城下之盟”，付出巨额赔偿金。

因此，应当特别慎重使用敲诈勒索罪名强行压制病患一方。即使是政府打击所谓的“医闹”以避免泛滥，也不是滥用敲诈勒索罪的合理性依据。解决问题的关键在于公安机关把握使用法律的能力和积极性，无论如何，病患一方都无权以打砸抢、哄闹或者陈尸大堂的违法行为方式主张权利。其提出并主张赔偿哪怕是极端不合理，均属于其权利，但不能采取侵害医方合法权利和损害正常的医疗秩序的方式获得经济利益、赔偿。至于医方是否有过错、该不该赔偿以及应该赔偿多少，不属于解决冲突的公安机关工作范围。

（三）某药业股份有限公司何某敲诈勒索案

某药业前审计总监何某离职被捕 看守所内实名举报[①]

静水流深。某药业貌似平静的表象，正在被来自铁窗内的一纸实名举报信悄然颠覆。

实名举报信矛头直指某药业2011年~2012年存在虚增利润、粉饰业绩、违规开具增值税专用发票、虚构交易、隐瞒关联公司等重大违法行为。实名举报某药业存在诸多重大违法行为的，正是上市公司曾在公告中致谢的前任审计总监、审计部负责人何某。

2013年1月21日，某药业发布《关于聘任审计总监的公告》称，何某不再担任审计部经理，也不再为审计部负责人，公司对何某任职期间为公司所作出的贡献表示感谢！

外界看来，这或是一项正常的人事变动。然而，某药业因内部纠纷引发的深刻危机却由此爆发。

4月21日，本报收到何某的实名举报信，信上有其手印和联系方式。一同收到的还有超过2G的音频、视频、账表证据，22个文件夹、319个文件。随后，本报记者按举报信所留方式与举报人联系时，接通电话的是何某的辩护律师。电话另一头，远在海南的辩护律师告诉本报记者，“目前，我的当事人何某，因某药业举报其敲诈勒索，已被海口秀英公安分局批捕关押。而当事人对某药业的实名举报，则已被证监会转至海南证监局，海南证监部门回应举报已受理，目前正在核实处理中”。

曾被某药业表示感谢的前任审计总监何某为何身陷铁窗，她所服务过的这家上市公司存在怎样的秘密呢？

---

① 朱益民：《某药业前审计总监何某离职被捕看守所内实名举报》，载《21世纪经济报道》2013年5月23日。

审计部遭“洗劫”

何某群随即招呼人冲入审计部，将工作用电脑当场强行拆除搬走。

2013年1月21日上午11时52分，一则题为《某药业疑严重造假，审计部门遭暴力洗劫》的匿名帖子在网络浮现。

“2013年1月18日早，正常上班时间，某药业审计部负责人打开二楼审计部办公室，开始一天的审计工作。九时半许，公司监事会主席何某群到审计部办公室，就前几日审计部向其汇报的公司虚假出库、虚开票、虚增销售收入事项，与审计部负责人沟通核实，审计部当场向其展示了相关证据并打开财务软件系统，导出出库单据说明情况，何某群见事情无法掩盖，随即招呼财务部经理张某强、公司保安等人冲入审计部，将审计部工作用电脑当场强行拆除搬走，将部分资料当场撕毁，将审计部重要文件资料抢走，现场一片混乱，气急的审计部负责人到三楼财务总监刘某良办公室请求帮助，何某群趁机指使行政人员改换审计部办公室门锁，并通知保安禁止审计部负责人离开公司。

审计部负责人据理力争无果，只好拨打110报警。激烈冲突引起大批公司员工围观，大家议论纷纷。我们不禁要问：什么样的严重问题值得监事会主席不惜采取暴力手段抢劫审计部文件资料，毁尸灭迹？又是谁给监事会主席权力查封公司内审部门、扣押审计部门人员？究竟谁是幕后主使?”

对上述帖子，何某自认由其本人发出。

据了解，何某发贴的直接原因是，某药业不仅未兑现此前已答应的可以给她离职奖励和保密费的承诺，反而在确认她手中确实掌握公司违法行为的材料后，强行抢走她存有材料的电脑，并当场撕毁她打印出来准备交公司核对的资料，且试图控制她离开公司，警察到场才得以离开。由此观之，某药业为更换审计总监而召开的聘任审计总监，决定何某不再担任审计部经理的董事会会议，完全是在火药味十足的背景下紧急召开。

拉锯“特殊贡献奖励”

董事长洪某觉得问题严重，要求何某不得出卖公司，否则会报复她。如能保密，公司则会奖励她（实为“封口费”）。

何某与某药业的关系因何闹到剑拔弩张、如此不堪的地步？

2012年第四季度的一天，洪某在公司2楼小会议室召开财务、审计部门联席会议，宣布审计部迁往广州，包括何某在内的原审计部3个员工不得不离职或调往其他部门。

何某因家在海口，无法接受迁移至广州工作，2012年末至2013年1月间，某药业先后安排人员与其谈离职补偿事宜，最后指定何某群与其磋商。何某提出贡献奖励及保密费补偿要求。相关资料显示，何某2010年7月1日入职某药业，负责筹备审计部并任审计部负责人。据何某的律师称，某药业与其交恶主要是因为何某在审计过程中发现公司存在重大违法问题，何某在离职交接过程中书面向董事长洪某反映了情况，洪某看后觉得问题严重，要求何某不得出卖公司，如能保密，公司则会奖励。随后，洪某安排监事会主席兼工会主席何某群与她具体谈判，她也拟了一份给她200万元“特别奖励”的书面材料交给洪某。

某药业认为她要价过高，有要挟之嫌，为此何某群多次约她协商，双方讨价还价。但她没想到作为监事会主席的何某群居然公然抢夺和销毁公司违法犯罪的证据材料，矛盾由此激化和公开。

2012年年末，受董事会指派，结合公司2012年年底大盘点，何某率审计部就海南证监局在例行检查中发现的问题追踪检查落实情况。何某在审计过程中发现，某药业2011年~2012年度存在虚增利润、虚构交易、虚开增值税专用发票、利用隐瞒的关联公司、通过调低售价进行关联交易、转移上市公司利润等重大违法违规行为。

在举报信中，何某声称，她感觉事关重大，特将有关情况向董事长洪某作了详细汇报，揭示潜在风险，并提请高度重视。后遭洪某、何某群多次威胁恐吓，被警告如出卖公司其本人将被报复。出于个人及家庭安全的担心，何某曾向何某群提交保密声明。

离职四天被捕

某药业于当日上午10时向派出所报警何某敲诈勒索。

2013年1月中旬，双方约好在董事长办公室共同商谈。当天在洪某的办公室，何某谈到入职以来对公司作的贡献、公司目前存在的问题及个人意见和建议。何某遂提交一份书面特别嘉奖申请书，要求奖励200万元。洪某因有事要离开，只看了一眼未置可否。此后一周，何某照常上班工作。但发生了网帖所称的“暴力洗劫审计部”事件，何某与某药业之间的矛盾因此激化升级，私下分歧转为公开对抗。

1月18日，某药业审计部被强行封门。因被禁止离开公司，何某拨打110报警。海口高新区派出所出警将其带离，并作了报警记录。当晚，何某分别打电话给刘某良、何某群讨要说法，并要求一起到证监局评理。之后还打电话到海南省证监局，咨询举报的有关程序和细节，准备到证监部门举报。

1月21日中午，何某在网上发出上述审计部被抢的帖子。下午，何某群就打电话约何某到其家附近的玉湖宾馆2楼咖啡厅商谈离职补偿事宜。双方就离职补偿达成一致，约定离职补偿金额为100万元，条件是何某不得再发帖，不得再以任何方式泄露她发现的公司违法问题包括其掌握的公司其他秘密。巧的是，及至当天下午5：30，某药业《关于聘任审计总监公告》在巨潮资讯网站发布。

1月22日上午9时，某药业将50万元打入何某的银行卡。何某表示，收到短信通知后，曾打电话给何某群，问为什么只给50万元，答复是公司正在提现，提足后马上存入她账户，最多一两天的事。经何某律师查证，某药业于当日上午10时向派出所报警何某敲诈勒索。

1月25日晚，正在陪孩子逛街的何某被警方控制。26日，海口秀英公安分局将何某刑拘关押。随后发出逮捕通知书。

本报获悉，何某现被收押在海口市第二看守所，其涉嫌敲诈勒索某药业一案正处于人民检察院审查起诉退回公安机关补充侦查阶段。

以上是《21世纪经济报道》于2013年5月23日发表的公开报道。由于没有实地或者其他方式采访某药业与办案单位，相关事实出现选择性披露，且表现出强烈的质疑与倾向性，进而产生强大的舆论效应，某药业的股票价格应声大幅下跌，社会公众一片质疑之声。

办案单位顶着巨大压力，在法定期限内侦查终结，并移送秀英区人民检察院要求审查起诉。

2013年9月10日，海口市秀英区人民检察院向法院提起公诉。

海口市公安局秀英分局侦查终结，以被告人何某涉嫌敲诈勒索罪，于2013年4月7日向检察院移送审查起诉。检察院受理后，于同日告知被告人有权委托辩护人和告知被害人有权委托诉讼代理人，依法讯问了被告人，审查了全部案件材料。其间，依法退回公安机关补充侦查二次，延长审查起诉期限二次。

人民检察院经依法审查查明：被告人何某于2010年7月1日开始在海南某药业股份有限公司（以下简称某药业公司）任审计部负责人，在2012年12月28日与某药业公司解除劳动关系。2013年1月8日上午，何某来到海口市秀英区药谷二期海南某药业公司董事长办公室，向公司董事长洪某提交了一份《关于海南某药业公司违法处罚情况的法律意见》，内容为某药业公司存在违法违规行为，已经涉嫌重大刑事犯罪及相关人员应承担的刑事责任等问题，向洪某表示其掌握了公司严重违法情况。同年1月11日17时许，何某再次来到洪某的办公室，向洪某提交了一份《特别嘉奖》书面材料，要求公司在2013年1月18日前，以保密费和特别嘉奖为名支付何某200万元人民币，并告知洪某只有支付该笔费用，何某才会就自己掌握的公司严重违法违规情况为公司保密，该公司未对何某的要求作出答复。2013年1月21日上午，何某在腾讯微博和东方财富网股吧论坛某药业板块上，分别发表一篇名为《某药业疑造假，审计部门遭暴力洗劫》的文章，文章内容为某药业公司审计人员发现了公司严重违法违规情况后，遭公司方销毁证据资料，暗示公司存在严重问题。公司董事长洪某得知该情况后，因害怕何某继续散布影响公司形象、信誉的负面信息和言论，委托公司监事会主席何某群与何某商谈。当日16时许，何某群约何某到海口市某区玉湖宾馆咖啡厅商谈，要求何某停止损害公司利益和信誉的行为，何某称公司要答应她的要求，否则，她不会为公司保密，要求公司先支付100万元人民币再谈。洪某因害怕何某再次散布有损公司信誉的信息，被迫于2013年1月22日9时许，让公司财会人员向何某的工资卡汇入50万元人民币。同年1月22日下午，何某将该50万元中的494000元取出，转存到开户人为辛某的建行存折账户上。同年1月22日12时许，何某再次打电话给何某群，要求公司支付其提出的先支付余下的50万元。案发后，50万元赃款已被追回并发还某药业公司。

检察院认定上述事实的证据如下：（1）解除劳动关系协议、劳动合同书、保密协议、违法处罚情况法律意见文件、特别嘉奖文件、网络信息截图、扣押清单、照片、账户交易明细、发还清单、人口信息查询表等书证；（2）被害人洪某的陈述；（3）证人何某群、张某强、刘某良、吴某平、王某、王某方、李某、朱某蕾的证言；（4）被告人何某的供述；（5）鉴定意见；（6）辨认笔录；（7）视听资料。

检察院认为，被告人何某无视国家法律，以非法占有为目的，通过要挟手段强行索取某药业公司200万元人民币（实际取得50万元），数额特别巨大，其行为触犯了《中华人民共和国刑法》的规定，犯罪事实清楚，证据确实、充分，应当以敲诈勒索罪追究其刑事责任，根据《中华人民共和国刑事诉讼法》的规定，提起公诉，请依法判处。

何某辩护律师提出：（1）某药业与何某自愿达成保密协议，该200万元是公司为了掩盖其违法的事实而自愿给予何某的封口费。后来又出尔反尔，诬称被何某勒索；（2）何某主张索要保密费而履行保密义务，合情合理合法；（3）公司设置陷阱坑害员工，一面约着谈判、付款，一面报警抓人；（4）公司尚欠何某社保34177.5元、竞业限制补偿费70200元，并提交三份视听资料、《参保人员申报表》、公司与何某签订的《保密协议》作为证据。

笔者认为：何某于2010年7月1日以与海南某药业股份有限公司签订劳动合同书、保密协议的方式入职海南某药业股份有限公司（以下简称“公司”），担任公司审计部负责人。2012年年底，因公司审计部在内的部分职能部门搬迁并入广州，何某因家庭原因不愿随迁而最终书面与公司签署了解除劳动关系协议，于2012年12月28日离职，并领取了相关补偿，但迟迟未与公司办理办公室钥匙等物品、资料交接手续。

离职十天后的2013年1月8日上午，何某到公司董事长办公室，当面给董事长洪某递交了《关于海南某药业公司违法处罚情况的法律意见》，列举了公司存在违法违规行为，已经涉嫌重大刑事犯罪及相关人员应承担的刑事责任等问题，明确表示其基于职务条件而掌握了公司严重违法的事实与证据。1月11日下午5时许，何某又来到洪某办公室，向洪某提交了一份《特别嘉奖》

书面材料，以最后“通牒”的方式，要求公司在1月18日前，以保密费和特别嘉奖名义支付其200万元，并告诉洪某：只有支付该笔费用，其才会就掌握的公司严重违法违规情况为公司保密。言下之意，不愿意支付该笔款项，其就没有义务替公司就其严重违法犯罪问题保守秘密——有权利将其公之于世。

2013年1月18日上午，有鉴于无动于衷的公司态度和反应，已经离职的何某进入公司审计部，打开公司电脑调取并打印公司业务资料，公司监事会主席何某群赶来并紧急干预，让公司保安拆除电脑线、销毁打印资料，并强行阻止何某离开。警方介入调查后将何某带离了解事实经过并作了笔录。

该冲突发生三天后的2013年1月21日上午11时52分，何某在腾讯微博和东方财富网股吧论坛发帖：《某药业疑严重造假，审计部门遭暴力洗劫》，声称公司审计部发现公司严重问题，却遭暴力洗劫销毁证据，向社会公开宣示公司违法违规问题。该帖立即引起社会关注，股价大跌，公司作为上市公司，压力巨大，遂由何某群紧急联系何某于当日下午4时在玉湖宾馆咖啡厅商谈，要求其停止损害公司利益和信誉的行为；何某则要求公司先支付100万元人民币再谈，否则，她不会为公司保密。公司被迫于1月22日上午9时许，打给何某50万元人民币，然后立即向海口市公安局报警。同日，何某确认款项到账后，于中午12时打电话给何某群要求支付余下的50万元人民币，然后于下午转走该笔50万元款项。后该50万元被追回发还公司。

何某因为工作原因而获取了某药业公司的有关信息、资料，无论是否属实，法律性质是构成违规、违法，还是犯罪，其都有权向有关方面举报，行使其公民权利，且不违反保密协议，因为相关内容已经超越了受法律保护的公司商业秘密范畴。其也可以告知公司以求改正。但是，法律禁止其以所掌握的他人违法、犯罪信息谋取利益、以告发违法犯罪作为威胁、要挟方法，勒索他人财物牟利，无论该人是否确有违法犯罪的情形。当然，该侵犯财产法益的财产数额有一定要求，以排除轻微的勒索行为升格入罪——索要财物数额只有排除价值而没有定性的肯定价值。

何某以曝光其履职期间以及后续掌握的公司违规、违法、犯罪信息作为威胁、要挟手段，索要公司200万元保密费、嘉奖费，并明确表示不给钱就曝光，并在公司制止其擅自利用公司办公电脑调取资料时发生冲突的情况下，即刻在网络发文曝光部分公司相关情况，强调公司有重大问题，制造公司巨大压力，之后再利用继续曝光作为威胁、要挟方法，持续保持该压力，迫使公司交付财物。其行为构成敲诈勒索罪。其中既遂50万元，未遂150万元。

公司作为被害人，其本身是否具有违法、犯罪问题，都不影响法律保护其财产不受敲诈勒索犯罪侵犯——其违法犯罪问题，自有国家机关依法处罚，任何知情人，都可以协助国家机关相关工作并获取奖励，但不得直接据此信息而索要他人财物。同时，被害人在被迫与被告人谈判过程中，选择屈服、对抗或者先屈服甚至假意屈服、再报警对抗请求国家机关处理，都是其选择权利，都不影响被告人的行为性质。

何某辩称索要的是合法的保密费，与事实不符。只有商业秘密等法律予以保护的内容，才对应产生具有承担义务一方是否享有对方支付保密费问题。如果有明确约定，则保密一方相应有权要求对方支付相关费用——仅限于法律保护的知识产权、隐私等内容。本案的相关违规违法犯罪等信息，法律不予保护——支持举报以处罚，但是，不支持任何人据以索要财物。

向社会、媒体揭露违法、犯罪以及各种冲突等，是公民自力救济的合法手段，与行政控告、司法诉讼一样属于合法行为。但是，不影响法律同时禁止没有利害关系的任何人，借助上述合法手段逼迫他人屈服、勒索财物——如果认为对方的行为侵害了自己，可以协商、谈判、曝光、控告、诉讼；如果仅仅是知悉了相关信息，直接以曝光、控告等合法手段勒索他人财物，则该行为不具有合法性而构成威胁、要挟方法，符合刑法敲诈勒索罪的构成要件。

该案一审人民法院判决：被告人何某犯敲诈勒索罪，判处有期徒刑10年，并处罚金10万元。

海南省海口市秀英区人民法院刑事判决书

［2013］秀刑初字第××号

公诉机关海南省海口市秀英区人民检察院。

被告人何某，女，1968年8月25日出生于河南省商丘市，汉族，大学文化，原某药业股份有限公司审计部负责人，住海南省海口市龙华区，因涉嫌犯敲诈勒索罪于2013年1月26日被刑事拘留，同年2月8日被逮捕，现羁押于海口市第二看守所。

辩护人汤某，北京大成律师事务所海口分所律师。

辩护人朱某，男，1966年12月1日出生，汉族，从事法律职业，住海口市龙华区。

海南省海口市秀英区人民检察院以秀检刑诉（2013）××号起诉书指控被告人何某犯敲诈索罪，于2013年9月11日向本院提起公诉，本院依法组成合议庭，公开开庭审理了本案。海南省海口市秀英区人民检察院指派检察员李某出庭支持公诉，书记员张某出庭履行职务，被告人何某及其辩护人汤某、朱某到庭参加诉讼。现已审理终结。

海口市秀英区人民检察院指控，被告人何某于2010年7月1日开始在海南某药业股份有限公司（以下简称“某公司”）任审计部负责人，在2012年12月28日与某公司解除劳动关系。2013年1月8日上午，何某向公司董事长洪某提交了一份《关于海南某药业公司违法处罚情况的法律意见》，内容为某公司存在违法违规行为，已经涉嫌重大刑事犯罪及相关人员应承担的刑事责任等问题，向洪某表示其掌握了公司严重违法情况。同年1月11日17时许，何某再次来到洪某的办公室，向洪某提交了一份《特别嘉奖》书面材料，要求公司在2013年1月18日前，以保密费和特别嘉奖名义支付何某200万元，并告知洪某只有支付该笔费用，何某才会就自己掌握的公司严重违法违规情况为公司保密，某公司未对何某的要求作出答复。2013年1月21日上午，何某在相关媒体上发表文章，文章内容暗示某公司存在严重问题，公司董事长洪某得知该情况后，委托公司监事会主席何某群与何某商谈。当日16时许，何某群约何某商谈，要求何某停止损害公司利益和信誉的行为，何某称公司要答应她的要求，否则，她不会为公司保密，要求公司先支付100万元再谈。洪某被迫让公司财会人员向何某的工资卡汇入50万元。同年1月22日12时许，何某再次打电话给何某群，要求公司支付其提出的先支付100万元余下的50万元，案发后，50万元赃款已被追回并发还公司。

针对上述指控，公诉机关当庭宣读并出示了如下证据：1. 被告人何某的供述；2. 被害人洪某的陈述；3. 证人何某群、张某强、刘某良等人的证言；4. 解除劳动关系协议、劳动合同书、保密协议、违法处罚情况法律意见、特别嘉奖、网络信息截图、扣押清单、照片、账户交易明细、发还清单、人口信息表；5. 鉴定意见；6. 辨认笔录；7. 视听资料等其他证据材料。

公诉机关认为，被告人何某通过要挟手段强行索取某公司200万元人民币(实际取得50万元)，数额特别巨大，其行为已触犯《中华人民共和国刑法》第二百七十四条之规定，应当以敲诈勒索罪追究其刑事责任。诉请本院依法判处。

被告人何某辩称，其向某公司提交了一份有关公司存在违法违规的法律意见后，该公司主动约谈她，要求其为公司保密，同时给予其嘉奖，其与公司达成保密交易，并为公司掩盖违法违规行为。其没有威胁公司要求给付保密费。

辩护人提出辩护意见：1. 某公司和被告人何某自愿达成保密交易，公司是为了掩盖其违法的事实给予何某封口费。2. 被告人何某没有威胁或要挟公司给付保密费，被告人何某的行为不构成敲诈勒索罪。3. 公司尚欠缴何某的社会保险金额34177.5元、竞业限制补偿费金额70200元。辩护人当庭出示了何某三份视听资料、《参保人员申报表》、公司与何某签订的《保密协议》等书证，用以支持上述辩护意见。

经审理查明，被告人何某于2010年7月1日入职海南某药业股份有限公司任审计部负责人，并签订劳动合同书、保密协议，约定在试用期被告人何某的职位工资（含保密津贴）每月1200元、转正后职位工资（含保密津贴）每月1500元并约定何某有义务为公司保守商业秘密，2012年12月28日，被告人何某与某公司解除劳动关系。2013年1月8日上午，何某来到海口市秀英区海南某公司董事长办公室，向公司董事长洪某提交了一份《关于海南某药业公司违法处罚情况的法律意见》，内容为该公司存在违法违规行为，已经涉嫌重大刑事犯罪及相关人员应承担的刑事责任等问题，向洪某表示其掌握了公司严重违法情况。同年1月11日17时许，何某再次来到洪某的办公室，向洪某提交了一份《特别嘉奖》书面材料，要求公司在2013年1月18日前，以保密费和特别嘉奖名义支付何某200万元，并告知洪某只有支付该笔费用，其才会就自己掌握的公司严重违法违规情况为公司保密。某公司未对何某的要求作出答复。2013年1月21日上午，何某在腾讯微博和东方财富网股吧论坛某药业板块上，分别发表一篇名为《某药业疑造假，审计部门遭暴力洗劫》的文章，文章内容为某公司审计人员发现了公司严重违法违规情况后，遭公司方销毁证据资料，暗示公司存在严重问题。公司董事长洪某得知该情况后，因害怕何某继续散布影响公司形象、信誉的负面信息和言论，委托公司监事会主席何某群与何某商谈。当日16时许，何某群约何某到海口市某区玉湖宾馆咖啡厅商谈，要求何某停止损害公司利益和信誉的行为，何某称公司要答应她的要求，否则，她不会为公司保密，要求公司先支付100万元再谈，洪某因害怕何某再次散布有损公司信誉的信息，被迫于2013年1月22日9时许，让公司财会人员向何某的工资卡汇入人民币50万元，同年1月22日下午，何某将该50万元中的494000元取出，转存到开户人为辛某的建行存折账户上。同年1月22日12时许，何某再次打电话给何某群，要求公司继续支付其所提出的先支付100万元要求中余下的50万元，该款实际未支付。案发后，50万元赃款已被追回并发还某药业公司。

上述事实，有公诉机关提交并经法庭质证、认证的下列证据予以证实：

1. 解除劳动关系协议证明。2012年12月28日何某与公司签订解除劳动关系协议，约定了公司应支付给何某的款项，并规定本协议签订后，双方权利义务即行终止。

2. 劳动合同书、保密协议证明。何某于2010年7月1日与某公司签订劳动合同，从2010年7月1日起任审计部经理，并约定试用期职位工资（含保密津贴）每月1200元、转正后职位工资（含保密津贴）每月1500元。同日，何某与公司签订保密协议，约定何某有义务为公司保守商业秘密。

3. 违法处罚情况法律意见书证明，该份由何某提交的法律意见内容涉及某公司存在重大违法情况及触犯法律条文和责任的情况。

4. “特别嘉奖”证明，该份证据内容为某公司因何某有杰出贡献，公司决定奖励其200万元，并于2013年1月18日前支付，该“特别嘉奖”为何某草拟，并将董事长洪某签名处空着，要求洪某签名批准。

5. 网络信息截图证明，该两份证据分别是何某于2013年1月21日上午在腾讯微博和股吧论坛上发表的两篇文章截图，其内容为某审计部负责人发现公司存在虚假出库、虚开票、虚增销售收入等情况，公司为掩盖违法行为，将审计部电脑、文件抢走、资料撕毁。

6. 某公司嘉奖情况证明，某公司每年均对优秀员工进行表彰奖励，并在《嘉奖令》中公布，历史最高奖金为5万元。2011年至2013年度表彰的优秀员工名单中均无何某。

7. 搜查证、搜查笔录，扣押清单、照片证明。公安机关从何某处扣押某药业出库单10张、劳动合同书1份、保密协议1份、笔记本电脑1台、电脑主机1台，审计部印章1个、手机2部、银行卡4张、存折1个、U盘1个、声明1张、现金50万元。

8. 账户交易明细单证明。何某的光大银行账户于2013年1月22日存入50万元，并于当日分别支取5000元、490000元。

9. 发还清单证明。被扣押存折已经发还辛某、被扣押50万元已经发还某公司。

10. 人口信息查询表证明。何某出生于1968年8月25日。

11. 某公司说明书证明。某公司于2012年11月29日在关于何某离职补偿的协调会议上明确对何某表示，公司解除其竞业禁止义务。

12. 被害单位董事长洪某的陈述证明。2012年12月28日，公司与审计部负责人何某签订解除劳动协议后，何某多次找其商谈要求公司给付保密费，于2013年1月初将一份公司存在违法违规的材料交给洪某，并于2013年1月11日把一份所谓的“特别奖励”的书面材料放在其办公桌上。上面写着：公司董事长洪某给予审计部经理何某一次性人民币200万元的“特别贡献嘉奖”，需在2013年1月18日前支付，并让洪某在上面签字，洪某拒绝签名后，何某就说让其后果自负，并称她会做出一些诋毁公司名誉和损害公司利益的事情。之后，洪某委托工会主席何某群全权负责处理何某的事情，并让何某群随时向其汇报。2013年1月21日12时许，何某在腾讯微博和股吧上发布了数篇诋毁公司偷税漏税、虚开增值税发票的文章，严重地损坏了公司的名誉。当日21时许，何某群汇报说已找何某商谈，但何某向公司提出先付给她100万元人民币，否则何某就会再次做出损坏公司形象的行为，由于担心引起外界和投资者不必要的误会怀疑，洪某迫于无奈之下答应并于1月22日先支付给何某人民币50万元，后来何某群汇报称：何某催公司将剩下的50万元在2013年1月23日前支付给她，否则何某会继续在网上对公司进行恶意炒作，让公司遭受更大的损失。此时，洪某觉得不能再向何某妥协而委托监事会主席、工会主席何某群报案。

13. 证人何某群的证言证明。2012年12月28日，某公司因何某不愿意到广州工作而与何某签订解除劳动协议，并给付工资及经济赔偿金。之后何某多次向公司的董事长洪总提出要求公司给付保密费，否则就会到证监会和税务局举报公司和将公司财务上的问题卖给媒体进行炒作，从而对公司造成不利的影响。在2013年1月11日17时许，何某又到公司董事长办公室找董事长洪某索要保密费，这时董事长洪某就叫我到场跟何某谈论这个问题，这时何某从她的文件夹里面拿出了一份所谓的“特别嘉奖”的书面材料放在了洪某的桌子上，并要求董事长洪某在上面签字确认，并要求洪某按照该书面材料上的要求在2013年1月18日前付给其200万元人民币，否则就会按照之前说的那样对公司不利，我们的董事长洪某随即就说我们公司不会向其妥协的，然后何某就留下该书面材料离开。2013年1月21日，何某通过腾讯微博在网上发布了一篇污蔑公司有偷税漏税和虚开增值税发票的文章，对公司造成了极大的负面影响。当日16时许，受董事长的委托约何某商谈，请她停止诋毁公司声誉和损坏公司利益的行为，何某称只要公司支付其200万元的“特别嘉奖”，她就会停止攻击公司。被迫无奈之下，何某群答应何某的要求先付100万元。22日9时许，公司把50万元汇到何某的工资卡里，22日12时许，何某打电话要挟说如果在明天（即2012年1月23日）前，不将剩下的50万元汇给她，她就会丢出重磅“炸弹”（指诋毁公司声誉和损坏公司利益的事）。

14. 证人张某强（某公司财务部经理）的证言证明。2012年12月28日，原公司审计部负责人何某与公司解除劳动协议关系，公司已注销其登录公司财务系统U8账户的资格，但其不肯与公司办理交接手续，2013年1月18日，何某通过“账号主管”的账号登录公司财务系统并擅自打印公司的成品出入库单据而被发现，监事会主席让张某强没收其电脑及打印的资料。

15. 证人刘某良（某公司财务总监）的证言证明。2012年9月，公司决定将审计部等几个部门集中为行政总部，何某因个人原因不能调到广州工作，

2012年12月28日，何某与公司签订解除劳动关系，并支付给她工资、奖励和经济补偿76032.93元，但何某不配合办理交接工作，何某作为审计部负责人，如发现公司有违法规行为，应向有关部门检举揭发。何某在工作期间，表现一般，不存在贡献奖励。2013年1月21日，何某在网上发布《某药业疑造假，审计部门遭暴力洗劫》一文后，引起许多投资者和股民的质疑，2013年1月8日，洪总交来的一份何某写的所调某药业在经营过程中违法违规的问题，只是何某偏激的看法，与事实不符，因为公司上市后，公司的财务状况和经营情况是需经委托的有资质会计师事务所进行审计并出具审计报告的。

16. 证人吴某平的证言证明。吴某平以公司法律顾问身份于2012年11月28日对何某解释了离职后公司支付其费用情况，何某主张与公司保密协议中有竞业禁止条款，公司应支付其相应费用。经向洪某电话核实，公司一方已经明确解除何某的竞业禁止义务，其在离职后可到任何单位从事相同工作，故公司已没有支付保密费的义务。吴某平将此情况告知了何某。

17. 证人王某（某公司海南总厂总经理）的证言证明。2012年11月底的一天，王某、吴某平、王某方在与何某谈离职事宜时，经电话与洪某确认，公司已经免除何某竞业禁止义务。何某在签订离职协议后，没有正常交接工作，并占有审计部公章。

18. 证人王某方（某公司人力资源部经理）的证言证明。何某在向公司索要保密费，经公司向何某解释依法不应支付保密费后，何某仍然表示要公司向其支付保密费用。

19. 证人宋某华的证言证明。宋某华为某前生产技术部经理，涉及公司核心生产机密，其离职时并未向公司索取保密费。其在任职期间获得过两次特别贡献奖，公司奖励需填写申请表提交公司领导审批决定。

20. 证人李某（某公司审计部副经理）的证言证明。何某签订解除劳动关系协议后应与李某交接工作，但何某一直拒绝交接工作，2013年元旦假期后，何某每天来到公司在办公室里登录公司内部财务系统查询公司材料。

21. 被告人何某的供述证实，2012年12月28日，被告人何某与某公司签订解除劳动协议。何某曾向洪某提交一份《关于海南某药业公司违法处罚情况的法律意见》，内容涉及某公司违法违规情况。2013年1月11日，何某向公司的董事长洪某递交一份特别嘉奖材料，但公司的董事长洪某没有表态。2013年1月21日11时许，何某在东方财富网的股吧和自己的个人腾讯微博上发表了一篇题目为《某药业疑严重造假，审计部门遭暴力洗劫》的文章，讲述2013年1月18日，何某在公司审计部登录公司财务内网打印公司资料被公司员工强行拆掉电脑及撕毁打印资料的事实。当日16时许，何某群找何某商谈，并表示同意先支付人民币100万元。次日9时许，公司把人民币50万元汇入何某的工资卡内，之后何某又继续联系，让何某群于23日前再把人民币50万元汇入的事实。

22. 证人何某群的辨认笔录证明，经何某群辨认，何某就是敲诈勒索其公司50万元的人。

23. 何某的辨认笔录证明，经何某辨认海口市秀英区海南某药业有限公司就是涉嫌敲诈勒索的行为地点。海口市某区玉湖宾馆就是何某群答应支付其100万元的地点。

24. 鉴定意见证明，经语音同一认定，Sony数码录音棒ICD-UX512FP内检材样本中被称何经理、和称呼对方“老何”的人为何某。

25. 视听资料7份（存于录音笔内）证明，何某与何某群商谈内容为何某提交违法意见书以其掌握该公司的违法事实，后书面向公司索要嘉奖费的过程情况。

本院认为，被告人何某以非法占有为目的，通过要挟手段强行索取公司200万元（其中150万元未遂），数额特别巨大，其行为侵犯了公私财产的所有权，已构成敲诈勒索罪，应依法予以惩处，公诉机关指控被告人何某犯敲诈勒索罪，事实清楚，证据确实充分，罪名成立，应予支持。本案中，2013年1月22日，被告人何某敲诈的150万元因其意志以外的原因而未能得逞，是犯罪未遂，依法比照既遂犯就此部分犯罪事实对被告人何某予以从轻处罚。对于被告人何某及其辩护人提出何某与公司自愿达成保密协议，何某没有威胁或要挟公司给付50万元，何某行为不构成敲诈勒索罪的辩解及辩护意见。经查，被告人何某在离职后，先向入职公司提交违法意见书以其掌握该公司的违法事实，后书面要挟，向公司要求给付所谓的“嘉奖费”，在公司未表态的情况下，何某在相关媒体上发表文章，文章内容暗示某药业公司存在严重问题，公司为消除影响被迫给付50万元的事实，有被害人洪某的陈述，证人何某群、刘某良等人的证言及视听资料和违法处情况法律意见书、特别嘉奖书、网络信息截图、账户交易明细单等书证与被告人何某在侦查机关的多次供述予以证明，且能相互印证，其向公司索要的嘉奖50万元不具有合法性，其主观上具有非法占有的目的，主观上实施了勒索他人钱财的行为，因此，其上述辩解及辩护意见与事实和法律规定不符，不予采纳。对于被告人何某的辩护人提出的公司尚欠缴何某的社会保险金额34177.5元、竞业限制补偿费金额70200元的辩护意见，因与本案犯罪事实无关联性，亦不予采纳。鉴于本案所涉赃款已全部被缴回，可对被告人何某酌情以从轻处罚。依照《中华人民共和国刑法》第二百七十四条、第二十三条、第五十二条的规定，判决如下：

被告人何某犯敲诈勒索罪，判处有期徒刑10年，并处罚金10万元。

刑期从判决执行之日起计算。判决执行以前先行羁押的，羁押1日，折抵刑期1日，即自2013年1月26日起至2023年1月25日止。罚金限于本判决发生法律效力之日起1个月内一次性向本院缴纳。

如不服本判决，可在接到判决书的第二日起10日内，通过本院或者直接向海南省海口市中级人民法院提出上诉。书面上诉的，应当提交上诉状正本一份，副本二份。

“证”与“实”的关系问题研究

一、“证”与“实”

“证”，意为凭据，帮助断定事理的东西：证据、凭证、证书、出入证、证章、证券。做动词时意为用人物、事实来表明或断定：证明、保证、证实、作证、对证、论证。

与古代农耕社会的熟人社会明显不同，现代社会的人流、物流呈现出海量级别，社会整体表现出由熟人社会向陌生人社会转变的现代化特征。证，无论其数量还是价值，都以前所未有的数量和强度冲击、充斥着整个社会。现代人忽然发现，已经不可一日无证了。从身份证、信用证（卡），到学生证、毕业证，无证不能坐火车、乘飞机、住旅馆。就连久居乡下的农村人，存取款、进城打工，也需要身份证、暂住证。一个现代人已经到了离开证件就没有办法证明自己存在，以及自己究竟是谁的地步了。

“证”在诉讼中经常性地被作为证据材料出现，对于证明案件事实，无疑是证明力很高的证据。如无相反证据，一份学生证当然可以证明某人就是某个学校的学生，而一份毕业证也可以证明在某个特殊时段，毕业证上所列之人与某个学校的就学关系以及顺利毕业的事实。人类已经习惯了这种情况，但这项发明的巨大价值仍然难以言状。

“实”，则是客观存在。就“证”与客观存在的实际情况（以下简称

“实”）的一般关系而言，“实”是第一位的、决定性的，“证”则是来自于实、从属于实。“实”往往依赖“证”来证明与反映，但必须注意这种反映可能是真实的，也可能是虚假的、歪曲的。以一纸结婚证与甲男乙女的实际婚姻关系为例，证（结婚证）与实（特定的异性间婚姻关系）的相互关系可能存在四种情形：“证”“实”均真（绝大多数合法夫妻所具有的情形）；“证”“实”均假（绝大多数装扮成夫妻的男女所具有的情形）；“证”真“实”假（如以贿赂方式取得的禁止结婚之人的真实结婚证）；“证”假“实”真（如真夫妻遗失了结婚证，伪造或者购买假结婚证救急使用）。

现实生活中的绝大多数情况是第一种，也即只要当事人自己举证，我们就会认可他的实际情况是证所记载、反映的。这并不是说偏信或者不知道造假的存在，而是难以证明以及没有必要一一核实，谁也承担不起一一验证的成本。例如，律师持当事人签名的委托书到人民法院办案，甚至进入看守所会见犯罪嫌疑人或者被告人，当然有可能造假，因为人民法院或者看守所没有能力对每一份委托书上签名的真实性予以审核，而冒用当事人的签名是非常简单的事情。但是，这种情况却很少见，因为一旦在后续工作中被发现，该律师的违法成本很高。

“证”真“实”假的情形，则需要特别予以注意。比如，房产证，经查明该房产证确属国家房产登记机关依照法定程序制作发给的，则由于发证主体的权威性而具有最高的法律效力。所谓“实”假，是指该房产证所指向、确认的房产权属法律关系，被相反的证据证明其合法性缺失而不真实。比如，签名被证实是伪造的，合同被证实是暴力、胁迫下取得的，抑或在此前已经颁发了与其内容相左的合法有效的房产证。此中，出现了与房产证相反的证据且足以推翻、证明房产证的合法性问题，则可以依照法定程序撤销房产证，等于对“证”真“实”假的法律状态予以否定并最终恢复证实相符的真实状态。

正是由于生活中的假证几乎都是为了弄假成真而产生的——希望用假证获得虚假的情况被承认、被认可为真实的目的需要。所以，人们经验性地把发现、查获假证，当做实际情况也为假的根据——你是真的就没有必要搞假证，搞假证就是因为你不真。如此，忽视了可能存在的“证”假“实”真。

之所以在中国的司法实践中大量存在证实不符的情形，其中最重要的原因就是官方与民间共同秉持变通思维，为了目的不择手段，以至于真真假假、假假真真，真中有假、假中有真。而一旦时间空间变化、人际关系或者利益冲突，所有隐含的问题立即成为一个诉讼中常见的问题："证""实"关系问题。

二、典型案例及评析

（一）李某"贪污"案

1. 案情经过

1993年6月，某国有供销公司（简称供销公司）77名职工，经供销公司同意集资并以公司名义购买某法人股100万股，时任公司会计的李某负责管理，并代表公司参加股东大会以及领取分红派息再发放给职工。该100万股股票未列入公司资产，与公司资产无关，公司也未截留派发的任何红利及股息。

2000年公司开始改制，至2001年3月31日结束，除三位原经理外，其余职工全部按规定买断工龄后退出公司，李某也从2001年4月1日起，不再担任公司会计职务。在此期间，职工要求转让股票，李某受公司委托负责转让事宜，并以1.06元/股的价格制表让持股职工签名认可，有55名职工共计76万股股票认可按该价格转让。5月16日，李某与供销公司签订了退出国有公司协议书，5月25日，李某持供销公司出具的手续到某证券交易中心，以1.28元/股的价格将76万股股票售卖并过户给他人，得款97.28万元。李某对股东称卖价是1.09元/股，经股民同意，李某按0.01元/股赚取辛苦费，并按1.08元/股，把82.08万元发放给股民，余款15.2万元（其中0.76万元辛苦费）由李某占有。

该案由职工出资形成的法人股记载在国有公司名下，该"证"与"实"不符，是案件的核心问题。李某一审被判处10年有期徒刑。经上诉，被发回重审。某区人民法院经重审判决无罪。某区人民检察院抗诉，某市人民法院支持抗诉。某市中级人民法院2003年8月作出终审裁定：维持原判。

某区人民检察院认为：（1）李某符合国家工作人员的主体资格。李某是国有公司的会计，负责100万股股票的管理和转让事宜。其虽于2001年5月16日与公司签订退出企业协议，但从2001年3月受公司指派办理股票转让事宜到5月25日完成转让的整个过程是其履行受指派而行使管理职能的过程，具有履行职务的延续性。(2）李某所得款项属于公共财产性质。100万股法人股的所有权归个人，但由供销公司管理，并承担管理责任。依据《刑法》(1997年）第91条之规定，在国有公司中管理的私人财产，以公共财产论。

某市中级人民法院终审裁定：(1）李某经手转让76万股某法人股时既非国有供销公司的职工，也非受国有供销公司委托管理、经营国有财物的人员，不具有贪污罪主体资格。(2）涉案股票系职工个人集资购买的私人财产，并非供销公司的国有财产或其“管理”中的私人财产。(3）股票转让时，持股职工均已脱离供销公司，转让款应属持股职工，与供销公司无关。(4）受国有公司委托管理、经营国有财产的人员构成贪污罪，要求行为对象是国有财产，而非公共财产。因此，李某的行为，因其主体、对象、客体不符合贪污罪构成要件而无罪。

该案在某市人民检察院抗诉处讨论是否提请某省人民检察院依照审判监督程序进行抗诉过程中，同意与反对意见均等。后鉴于案件争议大、典型性强，被某市人民检察院选做公诉辩论赛，由控辩双方在台上展开充分辩论。同时，案件被海南大学法学院选做经典案例进行解剖式教学。

2. 案例评析

(1）李某所占有财产的权属。李某占有的15.2万元人民币，全部来源于售卖股票的价款。因此，其权属性质由股票的权属性质决定。换言之，股票是属于职工所有，还是属于供销公司所有，抑或是职工所有而供销公司合法占有（管理)，必须首先加以厘清。在此问题上，检法两家均认为按照“谁出资、谁所有”的产权确定原则，股票属于职工所有，差异在于检方以该私人财产在被国有公司管理期间，依法也属于“公共财产”，适合贪污罪的犯罪对象。

某区人民检察院在这个问题上的错误是十分明显的：其一，“谁出资、谁所有”的产权确定原则属于一般原则，在法律有特殊规定的领域不适用；其二，在不动产、交通工具、证券领域，法律规定以“登记制”作为确权原则，因此，从控诉的角度，应当据守"股票属于国有供销公司所有，不论是谁出资"，它所依据的法律根据很难否定；其三，以股票属于"公共财产"从而构成贪污罪犯罪对象为由要求判罪，必须依赖李某直接具有国家工作人员身份而不能以受委托从事公务人员身份，而案件中该事实恰是存有相当争议的，这也导致控诉的根基不牢靠。

人民法院乐得其成，直接以股票属于私人财产作为事实适用法律，仅需论证李某没有主体资格，不能在受委托情况下对"公共财产"实施贪污，即可大功告成。实际上，人民法院仍然缺乏对股票不属于国有财产的论证。

那么，如果检方提出股票属于国有资产，人民法院应如何认定其资产权属呢？笔者认为，正确认识股票的资产权属，必须基于法律规定及立法原意，理解其双重属性。一方面，在法律上，未经依法变更（诉讼或者协商方式），股票属于登记权人国有供销公司所有，以保证债权人基于该股票所产生的利益，如抵押、查封等不受损害，实际出资人和股票登记权人均不得以任何理由对抗第三人，这是财产登记制的对外法律效果。另一方面，当实际出资人与股票登记权人发生权属争议，裁判者（法官或仲裁员）会按照"登记制"所必需的权属证书登记内容确权，除非出资人出示出资凭证，且登记权人无对抗性证据予以合理怀疑、否定，则该出资凭据足以否定登记权人对财物的所有权并以原始取得的方式证明出资人对财物的所有权，进而裁决财物的权属由出资人所有，并办理变更登记。

值得注意的是，在司法实践中，类似问题经常遇到。比如，工商登记资料的出资股东就出资问题产生争议，一方以工商登记为据证明自己出资，另一方则持出资原始凭据证明自己是全额出资。又如，结婚证本是男女双方具有合法婚姻关系的最高证明，但如果有证据证明该证书取得非法或者婚姻关系一方未达法定结婚年龄等，则不能机械地以结婚证是法定证据，只能由行政机关确认或变更为由予以认定。

因此，登记制是为了保障债权人的利益设立的法定确权方法，而在没有债权人，只有出资人和登记人的情况下，应当认定作为出资人的职工，是股票的所有权人。换言之，登记制确定权利人只在其对外与其他人发生经济关系时有意义，对内谁也无法根据登记而否定出资人的所有权。可见，人民法院认定股票属于出资人是正确的，只是论证不足。在出资人与股票登记权人未发生权属争议、形成诉讼的情况下，人民法院以事实认定的形式跳过确权之诉，直接认定权属，认定不属国有资产。

（2）股票是否属于国有公司管理的“公共财产”。在公诉机关坚持股票虽属私人所有，但却处于国有公司管理，应认定为“公共财产”的情况下，人民法院以如下理由予以否定：①股票转让时持股职工均已脱离供销公司，转让款应属持股职工，与供销公司无关；②即使股票属于“公共财产”，也不符合受委托从事公务人员构成贪污罪的犯罪对象必须是国有资产之法定要求。很显然，第二点不是否认股票的“公共财产”性质，而是在否定成立贪污罪。那么，如何认识？

根据相关法律关于所有权权能的规定，即使股票自始至终都是毫无疑问地登记在职工的名下，也不排除公司依约合法占有并进行相关事务的处理，从而使股票成为供销公司管理的“公共财产”，更何况股票是登记在公司名下，公司一直以所有权人的身份对外出现，形式上甚至具有收益、处分等权能。

在供销公司改制之前，职工与公司都认可公司为了职工的利益管理股票，且是无偿的，李某受领导指派，负责具体的管理事宜，属于职务行为，及至公司改制期间。鉴于改制后的新公司继续以这种形式管理职工股票，有诸多不便，双方同意不再由改制后的公司管理，当然这是通过双方具体行为表示出的真实意思。于是，大部分职工选择了立即以1.06元/股转让股票的方式作为应对措施，另一部分则选择了等待。

至此，供销公司对股票的管理职责，随着公司作为一个法律拟制人格的消灭而丧失，如果说在此前的管理过程中尚有可能因债务、对外越权抵押等被执行，从而使公司因管理而对职工负责的话，则自转制完成之日的2001年3月31日，公司主体不复存在，其对股票的管理职责也当然不复存在，股票也自然不可能在转制完成后仍然是“公共财产”。即使改制后的新公司承继了原国有供销公司对股票的管理职责，也和新公司其他资产一样属于非国有企业资产范畴而与贪污罪无关。

我们也可以从国有供销公司存续期间，甚至在其改制后，是否因李某的行为而产生利益方面的损益来分析相关的资产性质，是否处于被管理状态的“公共财物”。

职工出资以供销公司的名义，购买100万股法人股，本是违法的，这从其合法性上不难作出判断。但在事实层面上，这又确实是在双方意思一致基础上所形成的一个契约行为，该契约的基本内容是：职工出资，股票以公司名义购买并登记在公司名下，但关于该股票的损益、盈亏与公司无关，该资产属于职工而不是公司。当然，职工们可能不知道风险是股票被公司的债权人依法偿债。同时，公司基于公司员工的利益，对股票进行无偿管理。从李某受命办理股票业务、公司不截留分红股息以及转制时未把股票列入公司资产等事实，均证明双方对资产属性一直认同属于职工，公司予以职工该项资产利益以管理和便利，但盈亏均与公司无关。及至公司改制完成，除了仍然以股票登记权人的名义帮助职工办理转让手续外，对于股票的管理职责已经终结，该财产不再具有“公共财物”属性。股票转让过程中再发生损益，更是与供销公司无关。

（3）李某的主体身份。李某是否具有贪污罪的主体资格，是本案的另外一个争议焦点。

李某可以两种形式成为贪污罪的适格主体：一是以国有供销公司正式工作人员身份；二是以受国有公司委托管理、经营国有资产人员身份。前者因为其所在国有公司是以国有资产经营以图增值、保值为存在目的，其作为职工所从事的职务行为，自然是公司行为的有机组成部分，但可能作为贪污的犯罪对象，除了国有资产以外，还包括处于国有公司管理之中的“公共财物”；后者因为虽不是国有公司职员的身份，但经国有公司委托，从而具有了管理、经营国有资产的职责与便利条件，易于发生侵吞、窃取国有资产的情况。故此，法律规定这种受委托从事国有资产经营、管理的人员也可以成为贪污罪的主体，但其犯罪对象仅限于国有资产，以相区别。

人民检察院以如下理由坚持李某具有贪污罪的主体资格：一是李某是国有供销公司的正式员工，在职时即负有代表公司管理股票之职责，其离职后，对于未完成的职责，公司与其达成一致，由李某继续履行该项职责，表现为履行其在职职务的连续性。简言之，就是人已离职，不影响她仍然以公司代表身份履行其未完成的管理职责。二是即便李某已不是国有公司的正式员工，她仍然可以以接受国有公司委托的形式履行管理、经营职责，从而构成贪污罪的主体。

笔者认为，除非有法律特殊规定或者供销公司与李某双方有关于离职之后个人继续履行职务的特别约定，认定李某在离职之后对于股票的相关活动，是以职务连续性的形式进行的职务行为，缺乏法律和事实依据。首先，自供销公司改制完成之日起，对股票负有的管理之责随法人消亡而消灭，其所有员工也不可能以任何形式继续承担所谓的管理职责，皮之不存，毛将焉附？没有委托人，哪里来的被委托人和委托事项？其次，劳动法及其他相关法律法规仅规定离职员工有保守原单位商业秘密等义务，并无规定员工必须做完相关工作才得以离职。所以，李某不存在因法律规定而离职后继续履行职务的情形。再次，供销公司与李某在任职期间并未就离职后是否继续履行股票管理职责，在其离职时也未就继续管理股票作出约定，如是否有偿、管理时间、是否构成离职先决条件等，无法确定李某离职后的行为是履行原职务行为而不是李某在自愿基础上与持股职工建立起的普通民事法律关系。

至于李某属于受国有公司委托进行管理从而构成贪污罪主体的观点，由于法律明确规定该种人必须针对“国有资产”实施侵吞才构成贪污，而前文已充分论证了资产性质不属“国有资产”，故此不再赘述。

事实的真实法律性质是：供销公司在改制过程中，为妥善处理股票问题，保护职工利益，公司相关领导出于善意，要求熟悉股票情况的李某继续办理转让或者过户事宜，已与公司无关的李某表示接受，事后职工也均对此予以承认。因此，等于职工与李某经原公司方面牵头而达成了委托代理关系，职工与李某是当事人，公司却不是。但是，碍于情面，谁也未提李某的报酬费用。股票卖出后，李某隐瞒真实交易价格，得知真相的职工感到利益受到损害，遂告官以维护自己的利益。此中的要点是：形式上是供销公司与李某建立法律关系，实际上却是持股职工与李某建立了法律关系；公司抑或公司原领导对于已离职的李某已不存在人事关系上的管理与被管理关系，而是完全以平等的身份地位进行沟通、协商，甚至在供销公司不存在的情况下，只是公司原负责人出面牵头、协调从而促成此事。

（4）李某的主观内容分析。本案检法两家不约而同地回避对于李某行为时主观内容的分析认定，这也反映了司法实践中较为普遍的现象，即重客观、轻主观。然而，主观内容并不是捉摸不定的，客观要件的诸多事实内容，就是认识、评断行为人主观内容的根据。

就本案而言，人民检察院控诉的罪名是贪污。显而易见，李某必须具有贪污的故意才可能构成该罪。由于贪污罪属于目的犯。因此，只能由直接故意才能构成。

就认识因素来看，一般要求行为人对以下三项内容有相当明确的认识，才符合“明知行为会造成危害社会的后果”：一是行为性质，二是行为后果，三是行为与后果之间的因果关系。就行为性质的认知，既包括人们常说的违法性认识，也包括仅是对行为具有恶之属性有认识的情形。比如，行为人误以为是对歹徒进行防卫性攻击，在没有侵害事实存在的情况下，防卫不成立，但行为人认识错误，没有犯罪故意，只成立意外事件或者过失犯罪；就行为后果的认知，则是指行为一旦实施，则发生危害后果的高概率是客观存在的，且被行为人所认识；就行为与后果之间的因果关系的认知，则是指行为与后果之间确实存在因果关系，而行为人对此也有明确的认识。

具体到本案，要求李某明知行为后所得财物是公款——国有公司资产或者国有公司管理的资产，明知一旦自己得到利益，则国有公司将损失相应数额的资产，明知自己行为性质是利用了职务身份或者委托管理身份化公为私。而我们看到的事实是，李某与其他职工一样，自始至终都认为股票是职工的私人财产，当公司改制后，更不可能与国有资产发生联系，同时，当李某离职后，她更不会认为她依然有职务身份或者委托管理身份。她也完全有理由认为公司改制后，她是与持股职工之间发生了经济关系，与公司无关。因此，李某确有获取利益的意图，但缺乏证据证明她知道或者至少应当知道她的行为性质是在损害国有资产。如此，依照法理分析，即便其所得确属“公共财产”或者国有资产，行为人确有理由发生误认，则其主观内容也不符合贪污罪构成要件。不过，由于司法实践中经常遇到被告人狡辩或者缺乏产生误认的客观事实依据，法官或检察官往往不予认定行为人主观有属于认识错误的“误认”。

至于意志因素方面，要求个人意志决定在明知条件下实施行为并争取实现所追求的危害后果。李某对于赚取利益是追求的，但该意志因素的成立，是依赖于认识因素的，本身没有独立存在的价值，无需进一步讨论。

本案涉案金额并不大，但其所提供的标本意义却典型且极具价值：一是民事法律水平直接影响对经济犯罪案件的定性分析能力。具体到本案，职工出资但登记在国有公司名下的股票，依法应确权于谁至关重要。二是当事人行为的合法与否不影响资产属性的确认，除非属于双方故意违法而应当由人民法院没收。本案中，职工的出资形成了法律规定只能由法人出资购买的法人股，这显然是违法的，但不影响确权时依然在对内关系的基础范围内认定为出资人所有。三是法人单位被注销后，除法律规定权利义务由其他单位承继的情形以外，不再具有任何民事权利和民事义务，其原有效委托要么由其他单位承继，要么归于无效。四是行为人主观内容分析确认常常因难以把握而被忽视，而这恰恰是识别罪与非罪、此罪与彼罪的重要根据，所有客观事实应当作为来源于主观并反映主观内容的中介和桥梁。

本案中最棘手的难点，就是以股票形式表现出来的财产归属与股票名称和出资矛盾形成的证实关系：证为股票，其所反映的股票所有权是国有公司所有权，而实际上，该股票确实是由该国有公司的职工出资形成的。“证”与“实”出现了矛盾与背离，而法律明确规定股票权属采用登记制——以登记为准。若公诉机关以此为论辩基点，对抗或许更为激烈和胜负难定。

“证”假“实”假的情形无需过多讨论，因为实际是假的，为了获取被认定为真及其相关利益，以假的证帮助达到鱼目混珠的目的。比如，假文凭之类。

倒是“证”假“实”真问题极易被人忽视而产生逻辑错误。有人认为，“查获了假的证，实则必定是假的，因为实是真的话，就根本没有必要做假证”。这种说法的逻辑错误在于否认“证”“实”关系中存在“证”假“实”真的情形。正如有专家所言，查获一个持假身份证的小孩子，只能说“证”与“实”（小孩子）不符，不能说小孩子是假的。从逻辑上讲，不一定一出现假证，对应的实际情况全部必然为假。著名的新加坡籍华人张小华小姐走私混合植物油案件，便是这种情形的典型代表。

（二）张小华（化名）走私混合植物油案

1. 案情介绍

2004年4月，海口海关缉私局依法对涉嫌走私普通货物混合食用植物油的新加坡张小华小姐所持有的华和信公司等企业进行搜查，从中搜查到属于越南公司的公章、空白合同、发票甚至少量的原产地证。经过鉴定，证实大部分为虚假。办案机关在侦查终结后将此案移交海口市人民检察院。检察院侦查终结后向海口市中级人民法院提起公诉。

海口海关缉私局侦查终结，于2005年7月15日以被告单位海南华和信贸易有限公司、洋浦佳华贸易有限公司、洋浦海宏贸易有限公司、东方边境贸易发展公司及被告人张小华、许莉芬、王英祥、陈贤云、吴多智、文其儒、柳其寿涉嫌走私普通货物罪向海口市人民检察院移送审查起诉，海口市人民检察院受理后，于同年2005年7月16日告知被告人有权委托辩护人，依法讯问了被告人，审查了全部案件材料。其间退回补充侦查二次。

经依法审查查明：被告人张小华为便于在海南开展贸易，于1998年8月7日和2000年8月14日在海南分别注册成立了华和信公司和洋浦佳华公司，并让华洋办事处的职员同时兼任华和信公司和洋浦佳华公司的职务。2001年9月28日，张小华又在海南洋浦注册成立了洋浦海宏公司。

海南省执行国家边贸政策规定，必须是省内有边贸经营权的企业与越南企业及其他贸易机构发生真实的贸易行为，要求边贸货物必须原产于越南，从越南港口启运，且所进口货物必须提供真实有效的越南原产地证书。

2000年，张小华利用海南八所口岸对越边贸可以享受减半征税的优惠政策，将华洋公司向新加坡郭氏兄弟粮油食品有限公司订购的原产于马来西亚的混合植物油运到八所口岸以边贸形式走私入境，在国内销售牟利。

2000年年初，被告人张小华为了虚构与越南企业的贸易活动，隐瞒货物真实来源，伪报贸易性质，进而享受减半征税的优惠，张小华以华和信公司和洋浦佳华公司套用被告人文其儒负责的东方边境贸易公司名义以边贸形式进口混合植物油。张小华还与文其儒及东方边贸公司副总经理柳其寿约定，按每吨混合植物油18元人民币的价格付给东方边贸公司代理费用。双方签订了《对越边境小额贸易协议书》，约定：华和信公司或洋浦佳华公司委托东方边贸公司从越南以边贸形式代理进口混合植物油，由东方边贸公司负责与越方签订购货协议，并负责报关入境；华和信公司或洋浦佳华公司负责联系货源，支付货款、代理费并承担混合植物油报关入境相关费用。为使运输混合植物油的船舶抵达八所港后能够顺利靠港卸货，张小华委托八所外代公司作为船舶代理公司，代理船舶联检和靠港卸货，按航次支付给八所外代公司代理费。而实际进口活动中，东方边贸公司却违反国家边贸管理规定，擅自将其边贸经营权有偿转让给张小华私人公司，完全放弃应尽职责及义务，积极协助张小华等人完成走私活动。

为制造货物是从越南进口的假象，张小华指使华洋公司股东白秀满（在逃，另案处理）到越南鸿基找了一家名为“越南广宁船务公司”（简称广宁船务）的代理公司，假借该公司的名义与东方边贸公司签订购货协议，委托该公司负责在越南购买假“原产地证书”并办理船舶到越南港口后的相关手续。

为避免广宁船务因其他原因不能顺利提供“原产地证书”，白秀满就在越南私刻了用于制作越南“原产地证书”、离港证等单证的多枚越南相关部门印章，以备在越南买不到单证时可以自己伪造。为方便制假，华洋办事处还要求广宁船务提供盖有该公司印章的空白合同、发票等报关所需单证，准备自己在海口照样制作这些单证。之后，白秀满将私刻的多枚越南相关部门的印章及由广宁船务提供的空白越南“原产地证书”、盖有广宁船务印章的空白合同、发票等报关所需的单证带回海南，交给了张小华，张小华又将其交给了公司职员陈贤云，由陈贤云保管。

前期准备工作做好后，张小华以华洋公司名义在新加坡向供货方——新加坡郭氏兄弟粮油食品有限公司购买棕榈油、豆油或菜籽油等植物油，租船从马来西亚将其同船运至越南，一部分航次的船舶停靠在越南鸿基港将船上的植物油卸到该公司在越南鸿基港租用的两个油罐里，再由张小华联系船只将油罐内的植物油装船从鸿基运到八所港，在海口伪造或向越南公司购买原产地证书等报关单证后，以华和信公司或洋浦佳华公司的名义委托东方边贸公司以边贸形式报关进口；另一部分航次的船舶将油运到越南鸿基港后根本没有靠港，而是在外海稍作停留后直接运到八所港由东方边贸公司以边贸形式报关进口，因此这些航次的船舶无法取得越方港口签发的“离港证书”，报关用的“离港证书”是由王英祥按照张小华的指示，伙同八所外代公司的吴多智在八所港私自伪造再提交给联检部门，将船舶出发港伪报成越南鸿基港以骗取通关放行。

从2000年8月23日至2001年5月11日，张小华先后委托东方边贸公司在八所口岸以边贸形式申报进口了21船，287.274吨混合植物油（报关单号：略）。经鉴定，在该21船混合植物油中，有17船货物的越南“原产地证书”（原产地证书号：略）和20船货物的外贸合同上的越方印鉴均是用私刻的越南印章加盖的，属虚假单证。陈贤云利用假造的越南印章在海口伪造了原产地证、发票、合同等报关单证后交给王英祥，再由王英祥交给东方边贸公司，让文其儒在外贸合同上签名盖印后向八所海关申报。其他4船混合植物油的越南“原产地证书”系由华洋公司委托广宁船务公司在越南购买，广宁船务按每份1500美元收取原产地证费。在开始制作虚假单证时，张小华担心最初几船由陈贤云制作的报关单证不规范，就授意王英祥先拿给八所外代公司的吴多智审核，经吴多智审核无误后再交给东方边贸公司报关。

因广宁船务不能提供所有货物的外贸合同、发票及越南“原产地证书”等报关单证，而陈贤云在海口制作上述假单证又有较大风险，所以白秀满于2001年5月到越南重新找了一家拥有油罐且能提供单证的代理公司——“越南广宁船务代理公司”（简称广宁船务公司）。经协商，白秀满假借广宁船务公司的名义与东方边贸公司签订虚假的外贸合同，提供虚假发票，并以每份1500美元左右的价格委托广宁船务公司在越南购买“原产地证书”，华洋公司按每吨8美元至10美元的价格支付相应费用。

此后，张小华于2001年5月21日至2002年1月17日，又用购买越南“原产地证书”以同样方式申报进口了17船，216.473吨混合植物油（报关单号：略）。

混合植物油走私入境后，张小华安排许莉芬负责省外销售，王英法（另案处理）负责省内销售。为及时回收客户的购油款，张小华指使公司财务人员郭小平（另案处理）用公司职员许莉芬、王英祥、陈贤云、郭小平、邱美文（另案处理）等人的身份证到银行开设个人账户，用这些账户回收货款，并指令许莉芬负责货款的回收工作。

因货物入境时申报的购货单位是东方边贸公司，按规定，对外付汇也只能以东方边贸公司名义进行。货款回收后，为将货款及时付往实际出资方华洋公司进行资金回笼，张小华、许莉芬授意陈贤云在海口制作以东方边贸公司名义付汇的假单证，并要求文其儒携带个人私章及东方边贸公司印章到海口在付汇单证上签字盖章后，由郭小平和文其儒、柳其寿一起到银行和外汇管理部门，将货款从郭小平设立的收款账户转入东方边贸公司付汇账户后，以东方边贸公司名义办理付汇手续，将货款付往华洋公司。张小华、许莉芬指示陈贤云制作的付汇所用的假合同、假发票，除了将供货方由越南的上述两家公司改为华洋公司外，其他内容与报关所用的假合同、假发票内容完全相同。伪造好付汇所需的合同、发票等单证后，陈贤云将这些单证交给郭小平，由郭小平负责办理对外付汇手续。自2001年1月至2002年2月，华和信公司、洋浦佳华公司以这种方式共将11670270.91美元货款付往新加坡华洋公司。

经查，被告人张小华、许莉芬、王英祥、陈贤云、吴多智等人，利用国务院特批的海南对越边境小额贸易优惠政策，采用私刻印章、制作假合同、假发票、假原产地证书、假离港证以及在越南购买原产地证等手段伪报贸易性质，欺骗海关，从2000年8月开始到2002年1月止，把实际来源于马来西亚的48503.747吨植物油通过东方边贸公司在八所口岸以边贸形式走私进口，涉案案值153122321.28元人民币，涉嫌偷逃应缴税款35296133.61元人民币。

2002年2月，张小华等人停止在八所港口委托东方边贸公司以边贸形式走私混合植物油之后，张小华又主动找到儋州市边境贸易发展公司（以下简称儋州边贸公司）总经理黄敦良（另案处理），与黄敦良商谈委托儋州边贸公司在洋浦口岸以边贸形式代理其报关进口混合植物油。黄、白二人私下商定，儋州边贸公司代理张小华从越南以边贸形式进口混合植物油，以儋州边贸公司名义与越方签订购货协议，儋州边贸公司负责报关入境；张小华负责对外联系货源，支付货款、代理费、提供报关单证并承担混合植物油报关入境所需的一切费用，张小华按每吨15元人民币支付给儋州边贸公司代理费。之后，张小华派王英祥到儋州边贸公司，以洋浦佳华公司名义与黄敦良签订了所谓的《代理对越小额贸易协议书》。张小华为隐藏其真实货主身份，又与海南国冠贸易有限公司总经理梁卫（另案处理）商定，以海南国冠贸易有限公司名义与儋州边贸公司签署了一份所谓的《代理对越小额贸易协议书》。

自2002年2月至3月，洋浦佳华公司采用在越南购买原产地证书、伪造虚假外贸合同、提供虚假发票的方式，将原产于马来西亚的10179.172吨混合植物油通过儋州边贸公司从洋浦口岸以边贸形式走私进口，涉案案值37424888.65元人民币，涉嫌偷逃税款7806023.30元人民币。其中，华洋公司于2002年2月19日与新加坡郭氏兄弟粮油食品有限公司签订合同直接购买了2000吨混合植物油（成分为豆油88%、菜籽油12%），2002年3月11日，该合同项下混合植物油从马来西亚巴沙古南运至越南鸿基，同年3月14日从越南鸿基运至海南洋浦，真实的到岸价格为每吨474美元。洋浦佳华公司委托儋州边贸公司以边贸形式报关进口，实际申报数量为1992.614吨，申报价格为每吨295美元，涉嫌偷逃应缴税款823848.40元人民币。

为将上述10179.172吨混合植物油的货款及时付往实际出资方华洋公司进行资金回笼，张小华、许莉芬授意陈贤云在海口制作以儋州边贸公司名义付汇时所用的合同、发票等付汇单证，再由王英祥将付汇单证交给儋州边贸公司。黄敦良安排儋州边贸公司职员黄本波带上儋州边贸公司的公章和洋浦佳华公司职员一起到银行和外汇管理部门，将货款从郭小平设立的收款账户转入儋州边贸公司付汇账户后，以儋州边贸公司名义办理付汇手续，将货款付往新加坡华洋公司。张小华、许莉芬指示陈贤云制作的付汇所用的合同、发票，除了将供货方由广宁船务公司改为华洋公司外，其他内容与报关所用的合同、发票内容完全相同。自2002年3月至6月，华洋办事处以这种方式共将2653549.91美元货款付往新加坡华洋公司。

2003年8月，梁卫在洋浦注册成立洋浦国冠边境贸易有限公司（以下简称洋浦国冠公司），张小华与梁卫商定，由洋浦国冠公司代理货主张小华以边贸形式进口混合植物油，以洋浦国冠公司名义与越方签订虚假购货协议，洋浦国冠公司负责报关入境；货主张小华负责对外联系货源，支付货款、代理费、提供报关单证并承担混合植物油报关入境所需的一切费用，张小华按每吨15元人民币支付给洋浦国冠公司代理费。随后，张小华以洋浦海宏公司名义与洋浦国冠公司签订了所谓的《代理对越小额贸易协议书》。2003年10月22日至2004年4月，张小华以洋浦海宏公司、洋浦佳华公司名义，采用在越南购买原产地证书、伪造虚假外贸合同、提供虚假发票的方式，将来源于第三国（主要是马来西亚）的12975.138吨混合植物油通过洋浦国冠公司从洋浦口岸以边贸形式走私进口，涉案案值58438996.69元人民币，涉嫌偷逃税款10731129.88元人民币。

为将货款及时付往实际出资方华洋公司进行资金回笼，华洋办事处授意越方代理公司广宁船务公司向洋浦海宏公司提供盖有广宁船务公司印章的空白信笺，随后张小华、许莉芬指示陈贤云利用该空白信笺在海口制作指定将货款付到华洋公司的《付汇委托书》，再由王英祥将该《付汇委托书》交给洋浦国冠公司，由梁卫安排洋浦国冠公司职员赵海菊拿着付汇单证及《付汇委托书》和洋浦佳华公司职员一起到银行和外汇管理部门，将货款从郭小平设立的收款账户转入洋浦国冠公司付汇账户后，以洋浦国冠公司名义办理付汇手续，将货款付往新加坡华洋公司。洋浦佳华公司以这种方式于2004年1月至4月，共将1949144.11美元货款付往新加坡华洋公司。2004年2月，张小华根据华洋公司指示，利用陈贤云在海口制作的《付汇委托书》通过洋浦国冠公司将155450.66美元（折合16372100日元）货款分别付往日本的名为"APPLE INTERNATIONAL CO.LTD"、"TRENDY INFORMATIONCO.LTD"等两家公司。

检察院认为，被告单位海南华和信公司、洋浦佳华公司、洋浦海宏公司、被告人张小华、许莉芬、王英祥、陈贤云无视国法，利用海南对越小额贸易享受半税的优惠政策，虚构贸易背景，伪造和利用伪造的货物原产地证，走私普通货物，偷逃应缴税款53833286.79元人民币，其行为均已触犯了《中华人民共和国刑法》第153条第1款第1项、第2项之规定，犯罪事实清楚，证据确实充分，应当以走私普通货物罪追究被告单位海南华和信公司、洋浦佳华公司、洋浦海宏公司的刑事责任，以单位犯罪中直接负责的主管人员追究被告人张小华的刑事责任，以单位犯罪中直接责任人员追究被告人许莉芬、王英祥、陈贤云的刑事责任；被告单位儋州边贸公司、被告人文其儒、柳其寿与走私罪犯通谋，为其提供方便，偷逃应缴税款35296133.61元人民币，其行为均已触犯了《中华人民共和国刑法》第156条、第153条第2款之规定，犯罪事实清楚，证据确实充分，应当以走私普通货物罪追究被告单位儋州边贸公司的刑事责任，以单位犯罪中直接负责的主管人员追究被告人文其儒刑事责任，以单位犯罪中直接责任人员追究被告人柳其寿的刑事责任；被告人吴多智与走私罪犯通谋，为其提供方便，偷逃应缴税款20275426.58元人民币，其行为已触犯了《中华人民共和国刑法》第156条之规定，犯罪事实清楚，证据确实充分，应当以走私普通货物罪追究其刑事责任。根据《中华人民共和国刑事诉讼法》第141条的规定，特将被告单位海南华和信贸易有限公司、洋浦佳华贸易有限公司、洋浦海宏贸易有限公司、东方边境贸易发展公司及被告人张小华、许莉芬、王英祥、陈贤云、吴多智、文其儒、柳其寿提起公诉，请求人民法院予以依法判处。

检察院指控的核心内容是：张小华所持有的华和信公司等企业采取伪造单证的方法，虚构贸易性质，骗取海关边贸半税待遇，构成走私普通货物罪（偷税）。此外，还采取了低报价格、货物未入境越南的方法走私（偷税）。

本案证据材料虽有18本之多，但相当的部分都是涉及自2000年以来同种性质的进口混合食用植物油的数额即走私数额，不涉及定性。

指控成立的前提，是涉案货物依法本不应当给予边贸的半税待遇，而伪造单证恰恰是为了骗取半税待遇，故此，骗得的半税待遇——少缴税的部分，即为偷税额。

2. 案件评析

（1）指控“部分航次未进入越南”没有事实依据。笔者认为，起诉书指控涉案的部分航次船舶自马来西亚启航后，没有进入越南，而是在越南外海稍作停留，即直航海南。但是，在整个举证过程中，公诉人没有任何支持该指控的证据：既没有船长、船务公司或船员的证词，也没有相关书证证明，最奇怪的是作为证明船舶没有进入越南证据的假离港证，却自始至终没有向法庭提供。当然，也不能列明哪些航次没有进入越南，无法进行核查。

反之，辩护人（笔者）提供船务公司出具的证据，证实在租船运输的情况下，不可能发生不按航程运载、卸货或在外海中转、卸载的情形，因为这将导致各主权国对于相关人员严厉的处罚，甚至包括罚没船只及货物。另外，本辩护人提供的越南广宁港务局出具的2000年至2004年间自越南往中国海南的航次记录证据，证实所有涉案船舶均进入越南。

涉案货物如果有未进入越南而到达中国海南报关，那么无法解释能够获得越南港务、海监、商检、海关等繁杂手续放行，并且获得中国港务、海监、商检、海关等繁杂手续检查认可并放行，这是不可能的，完全是天方夜谭。

事实上，缉私局完全可以在所有进口中国的涉案航次中找到有关越南港口通关放行的大量证据。

（2）所有涉案货物均在越南混合加工，进口中国时的原产地为越南。涉案的混合植物油来自两个地方：棕榈油全部来（产）自马来西亚，其他用来混合的食用油则大部分同船来自马来西亚，小部分自越南当地购买。当货物以同船分装状态进入越南时，马来西亚是货物的原产地；当该货物自越南进口中国（海南）时，必须确定其是否在越南进行了“实质性加工”，而构成实质性加工的标准，就是该货物在《海关进出口税则》商品分类代码中的八位数码中的前四位数码是否改变。

经查，棕榈油的代码为15119010，而加入其他油品所形成的混合植物油的代码为15179000。据此，货物在越南的混合加工已经构成了实质性加工。因此，棕榈油与其他食用油的混合加工地越南就是涉案货物的原产地。

（3）关于“2000吨混合植物油”的证明力问题。供应商新加坡郭氏公司的2000吨混合植物油的合同及装运通知，并不能完全证明该2000吨货物原产于马来西亚而未经越南混合。

①单从字面上审查，确有该2000吨货物是已经经过混合的植物油的意思，但被告人张小华辩解称：这里的“混合”意思只是该批2000吨货物包括两种油而不是纯棕榈油，况且马来西亚不允许混合植物油出口，其海关在2000年至2004年间就没有混合植物油的税率。

②如果装运并交付的确实是混合植物油，那么，该合同中居然没有用哪些油进行混合、每种油的比例等基本内容。这就相当于合同缺乏数量和价格条款，买方如何验货？怎么处理纠纷？而如果是分装，则双方都可以安心地依赖海关、商检的检验手续，合同简单点都无妨。因此，张小华的辩解确有合理之处。

③该2000吨油品的证据构成典型的孤证，在可以从马来西亚出境单证、

越南进出境单证以及中国的入境单证进行证实该油品到底是什么状态的情况下，只有该存疑的孤证，不能证明该2000吨货物的原产地为马来西亚，也即不能证明从马来西亚出境时就是混合状态。

（4）加工过程简单，但导致涉案货物的法律属性改变。同船但分别装仓的棕榈油和其他食用植物油运抵越南后，卸货完毕即完成了混合，也有从越南购买的其他少量食用植物油，卸入装有棕榈油的油罐后完成混合。在此，有两个问题需要予以特别重视和澄清：其一是混合过程非常不引人注目，甚至被误认为没有混合；其二是虽然这种混合简单且没有任何技术含量，但它却决定了涉案货物的法律属性，即它的原产地就是加工混合地。

《中华人民共和国海关关于进口货物原产地的暂行规定》是判定涉案货物原产地的唯一法定根据，其权威性不容置疑。其第3条明确规定，经过几个国家加工、制造的进口货物，以最后一个对货物进行经济上可以视为实质性加工的国家作为有关货物的原产国。而所称“实质性加工”，是指产品加工后在海关进出口商品分类代码的前四位数码改变或者使货物增值30%及其以上的。本案所有货物均属于实质性加工的第一种情形。因此，混合加工地越南，就是该货物的原产地。

（5）随船单证不实，不能否定货物的越南原产地性质。本案的货物进口中国时，随船的合同、发票及原产地证等出现虚假、不实问题。对于这种情况，海关完全可以依据海关法给予罚款、不予放行甚至没收货物。因为，海关难以判断货物的真实属性，据以进行辅助判断的单证不实，如查明原产地证是假的，海关完全有权判定货物不是越南原产地并进行行政处罚。当行政相对人因此提起行政诉讼时，也未必胜诉，因为行政处罚可以仅就单证虚假而作出，并不依赖货物的实体性质是否也是虚假的。

但是，试图按照行政处罚的模式进行刑事处罚，注定是徒劳的，因为这完全是两种截然不同的法律关系：其一，行政处罚可以仅根据单证虚假事实进行处罚，而仅是制作虚假单证是不构成走私罪的；其二，行政处罚可以仅根据单证虚假事实进行推定事实，并依据该推定事实进行处罚，而刑事处罚是不能根据推论进行处罚的，因为它不能排除所有的可能性；其三，行政处罚可以因行政管理相对人不能提出有效证据而导致处罚，而刑事处罚必须由控诉方提出确实、充分的证据。

因此，仅根据单证虚假就得出涉案货物的原产地不是越南，显然证据不足，且与其他大量证据矛盾。单证不实，并不能否定货物的越南原产地性质。

(6) 指控涉案货物原产于马来西亚的证据严重缺失，指控不能成立。起诉的基础是涉案货物均原产于马来西亚，而被告将其伪装成越南的原产地，前文已经阐明了越南的原产地是真实的及其原因，再来论证货物原产于马来西亚的虚假问题：没有证据证明涉案货物原产于马来西亚。

本案的涉案货物经过了三个国家的海关四次查验，其进入中国时的原产地事实应当是非常清楚的。控方认为原产地是马来西亚，那么，必须是在马来西亚出境时已经混合植物油了，或者在进入越南之前就已经是混合植物油了，但对于这一项指控所涉及的基本事实，控方却没有任何切实、可靠的证据——没有马来西亚海关查验放行的是混合植物油而不是纯油的证据，也没有越南海关查验入境放行的是混合植物油而不是纯油的证据。

(7) 指控成立的前提，要求涉案货物必须不是越南的原产地。走私普通货物罪属于目的犯，其犯罪对象必须能够实现其犯罪目的，正如指控某人对他人使用暴力构成强奸，则被害人必须是女性，否则无法实现其奸淫目的，也无法证明行为人有奸淫目的。本案的控方恰恰是犯了这个错误：只有在货物不是越南原产地的条件下，它才可能成为犯罪对象，帮助被告人实现逃税目的。如果货物是越南原产地，他永远不可能帮助逃税（按边贸半税），足以证明被告人没有逃税的目的。

综上所述：笔者认为，①指控货物原产于马来西亚的证据不足；②货物进口至越南后进行了混合加工，导致进入中国时的原产地是越南；③该货物属于依法应当半税的边贸货物；④该货物的单证不实，只能导致海关行政处罚，而不能成立走私普通货物罪；⑤走私普通货物罪是目的犯，其犯罪对象必须能够实现其目的（逃税）；涉案货物属于应当半税的边贸货物，证明被告人没有逃税目的。

在一审期间，由于控辩双方就原产地问题争议太大，一审人民法院遂与控方、侦查单位进行了沟通，侦查单位海口海关缉私局以报告的形式求教于海关总署关税征管司，后者以回函的形式作出了两点答复：一是张小华的华和信等公司没有边贸主体资格；二是涉案货物虽然在越南进行了混合，且其所属商品归类的前四位代码有了改变，但仍然不属于实质性加工，越南不是原产地。

公诉机关的主办检察官对边贸政策以及外贸代理制有相当的了解和认识，不同意因主体资格而认定走私。所以，在此情况下，争议集中在：一是回函是否具有证据效力；二是假设有，回函效力大还是海关总署的规定效力大？

经过审判委员会讨论，最终认定了回函具有法律效力，且其法律效力大于海关总署的规定。海口市中级人民法院据此作出了一审有罪判决，但同时考虑到本案的争议和疑难，遂使用疑罪从轻的老办法，从轻判处张小华有期徒刑10年。

海南省海口市中级人民法院刑事判决书

［2006］海中法刑初字第××号

公诉机关中华人民共和国海南省海口市人民检察院。

被告单位海南华和信贸易有限公司（以下简称华和信公司），住所地：海南省海口市龙华区龙昆北路。

诉讼代表人张桐保，该司进出口部经理。

被告单位洋浦佳华贸易有限公司（以下简称洋浦佳华公司），住所地：海南省洋浦经济开发区。

诉讼代表人王华，该司进出口部经理。

被告单位洋浦海宏贸易有限公司（以下简称洋浦海宏公司），住所地：海南省洋浦经济开发区。

诉讼代表人杨勇，该司业务部经理。

被告单位东方市边境贸易发展公司（以下简称东方边贸公司），住所地：海南省东方市八所镇。

诉讼代表人文宇忠，该司总经理。

辩护人吴某，海南某律师事务所律师。

被告人张小华，女，1955年12月3日出生，护照号码：略，新加坡国籍，华文高中文化程度，住海南省海口市西沙路。2005年3月9日因涉嫌犯走私普通货物罪被刑事拘留，同年4月15日被逮捕。现押于海南省看守所。

辩护人杨路生，海南海大平正律师事务所律师。

被告人许莉芬，别名郭欣燕，女，1971年10月26日出生，身份证号码：略，海南省万宁市人，汉族，高中文化程度，住海南省海口市美兰区。2005年3月9日因涉嫌犯走私普通货物罪被刑事拘留，同年4月15日被逮捕。现押于海南省看守所。

辩护人陈某，海南某律师事务所律师。

被告人王英祥，男，1954年2月4日出生，身份证号码：略，海南省海口市人，汉族，小学文化程度，住海南省海口市美兰区。2005年3月9日因涉嫌犯走私普通货物罪被刑事拘留，同年4月15日被逮捕。现押于海南省看守所。

辩护人王某山，海南某律师事务所律师。

被告人陈贤云，女，1973年5月17日出生，身份证号码：略，海南省海口市人，汉族，中专文化程度，住海南省海口市美兰区。2005年3月9日因涉嫌犯走私普通货物罪被刑事拘留，同年4月15日被逮捕。现押于海南省看守所。

辩护人王某某，海南某律师事务所律师。

被告人吴多智，男，1962年5月3日出生，身份证号码：略，海南省文昌市人，汉族，大专文化程度，捕前系海南省东方市八所外轮代理有限责任公司（以下简称“八所外代”）总经理，住海南省东方市八所。2005年3月11日因涉嫌犯走私普通货物罪被刑事拘留，同年4月15日被逮捕。现押于海南省看守所。

辩护人张某，海南某律师事务所律师。

被告人文其儒，男，1942年9月20日出生，身份证号码：略，海南省东方市人，汉族，高中文化程度，捕前系海南省东方市东方边贸公司总经理，住海南省东方市。2005年3月10日因涉嫌犯走私普通货物罪被刑事拘留，同年4月15日被逮捕。现押于海南省看守所。

辩护人李某、宋某，海南某律师事务所律师。

被告人柳其寿，男，1947年12月23日出生，身份证号码：略，海南省东方市人，汉族，中专文化程度，捕前系东方市东方边贸公司副总经理，住海南省东方市。2005年3月10日因涉嫌犯走私普通货物罪被刑事拘留，同年4月15日被逮捕。现押于海南省看守所。

辩护人符某，海南某律师事务所律师。

海南省海口市人民检察院以海检刑诉字（2006）第13号起诉书指控被告单位华和信公司、洋浦佳华公司、洋浦海宏公司、东方边贸公司、被告人张小华、许莉芬、王英祥、陈贤云、吴多智、文其儒、柳其寿犯走私普通货物罪，于2006年2月7日向本院提起公诉，本院依法组成合议庭，公开开庭审理了本案。海南省海口市人民检察院指派检察员徐某、代理检察员陈某某出庭支持公诉，被告单位华和信公司诉讼代表人张桐保、被告单位洋浦佳华公司诉讼代表人王华、被告单位洋浦海宏公司诉讼代表人杨勇、被告单位东方边贸公司诉讼代表人文字忠及其辩护人吴某，被告人张小华及其辩护人杨路生、被告人许莉芬及其辩护人陈某、被告人王英祥及其辩护人王某山、被告人陈贤云及其辩护人王某某、被告人吴多智及其辩护人张某、被告人文其儒及其辩护人李某、宋某，被告人柳其寿及其辩护人符某均到庭参加诉讼。现已审理终结。

海南省海口市人民检察院指控：被告人张小华系新加坡华洋投资私人有限公司（以下简称华洋公司）驻海南办事处首席代表，为便于在海南开展贸易，于1998年8月7日和2000年8月14日在海南分别注册成立了华和信公司和洋浦佳华公司，并让华洋公司的职员同时兼任华和信公司和洋浦佳华公司的职务。2001年9月28日，张小华又在海南洋浦注册成立了洋浦海宏公司。2000年，张小华决定利用海南省东方市八所口岸对越边贸可以享受减半征税的优惠政策，将华洋公司向新加坡郭氏兄弟粮油食品有限公司（以下简称新加坡郭氏兄弟公司）订购的原产于马来西亚的混合植物油运到八所口岸以边贸形式走私入境，在国内销售牟利。被告单位华和信公司、洋浦佳华公司、被告人张小华、许莉芬、王英祥、陈贤云、吴多智等人，利用国务院特批的海南对越边境小额贸易优惠政策，采用私刻印章、制作假合同、假发票、假原产地证书、假离港证以及在越南购买原产地证等手段伪报贸易性质，欺骗海关，从2000年8月开始到2002年1月止，把实际来源于马来西亚的48503.747吨植物油通过被告单位东方边贸公司、被告人文其儒、柳其寿协助在八所口岸以边贸形式走私进口，涉案案值人民币153122321.28元，涉嫌偷逃应缴税款人民币35296133.61元。自2002年2月至2002年3月，被告人张小华以洋浦佳华公司名义，采用同样方式，将原产于马来西亚的10179.172吨混合植物油通过儋州市边境贸易发展公司（以下简称儋州边贸公司）从洋浦口岸以边贸形式走私进口，涉案案值人民币37424888.65元，涉嫌偷逃税款人民币7806023.30元。2003年10月22日至2004年4月，被告人张小华再次以洋浦海宏公司、洋浦佳华公司名义，采用同样方式，将来源于第三国（主要是马来西亚）的12975.138吨混合植物油通过洋浦国冠边境贸易有限公司（以下简称洋浦国冠公司）从洋浦口岸以边贸形式走私进口，涉案案值人民币58438996.69元，涉嫌偷逃税款人民币10731129.88元。共计偷逃应缴税款人民币53833286.79元。

针对上述指控事实，公诉机关当庭出示或宣读了证实犯罪的书证、物证、证人证言、各被告人供述及海口海关核税证明等证据。

公诉机关认为，被告单位海南华和信公司、洋浦佳华公司、洋浦海宏公司、东方边贸公司，被告人张小华、许莉芬、王英祥、陈贤云、吴多智、文其儒、柳其寿的行为均已构成走私普通货物罪，提请本院依法判处。

被告单位海南华和信公司辩解称：其从事经营植物油生意系合法经营，从未实施走私行为。

被告单位洋浦佳华公司、洋浦海宏公司未持异议意见。

被告单位东方边贸公司辩解称：根据海南省政府边贸政策从事经营活动，从未共谋实施走私行为；其辩护人辩护提出：（1）被告单位的行为是正常的边贸代理行为，且货物原产地应系越南；（2）现有证据无法证明东方边贸公司与被告人张小华具有共同走私的故意；（3）付汇行为业经外管局监管，没有证据证明该司与走私分子通谋，应宣告其无罪。

被告人张小华辩解称其根据边贸政策经边贸办和海关部门同意从事经营植物油生意；混合植物油原产地系越南；用于报关的所有单证（含原产地证

书）系随船过来的，付汇给华洋公司是经外汇管理部门同意的；其从未实施走私行为。其辩护人辩护称：(1) 自马来西亚运进越南的棕榈油系纯油，在越南进行混合、加工后形成了混合植物油，在海关进出口税则中四位号税则归类已经发生改变，属于我国法律规定的实质性加工，越南系混合植物油的原产地，符合对越小额边贸政策的规定；(2) 提供单证不实，行为人应当受到行政处罚，没有实施走私行为的主观故意。

被告人许莉芬辩解称公司经营混合植物油系合法的生意；其从未实施走私犯罪行为。其辩护人辩护称：越南系混合植物油原产地，其经营混合植物油应当享受半税的政策；被告人许莉芬不具备走私犯罪的主观故意，不是单位犯罪的直接责任人员。

被告人王英祥辩解称公司的生意经过海关报关、报检、缴纳关税，且由海关等部门批准放行，其不构成走私普通货物罪；其辩护人辩护称：越南系混合植物油的原产地，被告人王英祥不具备走私犯罪的主观故意，王英祥不应是单位犯罪的直接责任人员。

被告人陈贤云辩解称其系根据公司老板的指示从事合法经营。其辩护人辩护称：其没有犯罪的主观故意。

被告人吴多智辩解称所有单证系随船过来的，从未和走私犯罪分子通谋。其辩护人辩护称：起诉书指控被告人吴多智与走私犯通谋，事实不清，证据不足，应作无罪判决。

被告人文其儒辩解从未和被告人张小华通谋。其辩护人辩护称：越南系货物的原产地，东方边贸公司和被告人张小华及其公司的关系是代理关系，不构成共同的走私故意。

被告人柳其寿辩解及其辩护人辩护称：被告人柳其寿没有犯罪的主观故意；没有同他人共谋实施走私行为，应宣告其无罪。

经审理查明：被告人张小华系华洋公司驻海南办事处的首席代表，为了便于在海南开展贸易，于1998年8月7日和2000年8月14日在海南分别注册成立了华和信公司和洋浦佳华公司，并由华洋公司的职员同时兼任华和信公司和洋浦佳华公司的职务。2001年9月28日，张小华又在海南洋浦注册成立了洋浦海宏公司。

2000年，张小华决定利用海南八所口岸对越边贸可以享受减半征税的优惠政策，将华洋公司向新加坡郭氏兄弟公司订购的原产于马来西亚的混合植物油运到八所口岸，以边贸形式走私入境，在国内销售牟利。2000年年初，被告人张小华为了虚构与越南企业的贸易活动，隐瞒货物真实来源，伪报贸易性质，进而享受减半征税的优惠，决定以被告单位华和信公司和被告单位洋浦佳华公司套用被告人文其儒负责的东方边贸公司名义以边贸形式进口混合植物油。张小华还与文其儒及东方边贸公司副总经理被告人柳其寿约定，按每吨混合植物油18元人民币的价格付给被告单位东方边贸公司代理费用。双方签订了《对越边贸小额贸易协议书》，约定：华和信公司或洋浦佳华公司委托东方边贸公司同越南以边贸形式代理进口混合植物油，由东方边贸公司负责与越方签订购货协议，并负责报关入境；华和信公司或洋浦佳华公司负责联系货源，支付货款、代理费并承担混合植物油报关入境相关费用。为使运输混合植物油的船舶抵达八所港后能够顺利靠港卸货，张小华委托八所外代公司作为船舶代理公司，代理船舶联检和靠港卸货，按航次支付给八所外代公司代理费。而实际进口活动中，东方边贸公司却违反国家边贸政策规定，擅自将其边贸经营权有偿转让给张小华的私人公司，完全放弃应尽职责及义务，积极协助张小华等人完成走私活动。为制造货物是从越南进口的假象，张小华指使华洋公司股东白秀满（在逃，另案处理）到越南鸿基找了一家名为“越南广宁船务公司”（英文名QUANGNINH SHIPCHANDLER CORPORATION，以下简称广宁船务）的代理公司，假借该公司的名义与东方边贸公司签订购货协议，委托该公司负责在越南购买假“原产地证书”并办理船舶到越南港口后的相关手续。为避免广宁船务因其他原因不能顺利提供“原产地证书”，白秀满在越南私刻了用于制作越南“原产地证书”、离港证等单证的多枚越南相关部门印章，同时要求广宁船务公司提供盖有该公司印章的空白合同、发票等报关所需单证，准备在海口照样制作这些单证。之后，白秀满将私刻的多枚越南相关部门的印章及由广宁船务公司提供的空白越南“原产地证书”、盖有广宁船务公司印章的空白合同、发票等报关所需的单证带回海南，交给了张小华，张小华又将其交给了被告人陈贤云保管。前期准备工作做好后，张小华以华洋公司名义在新加坡向供货方——新加坡郭氏兄弟公司购买棕榈油、豆油和菜籽油等植物油，租船从马来西亚将其同船运至越南，一部分航次的船舶停靠在越南鸿基港将船上的植物油卸到该公司在越南鸿基港租用的两个油罐里，再由张小华联系船只将油罐内的植物油装船从鸿基港运到八所港，在海口伪造或向越南公司购买原产地证书等报关单证后以华和信公司或洋浦佳华公司的名义委托东方边贸公司以边贸形式报关进口；另一部分航次的船舶将油运到越南鸿基港后根本没有靠港，而是在外海稍作停留后直接运到海南八所港由东方边贸公司以边贸形式报关进口，因此这些航次的船舶无法取得越方港口签发的"离港证书"，报关用的"离港证书"是由被告人王英祥按照张小华的指示，伙同八所外代公司的被告人吴多智在八所私自伪造再提交给联检部门，将船舶出发港伪报成越南鸿基港以骗取通关放行。从2000年8月23日至2001年5月11日，被告人张小华先后委托东方边贸公司在八所口岸以边贸形式申报进口了21船、合计22287.274吨混合植物油（报关单号：略）。经鉴定，在该21船混合植物油中，有17船货物的越南"原产地证书"（原产地证书号：略）、19船货物的发票（发票号：略）和20船货物的外贸合同上的越方印鉴均是用私刻的越南印章加盖的，属虚假单证。被告人张小华让被告人陈贤云利用伪造的越南印章在海口伪造了原产地证、发票、合同等报关单证后交给被告人王英祥，王英祥先拿给八所外代公司的吴多智审核，经吴多智审核无误后再交给东方边贸公司，让被告人文其儒在外贸合同上签名盖印后向八所海关申报。其他4船混合植物油的越南"原产地证书"系由华洋公司委托广宁船务公司在越南购买，广宁船务公司按每份1500美元收取原产地证费。因广宁船务公司不能提供所有货物的外贸合同、发票及越南"原产地证书"等报关单证，白秀满于2001年5月到越南重新找了一家拥有油罐且能提供单证的代理公司——"越南广宁船务代理公司"（英文全称为：QUANGNINHOCEAN SHIPPING AGENCY，简称广宁船代公司）。经协商，白秀满假借广宁船代公司的名义与东方边贸公司签订虚假的外贸合同，提供虚假发票，并以每份1500美元左右的价格委托广宁船代公司在越南购买"原产地证书"，华洋公司按每吨8至10美元的价格支付相应费用。此后，张小华于2001年5月21日至2002年1月17日，又用购买越南"原产地证书"以同样方式申报进口了17船，合计26216.473吨混合植物油（报关单号：略）。

混合植物油走私入境后，张小华安排被告人许莉芬负责省外销售，王英法（另案处理）负责省内销售。为及时回收客户的购油款，张小华指使公司财务人员郭小平（另案处理）用被告人许莉芬、王英祥、陈贤云和职员郭小平、邱美文（另案处理）等人的身份证到银行开设个人账户，用这些账户回收货款，并指令许莉芬负责货款的回收工作。因货物入境时申报的购货单位是东方边贸公司，按规定，对外付汇也只能以东方边贸公司名义进行。货款回收后，为将货款及时付往实际出资方华洋公司进行资金回笼，张小华、许莉芬授意陈贤云在海口制作以东方边贸公司名义付汇的假单证，并要求文其儒携带个人私章及东方边贸公司印章到海口，在付汇单证上签字盖章后，由郭小平和文其儒、柳其寿一起到银行和外汇管理部门，将货款从郭小平设立的收款账户转入东方边贸公司付汇账户后，以东方边贸公司名义办理付汇手续，将货款付往华洋公司。张小华、许莉芬指示陈贤云制作的付汇所用的假合同、假发票，除了将供货方由越南的上述两家公司改为华洋公司外，其他内容与报关所用的假合同、假发票的内容完全相同。伪造好付汇所需的合同、发票等单证后，陈贤云将这些单证交给郭小平，由郭小平负责办理对外付汇手续。自2001年1月至2002年2月，华和信公司、洋浦佳华公司以这种方式共将11670270.91美元货款付往新加坡华洋公司。被告单位华和信公司、洋浦佳华公司、被告人张小华、许莉芬、王英祥、陈贤云、吴多智等人，利用国务院特批的海南对越边境小额贸易优惠政策，采用私刻印章、制作假合同、假发票、假原产地证书、假离港证以及在越南购买原产地证等手段伪报贸易性质，欺骗海关，从2000年8月开始到2002年1月止，把实际来源于马来西亚的48503.747吨植物油通过被告单位东方边贸公司和被告人文其儒、柳其寿在八所口岸以边贸形式走私进口，涉案案值人民币153122321.28元，涉嫌偷逃应缴税款人民币35296133.61元。

2002年2月，张小华找到儋州边贸公司总经理黄敦良（另案处理），与黄商谈委托儋州边贸公司在洋浦口岸以边贸形式代理报关进口混合植物油。黄、白二人私下商定，儋州边贸公司代理张小华从越南以边贸形式进口混合植物油，以儋州边贸公司名义与越方签订购货协议，儋州边贸公司负责报关入境；被告人张小华派被告人王英祥到儋州边贸公司，以洋浦佳华公司名义与黄敦良签订了所谓的《代理对越小额贸易协议书》。张小华为隐瞒其真实货主身份，又与海南国冠贸易有限公司总经理梁卫（另案处理）商定，以海南国冠贸易有限公司名义与儋州边贸公司签署了一份所谓的《代理对越小额贸易协议书》。自2002年2月至2002年3月，被告人张小华以洋浦佳华公司名义，采用在越南购买原产地证书、伪造虚假外贸合同、提供虚假发票的方式将原产于马来西亚的10179.172吨混合植物油通过儋州边贸公司从洋浦口岸以边贸形式走私进口（报关单号：略），涉案案值人民币37424888.65元，涉嫌偷逃税款人民币7806023.30元。其中，华洋公司于2002年2月19日与新加坡郭氏兄弟公司签订合同直接购买了2000吨混合植物油（成分为豆油88%，菜籽油12%），2002年3月11日，该合同项下混合植物油从马来西亚巴沙古南运至越南鸿基，同年3月14日从越南鸿基运至海南洋浦，真实的到岸价格为每吨474美元。洋浦佳华公司委托儋州边贸公司以边贸形式报关进口（报关单号：略），实际申报数量为1992.614吨，申报价格为每吨295元，涉嫌偷逃应缴税款人民币823848.40元。为将上述10179.172吨混合植物油的货款及时付往实际出资方华洋公司进行资金回笼，张小华、许莉芬授意陈贤云在海口制作以儋州边贸公司名义付汇时所用的合同、发票等付汇单证，再由王英祥将付汇单证交给儋州边贸公司。黄敦良安排儋州边贸公司职员黄本涛带上儋州边贸公司的公章和洋浦佳华公司职员一起到银行和外汇管理部门，将货款从郭小平设立的收款账户转入儋州边贸公司付汇账户后，以儋州边贸公司名义办理付汇手续，将货款付往新加坡华洋公司。张小华、许莉芬指示陈贤云制作的付汇所用的合同、发票，除了将供货方由广宁船代公司改为华洋公司外，其他内容与报关所用的合同、发票内容完全相同。自2002年3月至2002年6月，被告人张小华及其公司以上述方式共将2653549.91美元货款付往新加坡华洋公司。

2003年8月，梁卫在海南洋浦注册成立洋浦国冠公司，张小华与梁卫商定，由洋浦国冠公司代理被告人张小华以边贸形式进口混合植物油，以洋浦国冠公司名义与越方签订虚假购货协议，洋浦国冠公司负责报关入境；张小华以洋浦海宏公司名义与洋浦国冠公司签订了所谓的《代理对越小额贸易协议书》。2003年10月22日至2004年4月，张小华以洋浦海宏公司、洋浦佳华公司名义，采用在越南购买原产地证书、伪造虚假外贸合同、提供虚假发票的方式，将来源于第三国（主要是马来西亚）的12975.138吨混合植物油通过洋浦国冠公司从洋浦口岸以边贸形式走私进口（报关单号：略），涉案案值58438996.69元人民币，涉嫌偷逃税款人民币10731129.88元。为将货款及时付往实际出资方华洋公司进行资金回笼，被告人张小华控制的华洋公司授意越方代理公司——广宁船代公司向洋浦海宏公司提供盖有广宁船代公司印章的空白信笺，随后张小华、许莉芬指示陈贤云利用该空白信笺在海口制作指定将货款付到华洋公司的“付汇委托书”，再由王英祥将该“付汇委托书”交给洋浦国冠公司，由梁卫安排洋浦国冠公司职员赵海菊拿着付汇单证及“付汇委托书”和洋浦佳华公司职员一起到银行和外汇管理部门，将货款从郭小平设立的收款账户转入洋浦国冠公司的付汇账户后，以洋浦国冠公司名义办理付汇手续，将货款付往新加坡华洋公司。洋浦佳华公司以上述方式于2004年1月至2004年4月，共将1949144.11美元货款付往新加坡华洋公司。2004年2月，张小华根据华洋公司指示，利用陈贤云在海口制作的“付汇委托书”通过洋浦国冠公司将155450.66美元（折合16372100日元）货款分别付往日本的名为“APPLE INTERNATIONAL CO.LTD”、“TRENDYINFORMATION CO. LTD”等两家公司。

上述事实，有下列经庭审举证、质证的证据证实：

1. 户籍证明，证实各被告人具有承担刑事责任的主体资格。

2. 抓获经过，证实各被告人在案发后经立案侦查被分别采取强制措施的事实。

3. 企业登记注册资料，证实被告单位华和信公司、洋浦佳华公司、洋浦海宏公司、东方边贸公司注册成立的具体情况。

4. 各被告人的供述。

被告人张小华的供述，证实：（1）各被告单位和华洋公司的工商注册成立情况；（2）2000年，得知海南省与越南进行边贸享受半税的优惠待遇，打算以边贸名义进口植物油到国内销售，由其妹白秀满在新加坡向郭氏兄弟公司组织货源，植物油在马来西亚装船运到越南的鸿基，由白秀满联系广宁船务公司负责包括原产地证书在内的装油、卸油等工作，在港外或码头上按一定的比例添加豆油和菜籽油进行混合，然后直接运到八所港报关进口；（3）指示陈贤云在海口私刻印章，且制作好外贸合同、发票、原产地证书等报关用的单证，交给王英祥拿去报关；（4）其和自己公司与东方边贸公司经理文其儒商谈让其作为边贸代理，签订书面的代理进口协议等事宜，其让白秀满在越南找到“广宁船代”公司负责提供合同、产地证、发票等报关资料，且支付“广宁船代”每吨8~10美元的费用；（5）2000年刚开始进口混合植物油时发票和原产地证书都是越南方提供随船过来的，其让白秀满在越南刻章带回国内让陈贤云制作各类报关单证，目的节省购买原产地证书的价钱，享受对越小额边贸征半税优惠政策；（6）大部分从马来西亚运到越南的棕榈油需要从船上卸到油罐里，与豆油、菜籽油混合，由越南广宁船务公司和VOsA公司负责，报关所用合同、发票、原产地证随船到东方八所港，再由王英祥到东方海关等部门去报关，同时说明购买每份原产地证书费用1500美元左右；（7）其被告公司植物油销售收回货款和利润付汇到华洋公司的事实；（8）2002年3月与儋州边贸公司黄敦良以洋浦佳华公司名义签订代理进口协议之事实，2003年10月与梁卫的洋浦国冠公司以边贸性质进口混合植物油的事实；（9）在东方八所港进口混合植物油的时候，是委托八所外代公司被告人吴多智代理外轮申报的，且一部分“离港证”由其帮忙填写的，由其帮忙审核报关单证是否出错之事实；（10）起诉指控各被告单位和被告人的主要犯罪事实。

被告人许莉芬的供述，证实：（1）其及公司与东方边贸公司、儋州边贸公司、洋浦国冠公司走私进口混合植物油，都是以对越小额边境贸易方式进行报关入境的事实。（2）合同是越南方签好空白的邮寄或随船过来后，陈贤云根据发票填上具体内容并签好名后再邮寄给越南，发票是越南随船入境的，如果原产地证书没有随船入境情况，有时是由陈贤云制作，即越南方寄来空白的原产地证后，张小华叫陈贤云打印好后盖上公司私刻的有越南字体的印章，就这样把原产地证做好了交由王英祥去办理报关、报检。（3）确定付款方式：华洋公司给华和信公司提供资金，华洋公司先付款给越南那家公司，华和信公司将货物销售返款后再制作伪造合同等单证支付给华洋公司。（4）提单、装箱单都是从越南那边随船过来，其公司制作假的原产地证及其他单证，目的是为了享受半税的边贸政策优惠。（5）包括棕榈油和用于添加混合的豆油、菜籽油和椰油都是在新加坡向郭氏兄弟公司购买，从马来西亚装船的。(6) 2000年开始在东方八所以边贸形式进口混合植物油，最初一两船的单证是越南公司签字盖章后传真给自己公司，王英祥到船上取到后拿给东方边贸公司的文其儒签字盖章去报关和付汇，有部分发票和原产地证书应该是购买后随船过来的。其公司收到一些盖好越南公司公章的合同、空白发票和未盖章空白原产地证书，由陈贤云在需要的时候制作。

被告人王英祥的供述，证实：贸易付款应支付给越南方企业，但都直接付给华洋公司，且被告人文其儒是知道付汇到第三国新加坡华洋公司的；由于被告人吴多智熟识外文，即帮助审查单证的内容，帮助填写部分假“离港证书”的内容；被告人张小华不在公司的时候，是许莉芬负责公司全部工作，全权管理进口混合油，指使陈贤云制作用于付汇的虚假合同等单证、郭小平付汇；同时证明被告单位洋浦海宏公司、洋浦佳华公司与儋州边贸公司、洋浦国冠公司走私进口混合油的情况，被告人张小华将如何付汇事宜与文其儒、柳其寿商定，文其儒及其公司予以配合的事实。

被告人陈贤云的供述，证实：所有印章是由其使用和保管的，其中一部分印章是用来制作棕榈油越南原产地证书的，由于边贸一定要有合同、发票，有原产地证书，用以证明这些油原产地在越南。刚开始经营时，张小华让越南方面提供原产地证书，由于越南方面办理原产地证书费用比较高，张小华就让越南寄一些未盖章的原产地证书过来，由其制作假的原产地证书，即以越南公司提供的原产地证书上的印章到外面刻印章，以伪造印章制作假的原产地证书。其按照张小华的指示制作两份边贸合同，一份是为了利用中越小额边境贸易的优惠政策的合同，一份是通过外管局付汇给华洋公司货款的合同，在制作边贸合同时，把边贸的越南公司名称、进口棕榈油数量及单价、发货港和到达港口、装船期限等打印出来。其制作完后就寄给越南的公司，越南的公司在合同卖方上签字盖章后，有时是随运油的船带来，有时邮寄过来其公司，然后交给王英祥带到东方边贸公司由文其儒在合同的中方（买方）签字盖章，一份交给王英祥去海关报关，一份由其邮寄回越南公司。其中，其将制作假的贸易合同交给王英祥，由王英祥拿到洋浦国冠公司去签字盖章，油船到港后，王英祥和洋浦国冠公司的人拿随船过来的发票、原产地证书去海关报关，和洋浦国冠合作后，发票和原产地证书都是由越南公司提供，在对外付汇时，张小华指示其以越南公司的名义制作一份付汇委托书给洋浦国冠公司。

被告人吴多智的供述，证实：其帮助王英祥填写和审核假的“离港证书”等报关单证和上船领取所有报关单证进行审核，之后收取被告人张小华及其公司给付一定费用的事实。

被告人文其儒的供述，证实：1996年至2000年，被告人张小华是以新加坡华洋公司驻海南办事处的名义委托东方边贸公司报关进口棕榈油等，从2000年开始到2002年年初，以华和信公司名义委托东方边贸公司报关之事实；以及签订《委托代理协议》的经过；东方边贸公司实际上没有与越南公司发生任何真实贸易，被告单位及其个人帮助被告人张小华对外付汇的具体经过，即起诉指控的付汇整个事实。同时证实向海关提交的单证有合同、发票、原产地证、仓单、提单，大多数都是跟随船舶来到八所的。

被告人柳其寿的供述，证实：由其被告单位代理张小华公司从越南以边贸性质进口混合植物油，代理费是每吨18元人民币（含批文费用每吨2元人民币），以及如何与被告人张小华商谈向新加坡华洋公司付汇情况，同时证实部分单证是随运输混合植物油的船舶来到八所的，然后八所外代吴多智把单证送到公司文其儒处，再去报关；以及对越边贸供货方必须是越南公司，这些植物油都是以边贸形式进口的，只有原产地是越南的货物才能享受边贸优惠政策。

5. 证人证言。

证人林和吉证言，证实：根据张小华指示带钱去越南支付原产地证的费用，主要是向广宁船代公司支付。说明从越南运到八所的油都是从马来西亚运到越南并且以边贸性质在八所申报进口的，被告人张小华让其去检查监督在越南装油卸油的情况，其到鸿基以后，首先通知广宁船代公司的人，从马来西亚的油船到达鸿基高兰港后，广宁船代公司的人就给他打电话通知准备去检查卸油的情况。

证人郭小平证言，证实：其根据公司及张小华指示凭着陈贤云提供的报关单证与文其儒等人一起到银行付汇的情况，说明被告人张小华及公司成员在走私进口货物时具体工作分工情况，同时证实林和吉带钱去越南购买原产地证和监督装卸油的情况，其公司进口的混合植物油是以边贸形式申报入境的，付款全部付至新加坡华洋公司的账户。

证人邱美文证言，证实：华洋公司驻海南办事处、华和信公司的企业登记基本情况；被告人张小华让其来公司上班负责记录公司收支费用情况。

证人王英法证言，证实：公司走私进口的混合植物油的销售情况。

证人赖世兰证言，证实：被告人张小华公司将进口混合植物油的边贸合同、发票、越南官方提供的原产地证书、提单传真至东方边贸公司，然后文其儒在合同上盖章，之后交给自己去海关报关。

证人黄敦良证言，证实：与被告人张小华的公司合作在儋州以儋州边贸公司代理进口混合植物油的事实。

证人梁卫证言，证实：洋浦国冠公司于2003年8月初取得边境小额贸易经营权，通过签订《代理进口协议》确定双方的权利义务，洋浦国冠公司共代理洋浦佳华公司进口1万多吨植物油，付汇付款时按越方公司出具的付汇委托书要求将贷款付到指定地点。棕榈油是张小华从马来西亚购买后租船运输到越南，然后将油按一定的比例在越南混合，混合完以后，由张小华再租船将油运输到洋浦港。其原产地证是张小华公司的职员从越南带回海南的，然后再由张小华交给洋浦国冠公司用以报关。

证人陈辉章证言，说明洋浦国冠公司帮助被告人张小华及公司报关的基本情况。

证人汪静证言，证实：儋州边贸公司与张小华公司合作进口混合植物油，其负责在公司制作账目的情况。

证人黄本涛、黄本川、黄本波证言，说明儋州边贸公司代理进口植物油的情况。

证人符陆一证言，证实：内容与梁卫证言一致，即洋浦国冠公司帮助张小华公司进口混合植物油报关事实。

证人黄晓、何敏琦证言，证实：张小华的公司对所有植物油销售的情况。

证人杨全利、林朝美证言，证实：向张小华公司购买混合植物油的情况。

证人陈为春、吴多胜、黄贤飞、黄生福证言，证实：到港口后运输混合植物油的情况。

证人雷东红证言，证实：张小华的公司在海口租油罐储油的情况。

6. 搜查笔录及证据调取清单。

搜查笔录及证据调取清单包括扣押物品清单及相关的原产地证等书证，证实被告人张小华等人制作假的原产地证在内的报关单证的事实。

7. 物证。

（1）扣押空白原产地证，证实：许莉芬、陈贤云注明是越南公司提供的空白“原产地证”用来制作假的“原产地证书”。

（2）扣押的空白合同，证实：被告人陈贤云用于制作假合同的空白合同原件。

（3）扣押空白发票、装箱单据，证实：被告人许莉芬、陈贤云辨认而确认是林和吉从越南带过来的空白合同、发票，用来报关、报检、付汇等用途。

（4）扣押相关印章、印模。证实：被告人张小华指使许莉芬、陈贤云伪造印章印模的事实。

8. 书证。

（1）记账、利润报告等凭证，反映混合植物油走私进口的作账情况。

（2）申请报告、进口边检的批示、报关单、付汇资料，证实东方边贸公司申请进口的报关，东方边贸公司、儋州边贸公司、洋浦国冠公司进口边检的批示。

（3）代理协议书，证实东方边贸公司、儋州边贸公司、洋浦国冠公司三家边贸公司与海南华和信公司、儋州边贸公司、洋浦佳华公司的代理协议书。

（4）付汇委托书，证实委托书并非越方公司出具的，而是被告人张小华指使其他被告人制作的事实。

（5）报关凭证，证实东方边贸公司和儋州边贸公司的所有报关凭证。

（6）关于“原产地证书”和“离港证书”的材料，证实17份“原产地证书”都是伪造的，1608号“离港证书”是伪造的，以及海口海关去函越南广宁海关查询报关单（030000444、030000535）的原产地证书（20001523、00202188）的真伪情况。

（7）合同等书证。证实：被告人张小华及其公司用于报关的全部合同。

(8) 海关关税处的说明，证实：关于对越小额贸易进口植物油原产地认定标准。

(9) 核税证明书，证明核实被告人张小华及其被告单位偷逃税款的数额。其中，与东方边贸公司走私进口偷逃应缴税款人民币35296133.61元，与儋州边贸公司走私进口偷逃应缴税款人民币7806023.3元，与洋浦国冠公司走私进口偷逃应缴税款人民币10731129.88元。

(10) 印章鉴定，琼物技鉴文字（2005）第9号印章鉴定书，即涉及17份货物“原产地证书”与搜查到相关原产地印鉴进行对比作出鉴定结论，证实搜到印章是由被告人张小华等人伪造的，并且用于制作假的原产地证书等单证。琼物技鉴字（2005）第30号印章鉴定书，证实在第一宗犯罪事实中，17船货物的发票是由被告人张小华等人伪造的。琼物技鉴文字（2005）第9号印章鉴定书，证实17船“原产地证书”是张小华等人伪造的。

9. 海口海关复函。

证实涉案植物油不能认定为“原产于越南”及被告单位及被告人张小华的行为不符合边境贸易的特征。海关总署复函，证实：(1) 华和信公司等被告单位的“贸易行为”不属于边境小额贸易。(2) 虽然混合后的植物油四位税号发生了改变，但其为非实质性加工，原产地不为越南。

本院认为，被告单位海南华和信公司、洋浦佳华公司及洋浦海宏公司、被告人张小华、许莉芬、王英祥、陈贤云无视国法，以牟利为目的，利用海南对越南小额贸易享受半税的优惠政策，采取虚构贸易背景，伪造和利用伪造的货物原产地证等非法手段，走私普通货物混合植物油，偷逃应缴税款人民币53833286.79元，其行为均已构成走私普通货物罪，被告人张小华是单位犯罪的主管人员，被告人许莉芬、王英祥、陈贤云是单位犯罪的直接责任人员；被告单位东方边贸公司、被告人文其儒、柳其寿与走私罪犯通谋，为其提供方便，偷逃应缴税款人民币35296133.61元，其行为均已构成走私普通货物罪，被告人文其儒、柳其寿是单位犯罪的直接责任人员；被告人吴多智与走私罪犯通谋，为其提供方便，偷逃应缴税款20275426.58元人民币，其行为已构成走私普通货物罪，均应依法予以惩处。在共同实施走私普通货物犯罪活动中，被告单位华和信公司、洋浦佳华公司、洋浦海宏公司，被告人张小华起着主要作用，系主犯。被告单位东方边贸公司、被告人许莉芬、陈贤云、王英祥、吴多智、文其儒、柳其寿系从犯，应依法减轻处罚。

针对被告单位海南华和信公司辩解称其从未实施走私行为的意见。经查，作为其主管人员的被告人张小华为了虚构与越南企业的贸易活动，隐瞒货物真实来源，伪报贸易性质，以便享受减半征税的优惠，注册成立了被告单位华和信公司、洋浦佳华公司、洋浦海宏公司，又以海南华和信公司等公司的名义与被告单位东方边贸公司签订《对越边境小额贸易协议书》，由被告单位华和信公司委托被告单位东方边贸公司从越南以边贸形式走私进口混合植物油，被告单位华和信公司负责联系货源，即向新加坡郭氏兄弟公司订购原产于马来西亚的混合植物油，被告人张小华指使被告单位华和信公司的其他直接责任人员被告人许莉芬、陈贤云、王英祥利用私刻的印章制作假"原产地证书"，假离港证、贸易合同等报关单证，用于欺骗海关，将原产于马来西亚的混合植物油运到八所口岸以边贸形式走私入境，被告单位华和信公司以享受减半征税的优惠的方式在国内进行销售之后，其又制作虚假贸易合同、发票等付汇单证，将货款和利润全部付往新加坡华洋公司，转移了大部分资金，达到牟利目的。故被告单位华和信公司的辩解意见与事实不符，不予采纳。

针对被告人张小华关于进口的混合植物油原产地系越南，根据有关边贸政策从事经营植物油生意，用于报关的所有单证系随船过来的，付汇给华洋公司经银行部门和外汇管理部门同意，从未实施走私行为的辩解意见及其辩护人关于：(1) 在越南进行混合加工后形成的混合植物油，在海关进出口税则中四位号税则归类已经发生改变，属于我国法律规定的实质性加工，越南系混合植物油的原产地；(2) 其没有实施走私行为的主观故意；(3) 其提供单证不实，应受到行政处罚的辩护意见。经查，从1998年8月至2001年9月期间，被告人张小华在海南分别注册成立了被告单位华和信公司、洋浦佳华公司、洋浦海宏公司，同时又在新加坡注册成立自己控股的华洋公司，多家公司由其负责管理，属下系同一组职员。被告人张小华利用被告单位华和信公司、洋浦佳华公司、洋浦海宏公司与被告单位东方边贸公司、儋州边贸公司、洋浦国冠公司分别签订《代理对越小额贸易协议书》，由被告单位东方边贸公司等公司代理被告人张小华以边贸形式进口混合植物油，并以被告单位东方边贸公司名义与越方签订虚假购货协议，协助报关入境；作为主管人员的被告人张小华负责对外联系货源，支付货款，提供报关单证等活动，其指使华洋公司职员其妹白秀满在越南私刻用于制作越南“原产地证书”、“离港证”等单证的多枚越南相关部门印章及提供空白原产地证书，空白合同、发票等报关所需单证，又指使被告人陈贤云利用假造的越南印章在海口伪造了原产地证、发票、合同等报关单证后交给被告人王英祥和被告人吴多智填写、审核再进行报关，混合植物油走私入境后，其安排被告人许莉芬负责销售，又授意被告人许莉芬、陈贤云负责将货款以付汇方式直接付给新加坡华洋公司。被告人张小华的行为违反国家边贸政策，实际上其公司各被告单位及代理公司与越南企业没有发生真实的贸易行为，其无法提供真实有效的越南原产地证书，混合植物油的原产地不是越南，而是直接从马来西亚运输入境，虽然混合后的植物油四位税号发生了改变，但其非为实质性加工。伪造和购买虚假的原产地证，规避法律规定，达到走私普通货物入关的目的。综上所述，被告人张小华利用成立的各被告单位与他人签订协议的名义，有目的地虚构与越南企业的贸易活动，隐瞒货物真实来源，伪报贸易性质进而享受减半征司将货款直接付往新加坡华洋公司，致使三被告单位获取的非法利润得以转移到国外。被告人许莉芬、王英祥、陈贤云系三被告单位的直接责任人员，在走私犯罪中起着辅助作用，系从犯。故被告人许莉芬、王英祥、陈贤云及其辩护人的辩解、辩护意见与事实不符，不予采纳。

针对被告单位东方边贸公司，被告人文其儒、柳其寿关于其根据省政府边贸政策从事经营活动，从未和被告人张小华通谋的辩解意见及其辩护人关于现有证据无法证明其与被告人张小华通谋共同走私行为，应宣告其无罪的辩护意见。经查，被告单位东方边贸公司与被告人张小华签订合同，以其名义采取边贸形式走私进口混合植物油的活动系由东方边贸公司的正副经理被告人文其儒、柳其寿和张小华共同约定而进行的，商谋结果是通过合同方式确认了双方的权利义务和具体分工，被告人张小华指使被告人陈贤云、王英祥将伪造的原产地证、虚假合同、发票等报关单证交给被告单位东方边贸公司，被告人文其儒和柳其寿即在虚假合同（该合同上的越南企业从未与被告单位东方边贸公司发生真实的贸易行为）上签名盖印后向海关申报，按正规贸易合同规定，对外付汇只能以被告单位东方边贸公司名义向另一方越南企业付货款，被告人文其儒、柳其寿却按照被告人张小华的要求携带个人私章及公司印章到海口，在被告人张小华提供的以被告单位东方边贸公司名义付汇的假单证上签名盖章后，一起到银行和外汇管理部门，以被告单位东方边贸公司名义办理付汇手续，协助张小华将货款及利润全部付往实际上由被告人张小华控制的新加坡华洋公司。被告单位东方边贸公司、被告人文其儒、柳其寿利用省政府边贸政策参与制作假合同等报关付汇单证，提供个人私章、公司印章，协助被告人张小华及其公司顺利完成了走私普通货物活动并收取一定报酬和费用，达到共同偷逃税款的目的。以上确认的犯罪事实有被告人文其儒、柳其寿、张小华、许莉芬、陈贤云、王英祥的供述相印证，有证人证实，合同、付汇凭证、鉴定结论等书证相印证，足资认定。故被告单位东方边贸公司、被告人文其儒、柳其寿的辩解及辩护人的意见与事实不符，不予采纳。

针对被告人吴多智的辩解所有单证系随船过来，其从未和走私犯罪分子通谋的意见及其辩护人关于起诉指控被告人吴多智与走私犯通谋，事实不清，证据不足，应宣告其无罪的意见。经查，被告人张小华指使被告人陈贤云利用私刻的越南印章伪造越南原产地证、发票、合同等报关单证，为了规范报关单证而不被海关联检部门发现，被告人张小华授意被告人陈贤云、王英祥将制作的假单证和空白单证交给外代公司的被告人吴多智审核和填写，并承诺支付其一定的报酬和费用。因被告人吴多智常年在外代公司工作，其熟悉外文及边贸贸易程序和规定，明知被告人张小华提交的单证为空白单证仍帮助填写制作"离港证书"等报关单证，同时又亲自上船收取伪造的报关单证进行审核无误后，再交给被告单位东方边贸公司进行报关，事后，其收受被告人张小华及其公司支付的费用。公诉机关起诉指控其与走私犯罪分子通谋，事实清楚，证据确凿，罪名成立。故被告人吴多智及其辩护人的辩解、辩护意见与事实不符，不予采纳。

依照《中华人民共和国刑法》第一百五十三条、第一百五十六条、第五十二条、第五十三条、第二十五条、第二十六条、第二十七条及最高人民法院《关于审理走私刑事案件具体应用法律若干问题的解释》第十条之规定，判决如下：

一、被告单位海南华和信贸易有限公司犯走私普通货物罪，判处罚金人民币17944429元。

二、被告单位洋浦佳华贸易有限公司犯走私普通货物罪，判处罚金人民币17944429元。

三、被告单位洋浦海宏贸易有限公司犯走私普通货物罪，判处罚金人民币17944429元。

四、被告单位东方边境贸易发展公司犯走私普通货物罪，判处罚金人民币50万元。

五、被告人张小华犯走私普通货物罪，判处有期徒刑十年。

（刑期从判决执行之日起计算，判决执行以前先行羁押的，羁押一日折抵刑期一日，即自2005年3月9日起至2015年3月8日止）。

六、被告人许莉芬犯走私普通货物罪，判处有期徒刑四年。

（刑期从判决执行之日起计算，判决执行以前先行羁押的，羁押一日折抵刑期一日，即自2005年3月9日起至2009年3月8日止）

七、被告人王英祥犯走私普通货物罪，判处有期徒刑四年。

（刑期从判决执行之日起计算，判决执行以前先行羁押的，羁押一日折抵刑期一日，即自2005年3月9日起至2009年3月8日止）

八、被告人陈贤云犯走私普通货物罪，判处有期徒刑四年。

（刑期从判决执行之日起计算，判决执行以前先行羁押的，羁押一日折抵刑期一日，即自2005年3月9日起至2009年3月8日止）

九、被告人文其儒犯走私普通货物罪，判处有期徒刑三年零六个月。

（刑期从判决执行之日起计算，判决执行以前先行羁押的、羁押一日折抵刑期一日，即自2005年3月10日起至2008年9月9日止）

十、被告人柳其寿犯走私普通货物罪，判处有期徒刑三年零六个月。

（刑期从判决执行之日起计算，判决执行以前先行羁押的，羁押一日折抵刑期一日，即自2005年3月1 0日起至2008年9月9日止）

十一、被告人吴多智犯走私普通货物罪，判处有期徒刑三年零六个月。

（刑期从判决执行之日起计算，判决执行。以前先行羁押的，羁押一日折

抵刑期一日，即自2005年3月11日起至2008年9月10日止）

十二、上述罚金限自本判决发生法律效力之日起十日内一次性向本院缴纳。

如不服本判决，可在接到判决书的第二日起十日内，通过本院或者直接向海南省高级人民法院提出上诉。书面上诉的，应当提交上诉状正本一份，副本二份。

审判长：××

审判员：××

审判员：××

二零零八年八月二十五日

张小华不服一审判决，向海南省高级人民法院提起了上诉。

由于笔者认为涉案混合植物油的原产地是否为越南实在太重要了，它是指控走私罪成立的逻辑基础，就如同指控某某强奸，被害人必须是女子，才能实现强奸目的。同样，指控张小华走私的方法是伪造边贸进口性质、骗取半税，如果张小华进口货物确属越南的原产地、确属应当半税的边贸货物，则指控就根本无法成立了。

案件核心是原产地的判断标准，既不是没有，也不是存在模糊或者冲突。按照海关总署部门规章，货物是越南的原产地；按照海关总署关税征管司的回函，则货物不是越南的原产地。

那么，为什么会出现这种情形？2005年1月1日实行的《中华人民共和国进出口货物原产地条例》对完全按照四位数一级的税则归类来确定货物原产地的方法予以修改，认为该规定过于机械而改为海关有权予以认定。也就是说，此后货物即使为四位数一级的税则归类在某国加工且已改变，也不一定确定该国为原产地。而本案是发生在2000—2004年间，笔者认为理所当然应当适用当时的法律标准。

以下是笔者在二审发表的辩护词：

二审辩护词

尊敬的审判长、审判员：

作为张小华的二审辩护人，经参加庭审活动，现就本案发表如下辩护意见，敬请考虑、采纳。

一、边贸政策是国家的特殊政策，是国家利益所在

1991年，国务院确定了在个别边疆省区开展边贸活动的特殊政策。经国务院批准、国务院办公厅转发的经贸部、国家民委、财政部、国家税务总局、海关总署、国务院机电设备进口审查办公室《关于积极发展边境贸易和经济合作促进边疆繁荣稳定的意见》，确认："开展边境贸易和经济合作，对于促进我国边境地区经济发展，增强民族团结，繁荣、稳定边疆，巩固和发展我国同周边国家的睦邻友好关系都具有重要意义。"同时，对于边贸的形式和内容、管理办法、税收优惠等作了一般规定。

可见，边贸政策是国家出于外交、国家经济发展平衡和促进民族、边疆地区繁荣稳定的考量，让边疆边贸省区获利并加快发展的特殊政策。而国家利益的实现，恰恰在于各个边疆地区获得快速发展以及睦邻友好、稳定的区域外交关系。

二、国家的边贸政策，关键在于落实

国家所制定的边贸政策，当然希望、欢迎各边疆省区积极响应、落实。边贸税收双减半，体现政策要点在于利用税收，鼓励边疆省区通过用足用好政策，大力开展边贸，促进边疆、民族地区快速发展。需要强调的是：边贸政策既然是国家政策，当然意味着国家希望边疆地区的个人、企业，受税收优惠的利益吸引，引来资金、渠道、人才等大力开展边贸活动，享受税收优惠的利益。换言之，积极从事边贸并争取享受税收优惠，是国家希望、欢迎的行为，是对国家政策的积极响应行为，而不是恶意、可怕的走私偷税行为。

个人、企业想享受边贸半税优惠便宜，恰恰是政策希望、追求的结果，就不会对企业边贸行为吹毛求疵、上纲上线了。当然，伪装边贸货物，骗取税收优惠的走私行为另当别论。

海南省委、省政府深知国家边贸特殊政策对于海南发展的价值，几经奔波、努力，终于于1996年获得国家特批，可以与越南开展边贸活动。这项惠及海南的政策来之不易，在黑龙江、新疆、广西等省区边贸效应日趋光大的情况下，海南奋起直追。自2000年4月始，经海关专业人员推介，被告人张小华亲自咨询海口海关有关边贸的政策、操作方法以及合法性之后，开始筹集资金、人员，设立公司并联系货源，进而从事边贸混合植物油业务。直到四年之后的2004年4月，海关以涉案货物不是越南原产地、恶意享受边贸税收优惠为由，定性该边贸行为是走私。自名满海南的新加坡籍张小华小姐被羁押时起，海南边贸活动一落千丈，几近熄火。

三、国家边贸政策一直是在探索中曲折发展、完善

1989年边贸活动初具规模。1991年国家发布了《关于积极发展边境贸易和经济合作促进边疆繁荣稳定的意见》。1996年3月，对外经济贸易合作部与海关总署才发布了《边境小额贸易和边境地区对外经济技术合作管理办法》。1998年，对外经济贸易合作部与海关总署又发布了《关于进一步发展边境贸易的补充规定的通知》。2002年，对外经济贸易合作部发布《关于边疆小额贸易企业经营资格有关问题的通知》。2004年，国务院发布《关于第三批取消和调整行政审批项目的决定》等，不断调整规范边贸活动。

由于国家边贸政策是一个通过各省区的边贸实践活动不断发展、完善的过程，并无成熟、规范的前路可循，加之政策实施之时只作了框架性原则规定，由此，注定要在开展边贸的过程中积累经验，完善制度和规定，以规范边贸活动。比如，边贸的省区和边贸的主体，边贸的结汇问题、单证不实问题。必须承认，可以开展边贸的越南、俄罗斯、缅甸等国确实存在秩序、环境混乱的实情，如果从严把握，则完全不具备开展规范的国际贸易活动的条件。正是基于这种实际情况，国家对边疆边境省区的边贸活动，一直在不断地调整、解决之中。例如，2002年10月，经黑龙江省向国家争取，困扰其边贸活动的收汇核销难问题终于得到解决。国家出台《关于调整外币现钞管理政策有关问题的通知》，黑龙江省也出台了实施细则。

张小华在从事边贸业务活动中，确实存在单证虚假问题、结汇合法性问题、越南公司没有足额资本金等问题。但是，这些都是边贸发展过程中的问题（单证虚假可以追究相应的刑事责任），只要贸易性质确属边贸——对越南进行进出口而进口货物确属越南的原产地，则其他问题都应当在国家统一部署下妥善解决，就像黑龙江省所做的那样。

四、被告的行为没有走私普通货物罪的社会危害性

被告的行为对海南的价值和利益是显而易见的，它使得海南可以直接获得低价食用混合植物油而不用再从广西高价买进，平抑了市场价格，海南人民得了实惠，海南从事边贸的企业得到了发展和壮大。

被告的行为对国家利益而言，也是有益的行为。国家希望用牺牲半税，来换取发展边贸、发展海南经济，换取中越友好的外交关系，换取全国平衡发展和稳定、巩固边疆、民族地区发展和谐这些更大的国家利益。被告行为确有瑕疵，但瑕不掩瑜，不影响其行为总体上正是国家用半税政策所希望的有益行为。评价被告的行为性质和价值，必须从政策背景和政策目的的大环境中进行解读。如果以各种不明确的条件否定边贸性质，看上去似乎是为国家着想，实际上是大大弱化甚至阻滞了国家边贸政策的落实，导致真正的国家利益无从实现。

本案所包含的信息量巨大，可以折射出海南特区的政策理解能力和执行能力，也是海南省办大特区艰难曲折之路的映射。无论本案如何判决，都注定了要成为经典，接受大众、领导甚至海外的评说和拷问。恳请依法判决。

杨路生

海南海大平正律师事务所

二零零九年四月十二日

笔者认为，本案存在的另一个争议是对张小华的定性——其损害了海南的边贸环境和海南人民的利益，与海南省政府的意见相冲突。政府方面是推动案件得到妥善处理的最大潜在力量。技术方法上，笔者选择了向海南省律师协会提出进行研讨的申请，原文如下：

申请海南省律协对华洋公司张小华涉嫌走私普通货物案进行论证研究书

申请人：杨路生，海南海大平正律师事务所律师，张小华的辩护人。

申请事实和理由：2000年，张小华经海口海关领导同意及指导，开始以华洋公司为实体，利用海南省政府从国家争取来的边境小额贸易货物半税优惠政策，从马来西亚组织棕榈油到越南，在越南将其与其他实用油加工混合成混合植物油，进口到中国海南，至2004年4月，共进口数十船，为海南市场提供了大量优质、低价食用油，并因此交缴了巨额关税而受到海关方面表彰。海南边贸活动也在此推动下呈现活跃和繁荣景象。

2004年4月，海口海关以国家政策变化为由，不再允许部分货物享受边贸半税，同时要求已经办理入关手续的货物补缴全税。在华洋公司考虑大局并补缴全税数百万元之后，海口海关又以华洋公司进口货物单证手续不实为由，否定进口货物属于越南的原产地，进而不属边境贸易，不应享受边贸半税，其行为属于偷逃关税的走私。2005年，该案被移送至海口市中院，至今尚未判决。受该案影响，海南省边贸一蹶不振，社会各界也在高度关注案件的处理。

该案的核心问题就是涉案货物是否为越南的原产地。是，则华洋公司不可能逃税，所出现的单证问题应当予以行政处理而没有刑法意义；不是，则单证问题才可能是为了伪装越南原产地而逃税，涉嫌走私犯罪。按照海关总署《关于进口货物原产地的暂行规定》，涉案货物全部在越南混合，所形成的混合植物油四位数一级税则归类已经改变，构成实质性加工，该加工地越南就是货物的原产地。

在案件审理过程中，海口海关出具了一份海关总署关税征管司对海口海关缉私局的答复函，称：“虽然货物在越南混合加工，且四位数一级的税则归类也已改变，但不属于实质性加工。”与海关总署发布的具有普遍法律效力的法律文件规定相违背。

由于本案属于涉外案件，人数达七人之多，且张小华是1988年起即投资海南的有很大影响的外商，案件的公正处理不仅仅对境内外舆论有影响，而且对于海南能否有效利用国家给予海南为数不多的边贸优惠政策开展边贸经营、造福海南人民，有重大而直接的影响。因此，对于本案的法律问题及处理，省相关职能部门也高度关注。有鉴于此，特申请省律协组织专家对本案进行咨询与研讨，并在此基础上，开展相关工作。

杨路生

二零零八年三月二十七日

之后，再由律师协会以其名义咨询于海南省商务厅。

海南省律协咨询原文如下：

关于海南华和信公司张小华涉嫌走私普通货物一案相关专业问题的咨询函

海南省商务厅：

兹有海口市中级人民法院审理的海南华和信公司张小华涉嫌走私普通货物一案，因其涉及政策因素较多，为不枉不纵，公正处理该案，现就下列问题咨询贵厅：

一、依照国家法律和政策，海南边贸活动中如何运作，其合法性如何把握？

二、海南华和信公司在没有边贸经营主体资格的条件下，委托东方边贸公司和洋浦边贸公司开展边贸业务，是否属于政策及相关法规许可的范围？

三、判断是否属于边贸业务的根据是什么？海南华和信公司组织两种以上纯油在越南混合后进口中国海南，但发生部分单证虚假问题（包括原产地证、发票、合同），是否影响其边贸经营性质？

四、按照海关总署1986年12月6日发布的《中华人民共和国关于进口货物原产地的暂行规定》（2005年1月1日废止），涉案货物属于越南的原产地，但海关总署关税征管司在对海口海关缉私局的回函中不予承认。对于该问题，作为海南省政府主管权威机关，如何看待和认识？

五、海南华和信公司张小华涉嫌走私普通货物案的公正处理，对海南经济有何影响？

随附相关证据材料及法规。

海南省律师协会

二零零八年四月六日

海南省商务厅于两周后正式回文于海南省律师协会，就相关问题详细答复，表明了边贸政策的起源、变化以及边贸主体、原产地认定的法律依据等。全文如下：

海南省商务厅对海南省律协咨询函的复函

海南省律师协会：

你协会《关于海南华和信公司张小华涉嫌走私普通货物一案相关专业问题的咨询函》（琼律协函〔2008〕03号）收悉。现函复如下：

一、法律法规和管理依据

对越边贸政策是国家给予海南扶持地方经济发展特殊优惠政策。

我国边贸政策是以法律为基础的。《民族区域自治法》第31条和第61条，《对外贸易法》第59条、第68条都明确规定：国家要制定优惠政策、鼓励和扶持边境省份开展边境贸易。另外，我国现行边贸政策的主要依据是1996年国务院2号文和对外贸易经济合作部、海关总署《关于进一步发展边境贸易的补充规定的通知》（〔1998〕外经贸政发第844号），以及2002年对外贸易经济合作部《关于边境小额贸易企业经营资格有关问题的通知》（外经贸贸秩〔2002〕1085号）、2004年国务院《关于第三批取消和调整行政审批项目的决定》（国发〔2004〕16号）、商务部《关于调整进出口经营资格标准和核准程序的通知》（商贸发〔2003〕254号）等。

由于国家对边贸只给了大的方针政策，没有具体操作细则，因此，各边贸省市都根据本地区实际，出台了相关的管理办法和实施细则。我省没有出台实施细则，在对边贸经营活动进行管理中，主要是通过批准经营资格、发放商品批文和配额予以管控，从事边贸活动的公司和企业以获得批文和配额为必须条件。海关验放、税收减半征收也以此为准。

二、按照1996年国务院2号文件规定，边贸按照两种方式管理：边民互市贸易和边境小额贸易。海南只有边境小额贸易政策，政策的核心是享受边贸货物税收双减半的优惠政策。海南原本因没有陆路接壤国家而没有取得边贸资格，后经省政府积极争取，1996年7月，商务部和海关总署批准了海南享有边境小额贸易经营权，批准八所港、洋浦港（含白马井）为对越边贸口岸。所以，海南取得边贸经营权是相当不容易的。

边贸政策就是国家基于睦邻友好的外交需要和扶持国内欠发达地区发展的考虑，对来自边境接壤国家的边贸货物予以减税，使得边贸邻国和国内欠发达省份受益。利用好边贸政策，做大边贸额，享受国家政策受惠是中央给予海南边贸政策的初衷。

为进一步加快边贸发展，省委、省政府根据胡锦涛同志做好“特”字文章的指示和商务部沿边开放战略的精神，正在积极向国家有关部门争取把海南的边贸国家由越南扩大到其他海上邻国，这是探索非陆地接壤边境地区边贸发展的新思路。

判断是否属于边贸业务的根据，就是货物是否产于国家批准开展边贸的国家，海南现阶段能开展边贸业务的只有越南。因此，凡是确实来自于越南的原产地货物，均属于边贸业务。至于手续、单证问题，应当按照相关行政法规（海关法、原产地暂行条例）中已经明确规定的处罚办法予以处罚。

三、关于边贸活动的主体资格问题。按照有关规定，经营边贸业务必须由边贸公司为经营主体。1996年国务院2号文件规定“关于边境小额贸易的进出口管理问题”中指出“边境小额贸易企业经营权，根据外经贸部统一规定的经营资格、条件以及在核定的企业总数内，由各边境省、自治区自行审批。边境小额贸易企业名录须报外经贸部核准，并抄报国务院有关部门备案。未按规定批准并报备案的企业，一律不得经营边境小额贸易”。2002年对外贸易经济合作部《关于边境小额贸易企业经营资格有关问题的通知》（外经贸贸秩〔2002〕1085号）规定“取消了对各省边境小额贸易企业的总量控制，各边境省（自治区）外经贸主管部门可依据边境地区的实际情况，自行核定本地区的边境小额贸易企业，不再报外经贸部备案”。2002年以后，实际上已经放开了边贸公司的审批限制。

1994年以来，根据《对外贸易法》及相关规定，各省边贸业务都在推行代理制，我省也规定“其他企业开展边贸业务必须由省有边贸经营权的公司代理”。《对外贸易法》规定，边贸公司可以自主独立经营边贸业务，也可以采取与其他公司、企业合作的方式代理经营边贸业务，双方的权利义务关系由合同加以确定。实际上，国家政策从控制边贸公司总量到放开边贸公司审批限制，就是为用好用足边贸政策创造平等竞争环境。

四、根据行政法的有关规定，行政行为必须依法进行。行政行为必须符合宪法、法律和行政法规以及国务院各部门的行政规章。原产地的确认，应以专门机关发布的具有普遍法律约束力的行政规章为依据。至于海关总署关税征管司对海口海关缉私局的函，其性质属于海关内部工作沟通和交流，省商务厅不便评价。

五、关于海南华和信公司张小华走私普通货物案我厅一直在关注，因为它不仅涉及一个企业如何利用边贸政策问题，也涉及全省边贸政策如何用好用足的问题，更涉及对越边贸如何解放思想、大胆探索、做好“特”字文章、抢占改革开放制高点的问题。该案的公正依法处理，必将对海南利用边贸政策造福海南地方经济、促进海南进一步解放思想和改革开放产生重大影响，海南省委、省政府以及相关领导，也对海南边贸经营的问题表示了关注并批示采取措施加以解决和促进。

海南省商务厅（公章）

二零零八年四月二十五日

海南省律师协会向海南省商务厅出具咨询函的方式给予必要的支持，后者出具的回函，就该案涉及的边贸主体资格及其影响、货物的原产地认定标准、海关总署关税征管司回函的效力以及作为海南省政府职能部门对于边贸政策的理解、张小华的行为价值评判作了直率而坦诚的回答。

海南省高级人民法院刑事审判庭的主审法官对辩护人提交的上述证据进行了调查核实，海南省商务厅边贸办负责人接受了调查并形成了笔录，从而为案件的合理处理奠定了基础。

最终，海南省高级人民法院二审维持原判，并以（2008）琼刑终字第11号《暂予监外执行决定书》决定张小华监外执行，不予关押。

（三）海南文昌邢某滥用职权案

海南省文昌市人民检察院2015年12月24日提起公诉的邢某滥用职权一案，控辩双方争议的焦点，案件中所涉及的沉没船舶“海豹三号”到底是不是渔船也是证实关系问题。

2015年12月24日，文昌市人民检察院以文检公诉刑诉【2015】396号《起诉书》，指控被告人邢某、郑某作为文昌渔政渔港监督管理站工作人员，疏于对发生沉船事故的港籍船舶“海豹3号”监管并最终导致沉船海难事故发生，构成滥用职权罪。同时，指控邢某收受当事单位财物8000余元，构成受贿罪。

该案在文昌市人民法院审理期间，因为受贿罪成立犯罪的数额发生变化，指控受贿罪不成立，因最低数额为一万元人民币，文昌市人民检察院遂变更起诉，于2016年5月23号作出【2016】2号《变更起诉决定书》，指控被告人邢某、郑某构成滥用职权罪。

公诉机关认为：被告人邢某、郑某身为国家机关工作人员，肩负着对进出文昌清澜港的渔船进行监管的法定职责，本应依法行政，但被告人邢某、郑某无视职责所在，滥用职权，不正确履行职责，在明知“海豹3”渔船既未提供任何相关的船舶证书，也没有办理报关证手续且船上没有作业渔具的情况下，没有对“海豹3号”渔船进行监管和处罚，任由其自由进出港口23次之多，最终导致文昌市“11.03”“海豹3号”船舶海难直接经济损失216万元的后果，情节特别严重，其行为已触犯了《中华人民共和国刑法》第397条第1款之规定，犯罪事实清楚，证据确实、充分，应当以滥用职权罪追究被告人邢某、郑某的刑事责任。

2017年5月15日，文昌市人民法院作出【2015】文刑初字第405号《刑事判决书》，完全支持了起诉意见，判决二被告人构成滥用职权罪，分别获刑5年和3年（缓刑3年）。法院认为：涉案的“海豹3号”船舶，属香港籍船舶，性质为渔船，该船虽经改装用于海钓，但改装未经相关部门批准并按规定办理变更登记，仍应以渔船对其管理，根据《中华人民共和国船舶进出渔港签证办法》第4条规定，外国船舶，港、澳地区船舶（含港澳流动渔船）及台湾省渔船，进出渔港应向渔港监督机关报告，遵守渔港管理规定。

本案核心争议在于涉案沉没的“海豹3号”船舶，在香港渔政处登记的是渔船，但是，该船舶已经改装，拆除了捕捞设备。对于该船舶证与实不符的情形，应当如何判定其属性——是不是渔船？

如前所述，在证实关系中，“实”是客观事实与存在是第一位的、决定性的，而“证”则是从属于“实”并反映于“实”。本案中，先有了船这一事实，经登记再有了记录、反映该事实的船舶登记“证”。该船舶发生了非法改装——拆除所有捕捞设备、安装座椅以利垂钓这一事实，而该船舶的“证”，却没有能够如实记载并反映该事实。当然，由于违反相关规定，该船舶的“证”无法真实记载并反映该客观事实，因为登记作为官方依法进行的行政行为，既要具有客观性，也要合法性。

所以，笔者认为必须首先搞清楚：我们是要确定该船舶的事实状态（进而判定其是不是渔船），还是要确定其法律属性。也就是说，先要搞清楚，我们是在做事实判定，还是做法律判定？既然各方对该船舶已经没有捕捞设备、不具有渔船功能这一事实没有争议，就应该承认这个事实。至于该事实能否得到法律上的承认而改变登记，则完全属于“证”是不是能够如实反映、记录“实”，或者是不是承认该变更事实的合法性问题：有些是变更延迟、滞后，有些如本案，则因不具有合法性而永远不能如实反映、记录该“实”的真实情况。直接以改装没有合法性来否认事实本身，仍然以不存在的事实判定船舶渔船性质，属于认定事实错误，本末倒置。比如，男女二人以夫妻名义长期公开共同生活并育有子女，但是，案发时也没有办理结婚登记。我们如何判定二人的关系？在事实层面，证据证明二人以夫妻名义公开共同生活并育有子女，这是事实认定，是客观存在的事实，它不以官方是否登记、受不受法律保护、任何人的意志为变化或者转移。通常，我们把它命名为事实婚姻，以区别于登记婚姻。同理，一个男子经过变性手术成为女性之后，户籍、身份证等登记仍然是男性，我们判定他（她）的性别时，当然要尊重事实，而“证”是否及时、如实作了变更或者因不法而无法变更，都不能对事实层面他已经是一个女性这个变化事实视而不见，而只是简单地照抄“证”的记载内容。再举一例，某甲捡到一把制式步枪，将其彻底改造为没有击发能力的样子货——给自己的孩子当玩具玩耍。但同时，该枪的档案与持枪证等登记文件一直没有变化。我们是否可以仍然按照本案的逻辑判定某甲属于非法持枪的危害公共安全故意犯罪——改装武器是非法的，也很危险，某甲没有改装资质，也没有获得相关部门的审批。因此，该枪支依然属于登记文件中记载的“制式枪支”吗？

有鉴于此，被告人邢某提起上诉。

辩护词

尊敬的审判长、审判员：

作为邢某的二审辩护人，现就本案事实与法律适用，提出以下法律意见，敬请合议庭考虑、采纳。

一、涉案船舶是否属于渔船，判定的依据缺失

涉案沉没的“海豹3号”船舶，香港海事处登记为渔船，已经在案发前彻底拆除了渔业捕捞设施，这是一审判决认定的事实，各方均无异议。

因此，“海豹3号”出现了名不副实的情形：法律上登记为渔船，实际是不具有渔船的渔业捕捞功能的非渔船。

一审判决直接以改装行为不合法为由，判定仍然按照登记确认“海豹3号”为渔船，肯定是错误的——事实与法律效力不是等同的。在改装的法律效力层面，因为不符合改装的法律程序，因而不具有合法性；在客观事实层面，必须尊重事实——“海豹3号”已经不具有渔业捕捞功能，不是渔船。也就是说，改装的非法性质，不能否定改装的客观事实存在。

按照国家法规规定，渔船的判定依据是船舶的功能，《中华人民共和国渔港水域交通安全管理条例》第4条规定，渔业船舶是指从事渔业生产的船舶以及属于水产系统为渔业生产服务的船舶。

如无相反证据，国家或者某地区的行政管理机关所进行的登记，通常被赋予了最高的法律效力。但是，登记的法律效力并没有神圣化、绝对化——如果存在相反证据，足以推翻登记的真实性、合法性，登记的法律效力就不应当再被承认，而应当按照证据效力更高的事实予以判定，客观事实对应的证据具有打败登记的证据效力的能力。毕竟，登记是对事实的记载，应当从属于客观事实。如果有充分的证据证实结婚证是贿买所得，我们还要承认登记的法律效力吗?

同样的法理，当一艘加装了渔业捕捞设施的客轮被查获，能不能因为改装不合法而判定该船舶属于登记的客轮而不是渔船？答案显然是否定的。一审判决以“涉案船舶非法改装且未经相关部门批准并案规定办理变更登记”为由，否定该船舶事实上不是渔船，属于把事实问题与法律问题相混淆了。

二、判决书认定有罪的主体错误

文昌市渔政渔港监督管理站是文昌市海洋与渔业局下属的事业单位，不是国家机关。文昌市政府官网上公布的文昌市海洋与渔业局机构设置中，列明属于内设部门的是四个：办公室、海域与海岛管理室、养殖与捕捞室、海洋环保与渔政渔监室，不包括渔政渔港监督管理站。证据也清楚证明了邢某是聘用干部，这是专属于事业单位干部的身份。因此，认定文昌市渔政渔港监督管理站是国家机关、“邢某是国家机关工作人员”，属于事实认定错误。

按照国家事业单位管理规定，文昌市渔政渔港监督管理站是独立法人，且必须得到法律法规或者国家机关的合法授权，才具有合法行政管理职权——证据阙如。存续期间，由法定代表人代表单位行使职权。邢某一直是副站长，从来没有法定代表人身份，不能作为单位的负责人员承担领导责任。

三、文昌市政府《“11·03”事故调查报告》不具有法定证据效力

1. 事故调查的程序不合法

调查报告说明，其调查依据是《渔业船舶水上安全事故报告和调查处理规定》。但是，该调查处理规定的第2条明确规定了适用范围——不包括本案的情形。具体规定如下：下列水上安全事故的报告和调查处理，适用本规定，(1) 船舶、设施在中华人民共和国渔港水域内发生的水上安全事故；(2) 在

中华人民共和国渔港水域外从事渔业活动的渔业船舶以及渔业船舶之间发生的水上安全事故。

“海豹3号”事故不是发生在渔港水域内；也没有从事渔业活动。

2. 事故调查报告不是法定证据种类的证据

判决把事故调查报告作为书证予以采信，显然属于常识性错误。按照《刑事诉讼法》（2012年）第48条规定，可以用于证明案件事实的材料，都是证据。书证是以其自身记载的数字、文字、符号、图案等信息反映、记录案件事实的材料，它具有证据的唯一性特征：不可复制与再造。而事故调查报告显而易见是案件发生后人为活动的产物——案件发生后人为工作成果，可能构成鉴定意见证据而不可能成为书证。

3.《刑事诉讼法》（2012年）第52条规定，行政机关在行政执法和查办案件过程中收集的物证、书证、视听资料、电子数据等证据材料，在刑事诉讼中可以作为证据使用。但是，主观性、结论性的事故调查报告之类文件，不能作为证据。

4. 事故调查报告因为没有打捞沉船而无法确定火灾的起火原因，只能猜测起火原因可能是什么（不排除的原因）和不可能是什么（排除的原因），同时，这种猜测还自相矛盾，比如：一方面判定可以排除纵火（故意放火）、生活用火不慎（失火）引起火灾的可能；另一方面又不排除遗留火种（包括故意遗留或者过失遗留烟头）引起火灾的可能。岂非自相矛盾？

作为唯一的证明被告人的行为导致事故发生具有因果关系的证据，恰好证明事故原因不明——无法归责于被告人的管理行为。

四、一审判决书认定有罪的行为方式与法律要求不符

判定邢某构成滥用职权罪，客观上要求他有滥用职权行为，该行为只能以作为的方式——邢某积极实施了法律禁止的超越职权与不正当履行职权的行为。而指控与判决邢某有罪的行为却是不作为——消极地没有履行监管与处罚义务。假设邢某确实具有对涉案船舶的管理职权与法定义务，邢某能够履行而不履行，也只能在玩忽职守的范围继续研究，因而彻底排除滥用职权罪。

五、被告人不具有滥用职权罪的主观故意

对于已经彻底改装、拆除了渔业捕捞设施的香港籍"海豹3号"船舶，到底是按照登记的渔船进行管理，还是按照实际状态作为非渔船管理，辩护人查遍了大量典籍资料与法律法规，也没有找到明确的规定。如此，文昌市渔政渔港监督管理站犹豫观望，实属无奈、事出有因。它面临着管理处罚而被判定违法的风险。只要承认"海豹3号"非驴非马的特殊改装事实以及法律法规没有明确规定的事实，就应当承认被告人并非故意而为。

构成故意性质的滥用职权罪，要求被告人明知自己的行为会（必然或者很可能）导致沉船事故，仍然追求或者至少放任沉船的发生。纵观全案证据，没有一项证明任何人（不限于邢某）已经明知沉船会发生。沉船的真实原因只有在"海豹3号"打捞出水的一刻才能大白于天下。恳请法官把邢某的行为套进刑法总则故意的规定当中时，看看是否符合法律规定的条件。

邢某的行为是否恰当、违纪并给予党纪政纪处分，有很大的讨论空间。但是，执行《中华人民共和国刑法》，则必须按照刑法规定的犯罪构成要件作为唯一的适用法律依据。

六、邢某不符合"徇私舞弊"的加重法定刑情节

作为加重法定刑情节，最高人民检察院对于"徇私舞弊"进行了有法律效力的司法解释，必须尊重其权威而适用。最高人民检察院《关于渎职侵权犯罪案件立案标准的规定》明确规定：本规定中的"徇私舞弊"，是指国家机关工作人员为徇私情、私利，故意违背事实和法律，伪造材料，隐瞒情况，弄虚作假的行为。可见，邢某完全不存在伪造材料、隐瞒情况、弄虚作假的行为。因此，不适用加重法定刑的徇私舞弊情形。其花销管理对象，只能按照受贿或者违纪处理。

综上所述，邢某涉及的沉船性质不是渔船、邢某没有对于港澳船舶的签证管理权和禁止离港职权、沉船原因不明而不能归责于邢某的管理行为。邢某主观过错因为存在难以界定的船舶性质之事实而主观上只能存在过失。本案不存在徇私舞弊的情形。

二零一七年十月八日

最终，海南第一中级人民法院二审维持一审判决。

回扣行为研究

一、回扣所涉及的法律关系

回扣是交易过程中的衍生物。市场经济的基本特征是交易。在交易过程中，存在着一种基本关系和两种附加关系。所谓基本关系，就是最终达成和建立的交易关系，竞争越激烈，达成和建立这种交易关系的成本就越高，难度越大。两种附加关系：其一是委托或代理关系，也即交易的一方委派代理人办理交易事宜，则此交易方与该代理人形成代理关系；其二是在最终的交易关系确定之前，交易的第三人始终具有争取获得交易关系的要求及努力，构成对基本交易关系的竞争关系。

一方面，争取成为交易方的利益吸引十分强烈，已有交易意向的会努力强化交易关系并争取最终实现交易，而其他竞争者则会不遗余力地展开竞争，甚至受到竞争压力和交易利益的吸引，会采取不择手段的方式争取；另一方面，委托或代理关系的存在，给希望建立交易关系的竞争者提供另外一种影响交易关系的可能性——因为代理人可能为了个人利益而牺牲单位（被代理人）利益，也即竞争者可能利用物质利益对代理人产生强烈的吸引，最终使其发挥影响力而建立并完成并不是对被代理人最合适的交易。

在基本交易关系中，由于买卖双方经常处于不平衡状态是常态，而双方平衡是特例，所以，交易双方经常处于买方或者卖方市场。当供不应求时，呈现卖方市场，买方可能需要额外的成本和资源以获取商品或者服务，此时，也可能由买方构成对卖方（或者其代理人）行贿或者被迫支出额外的交易成本（被索贿），如在车市大爆发时期，一些广受欢迎的车型被车商加价售车，以所谓“加急费”等名义迫使买家付出额外成本，其实质是索贿（回扣）。当供大于求时，呈现买方市场，卖方为实现交易，可能设定回扣作为促销手段并打入成本。在市场经济条件下，市场有时呈现出商品和服务富余状态，卖方通过提供买方（或者其代理人）回扣以实现交易。这也是人们一般认为的“回扣是指卖方从买方支付的商品款项中按一定比例返还给买方的价款”①的原因。相反，在计划经济、短缺经济时期，则呈现卖方市场，买方可能支付额外的成本争取交易，卖方给付回扣则不可想象。

从营销者（卖方）角度看，回扣与折扣其实没有什么不同，都可以称为“discout”，是一种价格行为。尽管表面上看二者有一定的差异性，如折扣一般是明码标价，回扣则大多对外人有所遮掩；再如因为要明码标价，所以折扣百分比一般都是事先定好的，而回扣百分比则非常灵活，销售人员可以根据具体情况在一定的范围内灵活掌握，但是在实际的营销过程中，二者常常是被混在一起的，从营销者（卖方）角度是很难把它们分开的。实际上，只要能够争取到交易机会，卖方根本不在乎“discout”是折扣还是回扣、是给予买方还是买方的代理人。

1993年9月2日第八届全国人大常委会第三次会议通过的2019年修正的《反不正当竞争法》第七条规定，经营者不得采用财物或者其他手段贿赂以销售或者购买商品。在账外暗中给予对方单位或者个人回扣的，以行贿论处；对方单位或个人在账外暗中收受回扣的，以受贿论处。据此，现行法律意义上的回扣应当是商品购销活动中，买卖双方按价成交后，卖（买）方不仅交付货物，而且账外暗中给予买（卖）方钱物或其他利益的行为，具有以下特征：

---

① 《辞海》1999年9月第1版，第2054页。

1. 回扣是经营者在购销业务活动中共同认可的行为。实施回扣行为的主体是参与市场交易的经营者，即从事商品经营或者营利性服务的法人。

2. 经营者实施回扣的目的是为了推销或购买商品。在日常生活中所见到的回扣多数是为了推销商品，目的是为了吸引更多的客户，压缩库存，加速资金周转。但是，当经营者为了购得紧俏的原料或商品时，有时也采用回扣手段、贿赂卖主，垄断货源。

3. 回扣的内容是财物或其他利益。《反不正当竞争法》把回扣的内容规定为"采用财物或者其他手段贿赂"。这里的"其他手段"只能理解为财物以外的其他利益。

4. 回扣是违反经营纪律的现象，具体表现为账外暗送、逃避财务监督。经营者往往以账外财物贿赂对方单位或个人，他们也不将收受的贿赂如实记入会计账目。从司法实践情况看，存在回扣的商品交易，交易标的物的实际价格与开价额是不相符的。但是，如果交易双方在商品交换过程中，将商品价款所作折扣全部记入会计账目，作为经营者公开的收入或支出，则不能以回扣对待。

买卖双方都可以成为收付回扣的主体而并不是只有卖方给予买方或者其代理人的部分价款。但在现实生活中，长期的买方市场以及相应的卖方从商品、服务的价款中返还给买方或者买方代理人现象，使人们印象中形成了只有卖方给予买方或者其代理人的价款、其他物质性利益才是回扣。国家工商总局1996年11月15日出台的《关于禁止商业贿赂行为的暂行规定》第5条第2款规定，本规定所称回扣，是指经营者销售商品时在账外暗中以现金、实物或者其他方式退给对方单位或者个人的一定比例的商品价款。由此，也加剧了人们对"回扣仅限于经营者中卖方支付的一定比例的商品价款"的印象，虽然该规定并不否认买方为了促成交易而在账外暗中支付的款项也构成商业贿赂。

二、回扣的实质特征及侵害的法益

按照《反不正当竞争法》的规定，回扣的特征有二：一是"暗中"，即该项支付具有秘密性，除了买卖双方之外，任何第三方都不知道存在该项支付（很多时候，交易的一方也不知道该项支付，只有支付方以及对方的代理人知悉）；二是“不入账”，即该项收支，在交易双方或者至少一方的账面上没有反映。按照《关于禁止商业贿赂行为的暂行规定》第5条第3款的规定：“本规定所称账外暗中，是指未在依法设立的反映其生产经营活动或者行政事业经费收支的财务账上按照财务会计制度规定明确如实记载，包括不记入财务账、转入其他财务账或者做假账等。”

结合上述规定以及回扣所具有的“暗中”、“不入账”之实质特征，自然可以得出回扣的本质就是：暗中交易的价格。回扣就是暗中交易的同义词，而该暗中交易决定了交易本身，或者说回扣这个暗中交易是交易达成的先决条件，回扣影响和决定着交易的达成以及交易条件。同时，起着决定作用的暗中交易的价格，就是回扣，也就是回扣额。

准确识别回扣，依赖于准确认识：回扣侵害的法益是什么？

竞争机制给人们以巨大的动力和压力，把人的主动性、积极性和创造性充分地激发出来并持久地维持下去，从而促进经济增长、社会发展和人类进步。竞争是一种发现机制，发现谁是最优者的机制，进而把有限的资源配置到最优者那里，实现人尽其才、物尽其用、事尽其功，使资源发挥最大效率。竞争的结果是优胜劣汰，人们为了在激烈的市场竞争中取胜，必须不断地努力节约成本、降低价格、提高质量、改进服务，这些努力的必然结果就是效率的提高。要维护竞争并发挥其作用，自然要抑制不正当竞争。回扣的产生方式和属性，便损害了良性的市场竞争秩序，属于不正当竞争行为。

一般而言，双方的自愿行为不宜作为犯罪处理。被害人请求或者许可行为人侵害其法益，表明其放弃了该法益，放弃了对该法益的保护，法律就没有必要予以保护。但回扣所侵害的法益并非只是交易的一方或者双方，也可能是第三方——其他竞争者，或称为其他潜在的交易方，归化为市场交易秩序。因此，回扣行为侵害的法益有以下两种情况：

一是交易双方自愿达成的秘密回扣交易，表现形式为双方达成两个交易，第三人与社会看到或者可能看到的是形式交易，是表面上的，而实际上还存在着暗中的“折扣”交易。正因为这种“折扣”是暗中的，所以它不是商品或者服务经营者合法的价格自由行为——折扣或者提供折扣，转而变成了回扣或者提供回扣。交易双方欺瞒他人和社会公众，使他人无法得知其真实的交易价格等信息，进而丧失了他人的竞争机会。反观经营者的价格折扣行为完全是公开的，对所有交易对象适用，其他人也可以使用同样的价格方法参与竞争。此为定性回扣行为侵害的法益为正常的市场交易秩序之原因。

二是并非交易双方自愿的秘密回扣交易，表现形式为三方达成两个交易：除了交易双方达成的交易之外，一方还和对方的代理人达成一个秘密的回扣交易，被代理人甚至不知晓存在这个回扣交易。现实生活中常见这种回扣形式，经营单位的工作人员在办理单位购销业务时，暗中收取回扣，单位成了冤大头。此时，回扣所侵害的法益是双重的：一方面，单位工作人员利用职务之便暗中收取回扣，损失了单位可以通过谈判获取的折扣，侵害了单位的财产权；另一方面，此举也同时侵害了其他经营者参与竞争的机会和正常的市场交易秩序，属于非法的不正当竞争行为。

回扣是经营者在账外暗中退给对方单位或者个人的商品价款的一部分，但它并没有起到让利或降价的作用，甚至还可能抬高价格。成为回扣的那部分商品价款，很大程度上是买方单位原来的财产，只不过在双方的恶意串通之下，通过商品购销活动，这部分财产经过迂回之后进入了买方单位的小金库或者个人的腰包。单位或个人收受回扣，无疑是逃避财务制度的约束，侵吞国有资产或集体财产，“化大公为小公”或者“化公为私”。从市场竞争角度看，以回扣为手段购销商品，妨碍其他经营者的正当交易，破坏市场秩序。所以《反不正当竞争法》规定，对于给予和收受回扣的，以行贿和受贿论处。

三、回扣与折扣的区别

如前所述，在自由交易的市场经济条件下，卖方有出价权，买方有还价权。但双方的该项交易权利，从来不是天马行空、我行我素的，否则，永远不可能达成任何交易。卖方会越看越觉得自己的货好，应该卖个高价，买方会越看越觉得不值得，应该大幅降价才对。利益决定立场，这完全是心理趋向决定的。因此，市场平均价以及交易时段正值买方市场还是卖方市场、双方对于市场价格的预期走势等对交易的达成，起着非常重要的作用，它能够强烈而持久地发挥作用，把心理趋势相互背离的交易双方拉回交易中来。因为任何一方，最终都会认为，按照市场绝大多数人的交易价格进行交易，应该是可以接受的，虽然无法完全按照自己的心理价位成交。当然，交易双方这种对立统一关系，使得最终达成的交易，实现了双赢。

就常见的买方市场条件下的卖方支付回扣而言，如果不是考虑回扣行为的正当性，仅从卖方的交易利益来讲，回扣与折扣毫无差别。二者都是卖方与买方或者买方代表商定，设立并完成两个交易，卖方扣除回扣的实际成交价格，是其在最低交易价格之上任意浮动的结果，可以等于或者高于其交易心理价位。回扣与折扣，都是卖方的价格行为。

因此，有论者主张按照回扣利益流向来区分财物属于回扣还是折扣。具体而言，一是在回扣接受者是为自己购买的情况下，回扣就是折扣，因为回扣不同于折扣的效果对这种购买者不起任何作用。这种消费者不会因为销售者把本欲提供的折扣换成了回扣而比有同量折扣时购买更多的商品，也不会仅仅因为一个销售者提供的是回扣而另一个销售者提供的是折扣而选择前者。对他们来说，折扣与回扣的区别只是名义上的，没有任何实际意义。折扣变为回扣，既不会增加也不会减少他们的实际所得。二是回扣接受者是为他人购买，即回扣接受者是采购代理人。在这种情况下，回扣不同于折扣的效果才显现出来，回扣才从实质上真正地不同于折扣。折扣是明码标价，最终受益者是产权所有者；对产权所有者来说，卖者商品价格的扣除意味着采购成本的节约。回扣则具有灰色的性质，总是有所遮掩，最终受益者是采购代理人或采购决策人；对采购代理人或采购决策人来说，卖者商品价格的扣除，意味着自己额外利益的获得。因为这种额外利益是凭借着采购代理权获得的，而这些利益本该是被代理人享有的，所以回扣接受者在接受回扣时总是不够堂堂正正，总是要遮遮掩掩的；同时，为了推销自己的商品，销售者不得不迎合回扣接受者的这种心理，总是尽力做得隐蔽，于是回扣就显得朦朦胧胧，若隐若现，颜色灰灰的了。当采购代理人购买商品时，是否提供回扣以及提供多少回扣，不仅影响到购买者购买多少商品，而且影响到购买者选择哪一个或哪几个销售者。

当然，并不是所有的采购代理人都接受回扣。采购代理人接不接受回扣，以及接受多少回扣取决于很多因素。对于不接受回扣的采购代理人而言，回扣也与折扣无别。有没有回扣，以及回扣多少，不会改变采购代理人的购买行为。他们会将回扣视同于折扣，然后根据被代理人的利益决定采取什么样的购买行为。但不管采购代理人接不接受回扣，对于采购代理人来讲，回扣与折扣的区别已经不再是名义上的了。回扣，采购代理人得利；折扣，采购代理人不得利。于是，我们得到一个判断回扣与折扣的标准：卖方出让的利益流入谁的腰包。回扣意味着采购代理人把卖方出让的利益据为己有，折扣意味着销售者出让的利益回到了产权所有者的手里。至此，我们可以对前面为回扣所下的定义加以修正：回扣是营销者通过出让利益给采购代理人来完成商品交易的一种营销方式。另外，即使采购代理人接受回扣，回扣也并非总是全部流入采购代理人个人的腰包。有时出于各种各样的原因，采购代理人会主动交出全部或部分回扣。

上述观点看似有一定道理，但失之偏颇。最重要的是不承认双方自愿的交易可以构成回扣，单位以收受回扣形式构成单位受贿罪被认定为折扣，而这明显与法律规定不符。同时，也否定了法人或者非法人单位的部门、分支机构可以构成受贿罪主体，与法律规定以及最高人民检察院有关司法解释相悖。事实上，回扣是因为其不正当竞争性质而被确定为非法，并不仅仅是单纯的侵犯财产性质。因此，在法律和事实层面上，不但要识别回扣的给付与收受是个人抑或是单位，更重要的是看该交易是否存在秘密交易，是否存在暗中不入账秘密交易价款的行为。如果确实存在买方（而不是其代理人）收取了部分价款（也可以是直接扣减了部分价款），明示且入账，则属于交易自由，是折扣行为，因为该交易既没有损害其他人的交易机会，也没有帮助收取回扣的一方洗钱，将单位甚至是国有单位资金转变成小金库资金，进而为贪腐、挥霍或者私分大开方便之门；反之，即使是买方或者该买方单位的部门或者分支机构收取了部分价款而不是个人，该单位只要采取暗中不入账的方式处理该部分价款，便符合回扣的法律特征。

既然作为嫌疑款项是折扣还是回扣的法律属性取决于其事实特征，对涉案款项是否具有账外暗中之特征的判定，无疑具有一剑封喉的定性价值。根据《关于禁止商业贿赂的暂行规定》第5条第3款对账外暗中的规定，账外暗中，是指未在依法设立的反映其生产经营活动或者行政事业经费收支的财务账上按照财务会计制度规定明确如实记载，包括不记入财务账、转入其他财务账或者做假账等。也可以理解为，账外是指不入正规财务账，暗中是指不在合同、发票中明确表示。

因此，判定回扣与否，必须严格依据事实和法律两个层面考虑是否属于“账外暗中”，是否侵害了市场秩序，而不能“跟着感觉走”。

四、单位的分支机构或者单位部门作为交易主体时的回扣判定

毫无疑问，单位可以利用交易机会收受回扣，意义在于把单位资金洗成可以避开财务检查、监督而由高管自行开支的小金库，从而构成回扣形式的单位受贿罪。

单位的分支机构或者单位的某一部门，也可能在代表单位与他人进行交易时，利用交易机会收取回扣，就像单位的工作人员代表单位进行交易时赚取回扣的情形一样，只不过主体变成了单位的分支机构或者单位的某一部门。按照刑法关于单位犯罪的规定，以及有关单位犯罪立法的说明，构成单位犯罪的主体不要求一定是法人或者非法人组织，还包括许多法人或者非法人组织的分支机构、部门。这也正是立法没有规定为法人犯罪而是规定为单位犯罪的根本原因。所以，单位的分支机构或者单位的某一部门，完全可以成为回扣形式的单位受贿罪之主体。

最高人民法院2001年1月21日在《全国法院审理金融犯罪案件工作座谈会纪要》中指出，以单位的分支机构或者内设机构、部门的名义实施犯罪，违法所得亦归分支机构或者内设机构、部门所有的，应认定为单位犯罪。不能因为单位的分支机构或者内设机构、部门没有可供执行罚金的财产，就不将其认定为单位犯罪，而按照个人犯罪处理。

在考察单位的分支机构或者单位的某一部门，利用其代表单位与他人进

行交易时收取的财物是否属于回扣时，必须分清三方面的法律关系：首先，单位与单位的分支机构或者单位的某一部门之间的法律关系。由于单位的分支机构或者部门没有独立的民事主体资格和民事行为能力，不能独立承担民事责任，当与其他人缔约交易时，都是依其在单位中的职权（能）分工或者单位的明确授权，所产生的法律后果均由单位承担。也即，它是代表单位在实施民事法律行为。其次，单位的分支机构或者单位的某一部门与他人发生的合同法律关系。在以单位的分支机构或者单位的某一部门的名义对外签订合同并由分支机构或者部门负责人签字盖章的情况下，如果合同合法有效，则其实质是单位与他人签订了合同，所有的权利义务皆由单位承担。

这是识别单位的分支机构或者单位的某一部门收取的财物、款项是否是回扣、是否构成犯罪的关键。因为判定回扣的依据就是在交易中暗中收取了秘密交易的部分价款且不入账，损害了其他人的交易机会。

五、典型案例介绍及评析

某医学院是事业单位，其内设机构教务处负责医学院的教材供应和建设工作。从1992年开始，医学院教务处就在教材订购过程中收受教材供应商的教材回扣款，并设立小金库，小金库的钱和账由教材科人员管理。自2000年1月至2004年12月间，医学院教务处小金库的资金和账目由教材科科长牛某某管理，其还负责与教材供应商联系，谈好教材回扣率报教务处领导同意后购买。谢某某于2001年5月18日被任命为教务处处长，2003年、2004年谢某某代表医学院教务处和某出版社杭州发行站、某图书发展公司签订教材购销协议书，购销协议书规定了教材回扣率。从2000年1月至2004年12月，医学院教务处在征订教材过程中，先后多次收受该出版社杭州发行站等单位的教材回扣款共计人民币724546.23元（其中被告人谢某某任教务处处长期间，医学院教务处收受教材回扣款共计人民币689049.13元），该款没有入该医学院财务账，而是存放于由被告人牛某某负责管理的以其本人及其母亲李某和王某开户的个人账户中，作为小金库资金管理和使用，经查主要支出人民币

242594.3元，用于发放教务处人员的加班补助、聚餐和购买教学用书、学生答题卡等开支。余下469798.96元于2005年5月被医学院追缴。

2002年年底，教材供应商某出版社杭州发行站主管业务的副站长林某在某酒店和被告人牛某某见面并谈定，从2003年开始，该出版社杭州发行站在原有回扣率基础上再增加书款的1.5%回扣款以“科长基金”的名义给牛某某个人，随后该出版社杭州发行站分别于2003年5月27日、10月21日、12月19日分三次将1.5%的“科长基金”人民币2894元、6162元、5032元汇到被告人牛某某提供的其母亲李某个人账户上，该款项被牛某某个人使用后，由于担心被发现才将该款又退回到小金库账上用于发放奖金开支。

检察院认为，被告单位某医学院教务处无视国家法律，在为医学院购买教材过程中，在账外暗中收受回扣，其行为触犯了《中华人民共和国刑法》第387条第2款的规定，犯罪事实清楚，证据确实充分，应当以单位受贿罪追究其刑事责任。被告人谢某某、牛某某作为单位主管人员和直接责任人员，也应追究其刑事责任。被告人牛某某作为国家工作人员，在购买教材过程中，违反国家规定收受回扣，归个人所有，其行为触犯了《中华人民共和国刑法》第385条第2款、第386条的规定，构成受贿罪，应当以受贿罪追究其刑事责任，数罪并罚。根据《中华人民共和国刑事诉讼法》第141条的规定，提起公诉。

检察院认定上述事实的证据如下：

（1）被告单位医学院教务处的单位证明；

（2）被告人谢某某、牛某某任职证明；

（3）被告人谢某某、牛某某的供述；

（4）证人焦某、刘某、谭某、王某、李某江、林某、徐某、冯某的证言；

（5）教材订购协议，转账、电汇凭证，小金库账本，现金缴款单，小金库开支凭证，医学院关于清理公款用私人账户储存和结算的决定等书证。

由于起诉书指控的牛某某构成回扣形式的受贿罪，基本没有争议，因为其作为单位的工作人员，在履行职责采购图书的过程中，暗中收取卖方以“科长基金”名义的回扣侵害了单位利益和正常的市场秩序。实质上与社会上存在的单位工作人员利用职务便利，在购买商品或者服务时，暗中收取对方财产性物质利益归个人所有的情形毫无二致。

（一）本案的事实和证据问题

1. 合同是否明确约定价款及实际支付价款。

经公诉机关向法庭提交的证据，涉案的教材采购协议证实，双方以补充协议的方式约定：购买教材按照教材码洋的一定比例支付；至于支付方式，有些部分采用先全额支付，再由收款方返还约定的比例；有些部分则直接按照总码洋扣除约定的比例后，剩余的实际价款支付。

2. 相关的款项是否入账。

经公诉机关向法庭提交的证据，转账、电汇凭证、小金库账本、现金缴款单、小金库开支凭证等一应俱全，证明涉案款项确实入账，并且尽可能规范地建账专人管理。但作为医学院的二级单位，教务处不可能有专门的财会人员编制与相应完善的财务账目。另外，结余的涉案款项也因为被告单位不可能合法开设自己的专有账户而变通为使用单位中的某位工作人员名义开立的私人账户作为实际上的单位账户。

1987年2月26日国家教委〔87〕教材图厅字002号《关于贯彻〈关于高等学校出版社发行工作的通知〉的实施意见》明确规定，各院校教材科（组）可以从订购的教材、图书总码洋中提取9%~12%作为业务费，资金管理可以由学校代管，也可以由教务部门单独设立银行账户，款项用于教材征订、发行工作相关的活动经费及劳务报酬。

2006年6月30日，教办厅〔2006〕11号《关于加强各类高等学校教材和图书采购管理工作的通知》，在强调不得收受回扣的同时，仍然维持了高等学校收取教材折扣的做法，唯一的改变是不再允许高校的教务部门自行管理该款项，而必须全部上缴学校财务部门统一预算管理。这也充分说明：教材折扣款一直具有合法性，需要加强和改变的是管理方式。该文件同时废止了〔87〕教材图厅字002号《关于贯彻（关于高等学校出版社发行工作的通知）的实施意见》。

（二）本案的争议焦点问题

（1）涉案款物是回扣还是折扣？

（2）涉案款物是否属于暗中不入账、暗中不入账的判定标准是什么？

（3）国家教委〔87〕教材图厅字002号《关于贯彻〈关于高等学校出版社发行工作的通知〉的实施意见》对被告单位行为的合法性有何影响？或者说，被告单位医学院教务处按照国家教委红头文件之规定所实施的行为，是否对认定刑事违法性有影响？

（4）涉案款物到底是禁止收取的回扣问题，还是合法收取以后的违规管理问题？

公诉机关的指控是：被告单位收取的款项应该归其单位医学院所有，现其经被告单位集体领导决策，采取不入账、私立个人账户管理涉案资金，使得医学院不知道该笔款项，也无从享有该款项的物质利益。因此，该笔款项的收取属于被告单位暗中不入账性质，收受行为构成单位受贿罪，收受主体是被告单位，且归于被告单位，故此，被告单位构成单位受贿罪。至于被告单位辩称行为是依照国家教委文件，从而具有合法性。公诉机关认为，与《中华人民共和国刑法》相比，显然，该文件不具有对抗效力。

由于客观构成要件是违法行为的类型，所以，符合客观构成要件的行为具有违法性（构成要件的违法性推定机能）。但是，在通常情况下，人们首先接触、观察的是孤立、片面的事实，并会据此暂时地得出某种结论。在刑事司法过程中，人们可能首先孤立地、片面地发现了“符合”刑法所规定的客观构成要件的事实，进而暂时地认为该事实符合客观构成要件；当人们联系性地、整体地考察该案件事实时，会发现该行为在损害某种法益的同时，保护了同等甚至更为重要、优越的法益，进而最终认为该行为并没有被刑法所禁止。这种暂时符合犯罪客观要件，实质上排除了行为的违法性的事由，就是违法性阻却事由（违法阻却事由），或者叫正当化事由。[①]

而法令行为，是指人们基于成文法律、法令、法规的规定，作为行使权利或者承担义务所实施的行为。刑法理论上通说认为，人们（包括单位）依据政府法令或者法律直接规定所作出的行为，排除了其违法性，即使其后该依据被撤销、废止，也不得追诉之前的法令行为。刑法具有正当性并可能成

---

① 张明楷著：《刑法学》，法律出版社2007年8月第3版，第171页。

为实现正义的基石，条件之一便是它可以保护一般人的正当行为免受强权的蛮横压迫。如果人们按照法律、法令或者政府红头文件奉公守法、不越雷池半步，就在法律上获得了合法性。否则，按照法令的作为，仍然被追究刑事责任，无异于鼓励、支持人们怀疑、对抗法律和法令，自行判断并自行其是。下面是笔者代理本案的辩护词：

辩护词

尊敬的审判长、审判员：

本人接受谢某某的委托，担任其辩护人，现就本案提出如下辩护意见，敬请合议庭考虑、采纳。

一、本案涉案款项是折扣而不是回扣

本案的问题是涉案款项到底是回扣还是折扣。不能含糊其词，必须弄清楚：什么是回扣？它有哪些特征？为什么收取回扣被规定为受贿？

回扣，就是暗中交易的价格。一方为获取交易机会或更好的交易条件，给交易对方或对方有影响力的个人以财物，交易最终建立在该财物的基础之上，则该财物就是回扣。回扣必然意味着有两层交易：

一是明的交易，看不出什么问题；二是暗中给付的回扣交易。因此，回扣有如下法律特征：第一，存在于交易中，离开交易则不存在回扣；第二，对交易有决定性作用，它是达成交易的条件；第三，暗中进行的给付；第四，回扣不被记账——回扣脱离了交易双方的财务记录而游离于交易双方的控制。由此不难看出，回扣直接被规定为受贿的原因：回扣就意味着存在暗中交易，个人收受回扣则损害了所代表的单位的利益；单位收受回扣则损害了第三人的交易机会，损害了交易秩序。

折扣，则是卖家对其商品或者服务的价格以明示入账的方式给予买家的价格优惠。除了不正当竞争和垄断目的的倾销外，法律并不干涉公开、明示的自由买卖及其价格。从常识可知，所有买卖双方达成的价格，会是对双方都满意的价格。

具体到本案，被告单位代表某医学院与书商签订购书合同，在双方自愿的基础上，以书价的一定折扣价为成交价格，并且明确地规定在合同中，双方也都是按照该合同履行的，之后，双方都按照履行的实际情况各自记账。整个过程完全是公开、透明的，根本不存在暗中交易问题，当然也就不存在“回扣”问题。

二、被告单位收取教材折扣款有明确的合法性依据

1987年2月26日国家教委〔87〕教材图厅字002号《关于贯彻〈关于高等学校出版社发行工作的通知〉的实施意见》，明确规定“各院校教材科(组)可以从订购的教材、图书总码洋中提取9%~12%作为业务费”，“资金管理可以由学校代管，也可以由教务部门单独设立银行账户”，“款项用于教材征订、发行工作相关的活动经费及劳务报酬”。

由该文件规定可以看出：(1) 考虑到发行方式的改革以及双方的利益，教材需要量大的高等学校可以在购买图书教材时享受折扣价；(2) 该项资金属于各高校教务部门专有，用于教材发行、征订工作，甚至包括劳务报酬开支；(3) 该项资金管理既可由学校“代”管，也可由教务部门直接设账号管理。

因此，被告单位完全是按照文件规定收取教材折扣并用于与教材相关的工作，但在管理资金时遇到银行“不给法人单位的下属非法人部门设立账号”规定的障碍，只能以私人名义设立而实为被告单位的账号保管单位资金。

2006年6月30日，教办厅〔2006〕11号《关于加强各类高等学校教材和图书采购管理工作的通知》，在强调不得收受回扣的同时，仍然维持了高等学校收取教材折扣的做法，唯一的改变是不再允许高校的教务部门自行管理该款项，而必须全部上缴学校财务部门统一预算管理。这也充分说明：教材折扣款一直具有合法性，需要加强和改变的是管理方式。该文件同时废止了〔87〕教材图厅字002号《关于贯彻〈关于高等学校出版社发行工作的通知〉的实施意见》。

三、应当分清存在的是交易的非法性问题，还是管理中的违规违纪问题

辩护人认为，必须分清本案所存在的问题到底是交易违法，还是合法交易之后的资金管理出现问题。如果是存在暗中交易、双层交易，那么它必然有暗中支付和不入账的特点，而本案没有暗中交易，所涉及款项均是在合同中公开、透明约定的，并且交易双方都是如实入账，没有可能脱离交易双方的财务体系，确属折扣无疑。

公诉人以“款项没有记入学校的账、收的折扣款学校不知道”为由，认为款项属于“账外、暗中”，没有事实和法律依据，混淆了交易和资金管理这两种不同的法律关系。

回扣只能存在于交易之中，它的存在即意味着有暗中交易。事实上，回扣就是暗中交易的价格，它不可能脱离交易而由交易之后的管理过程所影响。至于折扣，则不能因为合法收取之后的管理问题，转化为回扣。因此，认清回扣与折扣，必须审查交易过程，并且把交易与交易之后的资金管理严格区分开来。公诉机关恰恰在这个问题上似是而非，把管理问题与交易问题混为一谈。

由于被告单位医学院教务处是医学院的一个职能部门，它与教材供应商发生购销关系，实际上就是医学院与供应商发生购销关系。经办教材采购的被告，获取了集中采购时的价格折扣，也等于是医学院获得了购买教材的价格优惠。难道医学院会反对其职能部门在购买教材时获得这种折扣吗？如果它是回扣的话，就意味着医学院必须按照教材标注的码洋全额付款，这岂不荒谬？最重要的是：回扣是因为存在着暗中交易而损害了其他人的交易机会，且一定发生在交易环节；而被告单位与医学院是否知道入账，则纯属医学院内部财务管理和利益分配问题。

一方面，“款项没有记入学校的账”并不能否定“记账”的事实，重要的是作为交易一方的被告单位医学院教务处是否记账，这是法律问题，至于应该记医学院的账还是记医学院教务处的账，则是医学院的财务管理问题。

另一方面，把“收取的款项学校不知道”等同于交易具有暗中性质，显属无理。被告单位依据其职能权限开展订购教材活动，对内、对外毫无疑问都是具有法律效力的，学校也无需知道；说学校不知道的根据何在？有国家教育部规定的依据，有医学院自1992年开始的教务处收取教材折扣款一直延续至今的做法，现任领导称不知道就等于学校不知道？充其量，就算医学院的领导不知道，仍然是内部管理问题。领导失职，根本无法否定交易合同中白纸黑字写明的约定折扣条款——交易以及价格、折扣是明示的性质。

起诉书所涉及的被告单位的问题，全部属于医学院内部的财务管理问题。比如，记账是否规范、是由学校来记账还是由学校的职能部门教务处来记账。又比如，资金开立私人账户管理问题。很显然，被告单位与供应商之间的交易是公开、透明的，不产生回扣问题。如果是回扣，那么被告单位怎么才能不犯受贿罪？是改进记账、资金管理即可继续收取，还是无论如何不能继续收取了？用收取款项后管理中发生的不当和问题来否定收取折扣的合法性，是头疼医脚，文不对题。

杨路生　海南海大平正律师事务所

二零零七年七月十八日

行政违法性与刑事违法性的交叉关系研究

自《刑法修正案（八）》将拖欠劳动者报酬、醉酒驾驶等行为归入刑法范畴后，关于行政法与刑法交叉关系的讨论就未曾中断过，而在此之前这样的行为只会受到劳动监察部门与交警的行政处罚，因此普遍认为这是刑法纳入轻微罪的又一个典型例子。自1997年《刑法》生效以来，《刑法修正案》中所增设的罪名大多为行政犯，2015年公布的《刑法修正案（九）》则延续了这样的趋势，在《刑法修正案（九）》中继续增设了组织作弊罪、代替考试罪等新罪名，行政犯的范围正在往轻微罪行上扩张。另外，2014年《中华人民共和国环境保护法》（以下简称《环境保护法》）与《中华人民共和国网络安全法》（以下简称《网络安全法》）则在处罚措施中新设了行政拘留措施。

一、刑法规定与行政法规定交叉现象

2012年《刑法修正案（八）》第22条将醉酒驾车、追逐竞驶的行为纳入了刑法的调整范围，这在当时引起了刑法学界普遍的关注，因为这是当时唯一的一条最高刑仅为拘役的法定刑。不少学者认为，这是轻微罪入刑的一个信号。同时，《刑法修正案（八）》第41条还新设了拒不支付劳动报酬罪，将逃避、拒绝支付劳动者报酬的行为也正式规定为犯罪。尽管刑法对拒不支付劳动报酬罪的最高刑达到了7年有期徒刑，大大高于拘役，但由于在此之前，拒不支付劳动报酬仅属于民事纠纷，即使在公权力干预时，对应的也只是劳动监察部门的行政处罚，因此普遍认为这样的规定与醉驾入刑相似，都是刑法向轻微罪扩张的标志。笔者认为，如果说《刑法修正案（八）》只是引发了人们对于刑法继续对轻微罪扩张可能性的担忧，那么2015年的《刑法修正案（九）》对很多人来说，则可以看成是一个确认信号。《刑法修正案（九）》将组织作弊、替考、造谣传谣等行为规定为犯罪。可以预见，未来刑法或许还将对更多的违法行为进行限制，将其纳入适用范围。

在《刑法修正案（八）》之后，学界对刑法向轻微罪扩张的现象进行了一系列讨论。一方面，根据官方及媒体公布的数据和信息显示，新增的两个罪名所对应的违法行为确实受到了有效的抑制，在不少地区，醉驾的现象呈现了大幅减少的态势。近年来虽然涉及醉驾的刑事案件呈上升趋势，但是这与公安机关在查处、打击力度上的变化有着很大的关系，如果我们从因酒驾导致的交通事故数量以及事故伤亡人数来比较，那么就会发现醉驾在入刑后比入刑前得到了有效的遏制。另一方面，企业拖欠农民工工资的情况也得到了一定程度的改善，这说明刑事制裁在解决“醉驾”和“欠薪”这两个大难题上确实取得了一定的效果。支持者认为，将轻微罪入刑有利于解决像醉驾、欠薪这样让行政手段无可奈何的违法行为，应当支持这样的做法。然而学界也存在反对的声音，认为严格划清刑法与行政法的界限，不应轻易对本属行政管辖的行为适用刑法。

行政法与刑法管辖界限的模糊，并不仅仅表现在刑法扩张这一个方面，在行政法方面，也出现了对应的情况。2014年《环境保护法》出台后，人们发现，《环境保护法》第63条规定：“企业事业单位和其他生产经营者有下列行为之一，尚不构成犯罪的，除依照有关法律法规规定予以处罚外……对其直接负责的主管人员和其他直接责任人员，处十日以上十五日以下拘留；情节较轻的，处五日以上十日以下拘留。”这是《环境保护法》首次使用行政拘留作为处罚手段，类似的情况还出现在2016年公布的《网络安全法》中，该法第63条、第67条分别规定了，违反本法第27条规定的由公安机关没收违法所得，处5日以下拘留；违反本法第46条规定，尚不构成犯罪的，由公安机关处5日以下拘留。尽管行政拘留本来就属于行政处罚中的一种，并且也因其在治安管理处罚法中的广泛适用而早已为公众所熟知，所以舆论并没有对这两部法律适用行政拘留有过多的关注。然而，也有学者指出，虽然行政拘留作为行政处罚措施的一种并不罕见，但先前仅有治安管理处罚法、道路交通法和海关法适用过该处罚手段，并且前者均是与人民、国家的安全问题相关的法律。由此可以看出，我国法律对行政拘留这一限制人身自由的特殊行政处罚的适用，其实一直保持了较为谨慎而克制的态度。此次接连加入人身自由罚的两部法律，其法益与传统意义上的“安全”范畴并无太大联系，因此也有学者认为这是行政立法开始广泛涉及“准刑事手段”处罚的一个开端。当然，这里的“准刑事手段”并不是真正的刑事处罚，只是因为行政拘留最接近刑事处罚，而作出了如此的描述。

二、对轻微危害行为入刑的思考

不难发现，前文所说的传谣造谣、国家考试中作弊事件都是这几年新闻中的“常客”，醉驾导致交通事故频发、包工头欠薪致使农民工利益严重受损的情况也常出现在社会新闻中，而在其刑罚罪名被增设后，相应的社会现象确实得到了一定程度的改善。相比原来的行政处罚，在适用刑法之后取得了奇效，因此在社会反响方面，大多是支持将这一类以往行政法难以抑制的违法行为升格以刑法进行规制的。笔者无意否认刑罚的威慑性在面对上述行为时所起到的作用。然而，如果刑罚对于某种违法行为能够起到比行政处罚更有效的抑制效果就适用刑罚，笔者认为是不妥的。

首先，刑法作为其他部门法的保障法，其制裁力度远远高于行政处罚，当然具有更强的威慑性，对于普通人而言，也更具有有效教育功能。这也意味着适用刑罚不仅仅是对前文所述的醉驾、欠薪、造谣、传谣等行为有着更好的抑制效果，甚至可以说，适用刑罚对于绝大部分的行政违法行为都将有更有力的预防效果。那么，根据前文所述的逻辑，我们恐怕最终不得不将所有的行政违法行为纳入刑法的管辖范围之中。显然，认为刑罚对于行政违法行为比行政措施更有效不应成为评价的唯一标准。其次，正是因为刑法是其他法律的保障法，是整个法律体系的最后一道防线，刑法才被赋予了最严厉的制裁措施，也正因如此，刑法的谦抑性要求其应当仅在其他规则都无法替代的情况下，才能将某种行为规定为犯罪。也就是说，刑法并不保护所有的法益，如果一种违法行为可以通过行政手段进行有效制约，就不应该适用刑法。

刑罚的严厉性在行政机关与立法机关眼中想必是打击违法、犯罪问题的一剂良药，前文所述的欠薪、醉驾带来的发案数量大幅下降似乎也印证了刑法的威力。在每次刑法修正案新增罪名后，行政部门往往会大大加强对应违法行为的查处力度，而这样大范围、高强度的执法力度显然会造成违法率相应下降。所以，我们很难将司法的效果归为刑法所独有。根据醉驾入刑前的经验，每当交管部门开始严管醉驾并大规模增强查处力度时，酒驾的发案数也同样会大幅下降，很明显严厉的查处力度在醉驾入刑后也发挥着重要作用，甚至比刑罚更为有效。此外，运动式执法方式虽然效果显著，但同时会消耗行政部门大量的人力、物力及时间资源，并不是应对问题的长久之计，时间一久，行政执法机关的打击力度与范围必然难以持续，醉驾发案数在这几年的小幅反弹也正反映了这一点。如果危险驾驶罪、拒不支付劳动报酬罪等罪名的有效性主要是依靠执法力度所支撑的，那么这样的入罪行为除了敦促行政机关在修正案过后的几年内加大执法力度以外，也许并无太大的现实意义。

以《刑法修正案（九）》新增的针对作弊规定的几个罪名为例，其中组织考试作弊罪、非法出售、提供试题、答案罪通常意味着大量行为人的参与，大规模的作弊行为毫无疑问会严重影响考试的公平性，也同时间接损害了其他考生接受应有教育的权利。而在替考罪中，则未必会出现大范围作弊的情形，尽管毫无疑问，即使只有一例替考，这样的行为也是不可容忍的，但单例替考的情形对于考试的公平性、对大部分考生的受教育权的侵犯难以与前几个罪名相提并论。即使有时同一考区存在多例替考的情况，但这些违法行为常常是相互没有联系的，抓获其中个别行为人的同时难以一网打尽。在这种情况下，虽然所有的替考行为共同对法益造成了侵害，但被碰巧抓获的个体并不应该对法益损害结果承担全部责任，其违法行为与所承担的责任显然是严重不符的。更何况替考的行为本身并不难被发现，毕竟碰巧能找到体态、面容都足够相似的替考者是极小概率的事件，是通过刑法以外的手段就可以解决的。

是否已经穷尽行政手段，在实务中一直是一个较难判断的问题。以醉驾、欠薪等行为为例，违法行为屡禁不止，恰恰说明了行政手段已经无法有效应对，而引入刑事制裁后违法现象得到了有效抑制，说明刑法替代行政法对相关问题进行规制，因此将其纳入刑法罪名是必要的。然而笔者认为，现有行政手段无法抑制违法行为，并不能等同于已达到了穷尽行政方法无法抑制违法行为这一条件。一方面，行政手段的范围较广，可以从立法、执法等多个层面进行，如果真的要求穷尽每一种可能，那就意味着需要进行大量的立法和执法尝试，这样即使真的最终找到了应对违法问题的行政方法，其对国家和社会资源的消耗也将是巨大的；另一方面，我国社会、经济快速发展的同时，行政法的理论、立法技术、行政执法的手段等也都是在不断进步的，同一个问题，也许行政手段现在对其束手无策，而几年后伴随着社会、经济及理念的进步能被很好地解决，毕竟行政法的进步不光取决于立法部门和执法部门的努力，社会发展和经济水平等配套条件的进步对行政法的进步也同样重要。

不难看出，我们是否应当将某种行政违法行为升格为犯罪行为，也许无法得出一个完全确定的结论，因为在当下我们很难判断出，现行行政法对违法行为的约束不足到底是来源于立法、执法层面的懒政所致，还是因为确实客观条件无法使行政法在合理的限度内对违法行为进行更为有效的约束。

三、对行政法扩大行政拘留适用的看法

行政法扩大行政拘留的适用情形，与前文提到的刑法向行政违法领域扩张，其实有着相似的动机，即弥补行政法与刑法之间的空白区域。现行行政法律、法规与现行刑法未能有效管理某些日趋严重的违法行为，主要存在两个方面的原因：一是刑法所规范的行为种类较少，入罪标准较为严格，而行政法虽然在法律规范上较为丰富、灵活，但由于行政执法环节缺乏有效的监督与激励，所以存在不少刑法管不了、行政法不想管的情况；二是刑罚处于

一个较严厉的区间，而行政处罚在大多数情况下都十分轻微，常常难以形成对违法行为的有效阻隔。因此，行政法与刑法间存在较大的空隙，使得立法者想在两个方向都进行补强，以完善相应的法律。

行政处罚有警告、通报批评、罚款、没收财物、责令停产停业、暂扣或吊销许可证和营业执照以及行政拘留等处罚方式。可以看出，对于一个自愿守法的普通公民或法人来说，上述处罚方式从轻到重，每一种都能发挥其独特的作用，而对于一个蓄意违法者或者说为了利益而违法的主体，只有一种到两种行政处罚对其有威慑力。特别是行政拘留，虽然限制了违法者的人身自由，但15日的期限使其效果与刑法中的自由刑差距甚远。试想，自然人作出违法行为，只要未涉及刑事犯罪，最高只需面临15天的行政拘留，那么只要其违法动机稍强，现有行政处罚方式就很难对其形成有效的阻挡力。

针对行政拘留期限过短的问题，有观点提出，应当适当提高行政拘留的期限，以增强行政拘留的威慑力。面对这样的提议，笔者不禁有这样的疑问：提高多久才能限制违法行为呢？1个月，3个月，甚至是半年。如果增加了拘留期限，是不是浪费了社会各界在废除劳动教养制度方面所作出的努力，并且，刑罚中的拘役最低只有1个月的刑期，而管制则更是可以无需关押，其震慑力却远远强于拥有高达15日人身自由剥夺措施的行政拘留。可见，处罚程度相对较轻并不是造成行政处罚措施缺乏限制力的唯一原因，即使在刑法领域，其威慑力也有很大一部分来源于其处罚的必然性，而不只是严厉性。如果一味以增加行政处罚的严厉性来作为限制违法行为的主要手段，不仅难以从根本上进行有效遏制，还容易造成被处罚的个体承担了与其行为严重程度不相符的处罚。

可以理解，行政法增加行政拘留适用范围具有一定的合理性，当现行行政手段不足以限制行为人违法时，更严厉的行政手段通常具有更佳的效果。然而，笔者认为，行政处罚具有多元性，尽管行政拘留是最接近刑罚的一种，但在一些情况下，其他行政手段比行政拘留会让行为人更为忌惮。对于恶意违法的行为人，行政拘留无论在人身自由、财产利益，还是在个人信誉上都不会对行为人造成太大的损失，如《环境保护法》第36条增设的拘留处罚，就很难对以利益为本位的企业及企业家造成太多的思想负担。而结合各省在环境保护方面取得的显著进步来看，罚款、停业等处罚反而效果更佳，而这些处罚并不是《环境保护法》中增加了处罚类型，只是因为在中央的相应政策下，政府部门加强了执法的频率和深度。如此看来，与刑事领域类似，影响企业违法排污行为的关键因素，既不是处罚的类型，也不是处罚的力度，而是处罚的广泛性和必然性。

高额罚款和停产停业等处罚措施对企业所造成的经济损失在目前看来是逼迫企业自觉守法的最有力措施之一，虽然早先舆论对于增加罚款上限持有过反对意见，认为越是严厉的处罚措施，在程序上就越应该严格对待，而早先行政处罚的程序相对简单，补救措施也不齐全，因此增加罚款金额上限等方法难以得到认可。在2014年《行政诉讼法》修正后，行政处罚的作出和补救程序已有了显著的进步，有了更有利的程序保障，笔者认为行政处罚的惩罚力度和适用范围也可以进行适当的扩张。虽然增加行政拘留的适用范围从广义上来讲也属于这样的举措，但针对像环境保护范畴内的违法行为，更应当加强其他更具有“行政外观”的处罚措施。

四、对于交叉现象的看法及建议

在行政法与刑法的交叉领域，笔者认为，不论在刑法扩增轻微罪名，还是行政法适用行政拘留，都应当尽量慎重，并要求尽可能多的以行政尝试作为前提，原因在于以下几点：

第一，行政法相比刑法能作出更灵活的改变。在立法层面，行政法律、行政法规、地方性法规和部门规章每一级都可以针对违法行为作出符合自身情况的应对，如深圳市2016年出台的《深圳经济特区道路交通安全管理条例》规定，不按规定系安全带的，由市公安机关交通管理部门对驾驶人处二百元罚款。以笔者往返深圳数次的经验，在今日的深圳不论乘坐的是私人汽车还是出租车，驾驶者都会习惯性地要求前后排乘客都系上安全带，这样的进步充分体现了行政手段在应对违法行为上的巨大潜力。通过行政手段成功推广全民使用前后排安全带并不是一个孤例，另外行政机关配合司法机关，在对“老赖”的打击上也颇有成效。据最高人民法院数据显示，有615万失信被执行人被拒绝购买机票，222万失信被执行人购买动车、高铁票，仅中国工商银行拒绝失信被执行人申请贷款、信用卡的金额就达到68.1亿。2016年，全国人民法院执结案件比例同比上升约7.6%，执结标的金额也同比提高了35.8%。因此我们有理由相信，行政行为在这里发挥了更为重要的作用。

第二，相比行政行为，错误或不当适用刑罚的后果通常更为严重。刑罚通常意味着将对行为人自由权，甚至是生命权进行直接剥夺。刑罚造成的损害通常是不可逆的，国家赔偿仅以职工平均工资的标准来计算，甚至无法完全覆盖当事人所受到的收入损失，更不能弥补行为人所遭受自由、时间以及精神等方面的直接损失。相比直接损失，行为人的间接损失也不容忽视，一旦涉嫌轻微罪，即使只是判处了几个月的拘役，也会造成行为人今后在社会上将面临诸多如无法报考公务员、求学、求职、出国受阻这样的限制和不利，所以受到的间接损失比受到行政处罚要严重得多。

第三，过多将行政违法行为纳入犯罪范畴存在一项不可忽视的风险，如果行政法的立法者和执法部门自己也认为本法并不是最后保障，即使无法抑制违法行为，也总有刑法可以作为最终解决方案，恐将引发行政法在立法和执法上怠于创新的局面，造成行政法管辖范围越来越小、效力越来越弱而刑法管辖范围越来越广的恶性循环。如果行政法方面形成这样的思维，不仅是对我国行政法律资源的巨大浪费，还会大量占用公安机关和司法机关的精力和资源。

第四，尽管我们常说刑法是法益保障的最后一道防线，但这并不是一条全能的防线，刑法的保障机能相比行政法来说，严厉但不全面。行政法中对于违法行为具有丰富的应对模式，即使不计入像行政许可这类同样具有违法预防效果的前置措施，单看行政强制措施与行政处罚，其中责令停产、停业、暂扣或者吊销许可证和营业执照等处罚方式在某些情况下就难以被刑罚所替代，更不用说行政执法中可能存在的创新性，如对“老赖”们进行严格的消费限制、被呼叫时的失信身份提醒等使失信被执行人“一处失信、处处受限”的措施也体现了行政执法方式的丰富性和创新潜力。

第五，刑事司法程序相比行政处罚或行政强制措施的程序要更严格，流程也更漫长，一方面对于轻微罪的行为人来说，由于其最终被确定的刑罚下限偏低，有可能出现刑期甚至低于办案时间的情形，而为了避免国家赔偿，人民法院考虑刑期可能存在参考已羁押时间来作出决定的倾向性。在司法实践中，部分人民法院因为犯罪嫌疑人罪行轻微而作出“关多少天，判多少天”的判决。另一方面刑事公诉案件在公诉过程中会占据公安部门、人民检察院和人民法院大量的工作时间，如有需要补充侦查或是二审的情况，还需要耗费更多的司法资源。如果刑法未来纳入更多的轻微罪，那么平均每一个案件所分配的司法资源将很有可能越来越少。事实上，刑事速裁程序的推广就包含了节约司法资源的考量。尽管缩短刑事案件流程对轻微罪犯罪嫌疑人来说，有利于减少其实际所受的刑罚，但刑事程序的简化也可能削弱刑罚的严谨性，造成更多的瑕疵案件，这与刑法的公平正义价值是相悖的。

第六，虽然行政法律体系近年来进步明显，但其在程序方面依然不如刑法严格，而行政拘留作为最接近于刑罚的行政处罚，其适用在各个法律条文中也最为谨慎，通常只有最严重的行政违法行为才会对应行政拘留。如果过分扩大行政拘留的适用范围，将会在一定程度上加重我国行政处罚的整体力度，由于更严厉的处罚应当对应更严格的程序环节，现有的行政法则需要在程序上作出进一步调整以应对处罚力度的加大。另外，由于像《环境保护法》中的主管部门本身并不具有作出行政拘留的职能，也不具备相应的执法人员和条件，在需要进行行政拘留时，还需要公安机关进行配合，这在司法实践中也会造成一定的程序混乱和资源浪费。

五、对行政犯行为违法的审查

（一）行政犯审查概述

一般认为，我国是政府主导型社会管理模式，它的特点是政府集中各种资源，管控社会的方方面面。新中国成立后施行的计划经济以及之后的市场经济，在政府拥有包括社会管理、经济建设等所有资源以及管控权力方面高度一致。虽然经过20世纪20年代到40年代的那场米塞斯和兰格之争，计划经济的不可行性已经得到强有力的说明。改革开放40多年来，政府主导型社会发展模式依然没变，并被认为是我们独一无二的发展经验与治理优势。

因此，由刑法对政府管控社会予以强力支持就成为顺理成章之事。相应地，打击行政犯的重要性，自然也是与日俱增。如何掌握刑法在行政犯问题上的范围与尺度，显得越来越重要。

刑事立法将刑法理念与将来可能发生的事实相对应，刑法理念构成成文刑法赖以创建的实质渊源之一。刑法解释（适用）是将现实发生的生活事实与刑法规范相对应，既然如此，就不可能偏离刑法理念解释刑法规范。

张明楷教授认为，刑事司法应当公正。司法人员在适用刑法时，不应当与自己的利益产生任何联系。但是，部分办案人员与办案机关在处理案件时，并没有以刑法理念为指引，而是以自身利益为导向。这是导致将行政违法乃至根本不违法的行为认定为犯罪的重要原因。理念如同北极星，以正当的刑法理念为指导，就可以处理各种疑难案件。

要保障国民的自由，就必须保障国民的预测可能性。根据预测可能性的原理，当某种行为长期由国民公开实施，为一般人所认可，公安、司法机关历来不予制止时，国民就不可能预测到该行为是犯罪行为。即使这种行为确实具有法益侵害性，也要经过相当长时间的宣传教育、行政规制之后，再当犯罪处理。根据预测可能性的原理，实施了符合构成要件的违法行为的行为人，如果不具有违法性认识的可能性时，就不能对其进行法的非难。例如，在行为人没有认识到野花、野草是国家重点保护植物的情况下，就不能期待行为人不采摘。在实行依法治国的时代，不能使国民“一不小心就可能犯罪”，否则就严重侵害了国民的预测可能性。

刑法的补充性原理，是处理行政违法行为与犯罪行为关系的重要指导原理。补充性原理虽然并不是处理个案的具体规则，但作为指导刑事立法的补充性原理，同样也指导刑事司法。换言之，在离开具体案件对构成要件进行一般解释时，必须以补充性原理为指导，将只需要采取非刑罚手段就可以妥当处理的行为排除在构成要件之外。例如，双方当事人签订买卖合同或者承揽合同，合同约定了产品质量标准、违约责任；倘若出卖人、承揽人提供了不合格产品的，是否属于《刑法》第140条规定的“销售”？显然，在这样的场合，民事方式是比刑事方式更加有效的方式。

公、检、法人员一定要意识到，刑罚的目的是预防犯罪，如果将行为人定罪量刑不利于一般预防与特殊预防，就要通过刑法外的其他合法路径处理。例如，漂流理论认为，犯罪少年并不完全否定合法的价值体系，只是在合法价值体系与非法价值体系之间来回漂流。事实证明，即使有的少年在某个时期实施犯罪，但连续实施犯罪或者持续犯罪生涯的现象极为罕见，绝大多数都是一时性的犯罪，即使不科处刑罚，他们在成年后，也会过着遵纪守法的生活。如果对所有犯罪少年都采取强制措施进而科处刑罚，反而容易导致他们重新犯罪。既然如此，科处刑罚就违背了刑罚预防犯罪的目的。

基于预防犯罪的理念，对于因不知法而触犯刑法的初犯要尽可能根据刑事诉讼法的相关规定作相对不起诉处理。这是因为，这类行为人即使具有违法性认识的可能性，也几乎没有再犯罪的可能性，因而缺乏对之适用刑罚的正当化根据。

张明楷教授与阮齐林教授一样，强调在司法审查行政犯的场合，必须特别注意，有别于自然犯，应当进行实质审查与保持实质解释。公、检、法之所以能够将行政违法认定为犯罪，首先是因为成文刑法对犯罪的描述可能包含行政违法行为，其次是因为对法条的解释停留在字面含义，没有从实质上理解刑法的规定，没有发现刑法的真实含义。即使刑法条文的文字表述将某种行为涵摄在犯罪构成要件之内，但如果该行为没有侵害法益或者法益侵害相当轻微时，司法机关也应当通过实质解释将其排除在犯罪之外。为了避免将行政违法认定为刑事犯罪，司法机关需要特别考察以下三个方面：

第一，值得刑法保护的法益是什么？刑法分则条文的规定，都有其特定的法益保护目的。适用刑法也就是实现法条规定的目的。了解法条的目的，也就是要了解法条保护的法益是什么。这需要根据法条在刑法分则所处的位置、法条对构成要件行为与结果的描述、法条之间的关系以及社会生活事实、社会的一般观念、国民的生活需求等作出合理判断。例如，行为人经镇政府、村委会和辖区林管站同意，并已取得国家重点保护野生植物采集证，砍伐已经死亡逾10年且危及居民居住安全的一棵香樟树，但由于没有同时取得林木采伐许可证，而被认定为非法采伐国家重点保护植物罪。《刑法》第344条设置的目的是为了保护发展和合理利用野生植物资源，保护生物多样性，维护生态平衡。植物属于生物范畴，是有生命的正在生长中的生物。枯死的香樟树已经失去了国家重点保护植物的价值。而且，枯死树木威胁民房安全，更应当采伐。将上述村民的行为以犯罪论处，并不是在保护植物资源，而是在保护有关人员对职权的滥用。

第二，公法益能否还原为个人法益？只有当某种公法益与个人法益具有同质性，能够分解成或者还原成个人法益，是促进人类发展的条件且具有重要价值时，才是值得刑法保护的法益。概言之，行为仅侵害行政管理秩序时，即使在行政法上被认为侵害了公法益，但如果没有最终侵害个人法益的，就只是行政违法行为，而不可能成为犯罪行为。即使某种行为被法条的用语所涵摄，甚至处于法条文字的核心位置，司法机关也要从实质上判断，该行为所侵害的法益是否值得刑法保护。特别是当刑法条文保护的是公法益时，司法机关必须判断，法条文字所指涉的行为是否最终侵害了个人法益。如果得出否定结论，就不得以犯罪论处。

第三，对法益的侵害是否达到值得科处刑罚的程度？犯罪是值得科处刑罚的行为，所以，必须将字面上符合犯罪的成立条件、实质上不值得科处刑罚的轻微法益侵害行为排除在犯罪之外。例如，依法生产爆炸物的企业，超过批准数量或者限额，将爆炸物出卖给合法使用爆炸物的单位的行为，在我国均被认定为非法买卖爆炸物罪。但是，将这样的行为当作危害公共安全的重罪处罚，也不无疑问。明知他人可能实施爆炸犯罪而出卖爆炸物，与合法企业违规出售爆炸物，实际上分别属于严重的自然犯与违反行政管理的行为。其实，立法者是考虑到非法买卖爆炸物会用于爆炸犯罪，才将这种行为规定为抽象危险犯并规定较重法定刑的，但当合法企业出售爆炸物给合法使用爆炸物的单位使用时，不存在立法者所担心的严重危险。

阮齐林教授主张，根据《刑法》第13条规定的犯罪概念，阐释刑事违法性、社会危害性、应受惩罚性“三要件二层级”的定罪模式，以期推动刑事司法落实罪和责的实质评价，实现国法与天理人情的统一。

司法工作人员应当充分认识《刑法》第13条犯罪概念的司法意义。《刑法》第13条规定的犯罪概念的三个特征，每一个司法工作人员都应耳熟能详，它不仅是立法意义的犯罪概念，也是司法意义的犯罪概念，因而指导刑法分则各条的适用。

适用刑法定罪判刑，必须坚持“三特征论”，即除了审查被告人的行为是否触犯刑法条文外，还要进行罪和责的实质评价。具体而言应当分两层审查三点：

一是刑事违法性，即行为违反刑法或被刑法所禁止。在罪刑法定时代，这是犯罪的首要特征，体现于行为符合刑罚法规的法定犯罪构成要件。如果不具备这一特征，即使社会危害性再严重，也不能认定为犯罪。

二是社会危害性，即行为侵害刑罚法规保护的利益，侵害的程度包括造成实际损害与造成实际损害的危险。这是犯罪的本质特征。行为没有社会危害性的，不能认为是犯罪。行为“情节显著轻微危害不大的”，也不能认为是犯罪。对于轻微有害行为只能适用非刑罚的制裁手段。

三是应受刑罚惩罚性，其本质是行为人因其实施违反刑法的行为应当且能够受到刑法的谴责。行为人有条件、有能力避免实施违法行为却选择了违法行为，对这种选择（意志）应当予以否定、责难，对行为人应当依法给予刑罚惩罚。

“三特征论”是层级递进的犯罪构成论，而不是平面耦合的犯罪构成论。首先是行为是否符合法条规定的评价，之后是有没有社会危害性的评价，最后是有无可谴责性的评价。每一层级评价都是案件事实与三特征之一的全面、独立的评价。这不同于平面耦合的犯罪构成体系。平面耦合犯罪构成体系，在定罪上认为具备犯罪构成四要件就当然具备社会危害性和应受刑罚处罚性，这种定罪理论体系容易忽略罪和责的实质评价，导致《刑法》第13条犯罪概念三特征中的社会危害性、应受刑罚惩罚性评价的虚置或丢失，不利于发挥《刑法》第13条犯罪概念准确定罪的功能。

对于行政犯进行司法审查时没有予以实质审查、行为仅侵害行政管理秩序时，即使在行政法上被认为侵害了公法益，但如果没有最终侵害个人法益的，就只是行政违法行为，而不可能成为犯罪行为——把违反行政管理秩序法律责任等同于刑法法益、忽视行政犯可能存在的认识错误是三种主要原因。应受刑罚惩罚性，其本质是行为人因其实施违反刑法的行为应当且能够受到刑法的谴责。行为人有条件、有能力避免实施违法行为却选择了违法行为，对这种选择（意志）应当予以否定、责难，对行为人应当依法给予刑罚惩罚。

此外，张明楷教授还尖锐地指出，司法人员在适用刑法时，不应当与自己的利益产生任何联系。

笔者认为，之所以如此，很大程度上是由行政犯的特点决定的。众所周知，所谓“行政犯”，作为犯罪学、刑法学的一种犯罪分类，恰好和自然犯相对应的一个概念。一般认为，所谓“自然犯”（与刑事犯概念大体相当），就是社会生活中具有强烈反社会、违背社会道德伦理，因而容易辨识其自然恶性的常见且普通的刑事犯罪，如杀人、放火等。而行政犯（与法定犯概念大体相当）则主要是违反法律规定的秩序、规则而成立的犯罪，其特点是经常性地表现出没有明显可辨识的反社会、反伦理道德特征，甚至符合一般民众的社会常识与选择。正因为如此，自然犯的危害性容易被一般人认识（不借助法律便可认识），法定犯的危害性则难以被一般人认识（通常需要借助法律来认识）。自然犯的社会危害性的变易性较小，而法定犯的社会危害性的变易性较大。

笔者所代理的一起案件，恰好可以用来说明：行政犯的违法性审查，要求司法人员必须拥有法制与现代刑法理念，警惕直接把损害行政管理秩序法律关系等同于损害刑事法律关系——把行政违法当作刑事犯罪予以定罪处罚。

二、典型案例与评析

卞志德作为被告单位五指山满好沉香合作社（以下简称合作社）股东，主要负责沉香基地的生产管理工作。因合作社种植基地内的马占相思树等树木妨害了基地内沉香木的生长，2014年9月下旬的一天，卞志德便以合作社名义雇佣他人采取环剥树皮的方式毁坏影响沉香树生长的林木，为合作社牟取利益。2016年3月26日护林员巡护时发现被环剥树皮的林木已经死亡。经鉴定，被毁林面积77.98亩，被毁林木总株树1009株，其中马占相思树360株，天然阔叶林649株，被毁林木活立木蓄积量为235.6563立方米，其中马占相思树171.5320立方米，天然阔叶林64.0333立方米。

本案由五指山市森林公安局侦查终结，以犯罪嫌疑人卞志德涉嫌滥伐林木罪向五指山市人民检察院移送审查起诉。五指山市人民检察院受理后，于2017年3月29日移送审查起诉。于2017年5月12日退回补充侦查一次，同年6月12日再次移送审查起诉。

检察院认定其犯罪事实的证据如下：

1. 法人营业执照、承包合同书等书证；

2. 证人王明永、咸卫东等人的证言；

3. 被告人卞志德的供述与辩解；

4. 现场调查评估报告等鉴定意见；

5. 现场勘验、辨认等笔录。

检察院认为，被告单位五指山满好沉香种植专业合作社、犯罪嫌疑人卞志德违反森林法规，未经林业主管部门批准，擅自滥伐林木活立木蓄积量达235.6563立方米，数量巨大，其行为触犯了《中华人民共和国刑法》第30条、第31条、第345条第2款、第346条的规定，犯罪事实清楚，证据确实、充分，应当以滥伐林木罪追究其刑事责任。根据《中华人民共和国刑事诉讼法》第172条的规定，提起公诉，请求法院依法判处。

由于涉及环境保护案件，按照有关规定提级管辖处理，所以，本案由海南省五指山市（县级市）人民检察院移送三亚市（地级市）人民检察院审查起诉，并作出起诉决定，起诉于三亚市中级人民法院。审查起诉期间，依据被告单位的法定代表人和被告人卞志德的证言、供述与辩解，以及所提供给办案检察官的采伐勘查设计图，办案检察官基于客观公正、不枉不纵的立场，怀疑作为政府林业主管部门作出的采伐设计图是办理采伐证的前置程序，很可能确实存在影响定罪量刑的采伐证这一重要证据，因此，依法对涉及案件罪与非罪、罪重罪轻的重要事实与情节，于2017年5月12日以三检公诉补侦（2017）43号《补充侦查决定书》向侦查机关五指山市森林公安局提出退查要求：

1. 证人咸卫东在其证言中反映，五指山满好沉香合作社所承包的地块在2010年曾进行招标进行过采伐。犯罪嫌疑人卞志德组织工人剥皮的林木范围均在2010年采伐的地块内，被剥皮的林木是2010年采伐时残留的，及采伐后的4年间生长的次生林。请公安局再调查核实该情况，并补充招标、采伐手续等相关材料。

2. 根据卷二被毁林木位置图与采伐设计图进行比对，制作比对图。

3. 五指山市林业部门出具关于卞志德毁林范围与2010年该地块采伐范围的情况说明。

五指山市森林公安局于2017年6月1日以五森公（刑）补侦字（2017）4号《补充侦查报告书》回复称：

1. 侦查人员于2017年5月13日至5月31日期间，多次到五指山市林业局提取（查找）卞志德毁林地块2010年开具过的采伐证、招标等手续材料，但因时间久远，在林业局现有的记录档案中未能找到采伐证、招标等有关手续材料。

2. 国家补充侦查提纲二要求，五指山市林业局技术员对卷二被毁林木位置图与采伐设计图进行比对，犯罪嫌疑人卞志德在采伐设计界限内毁林面积54.50亩，越界毁林面积23.43亩。

报告书附了五指山市林业局于2017年5月26日作出的《关于卞志德毁林范围与2010年该地块采伐范围的情况说明》与对比图（采伐设计图与毁林面积图相比较）。

案件经三亚市人民检察院于2017年7月18日向三亚市中级人民法院提起公诉，并于2017年9月13日公开开庭审理。由于卞志德当庭改变供述并认为是受单位法定代表人咸卫东指使，并当庭提交录音证据材料，法庭决定休庭，延期审理。

被告人在初次开庭休庭后，聘请笔者作为其辩护人，开展辩护工作。笔者三赴五指山调查取证，详细了解了案件的来龙去脉、现场环境状况以及被告企业的种植十多万株沉香树的经营过程，尤其是就砍伐区域是否获得了政府合法授权许可（招标程序与采伐许可证）、是否存在周边土地权属、林木权属争议及侵权砍伐情形。

2017年11月10日，笔者赴五指山市林业局调查取证。在林政股办公室笔者找到当年负责设计、制作《五指山市毛阳镇牙合农综林伐区调查设计书》（附：毛阳镇牙合农综林伐区调查设计图）的人员之一王学新老先生，他很快拿出保存完好的五指山市历年采伐证存档文件，并按照设计图所注日期、采伐区域等信息，找到了涉案地块的采伐证，笔者经拍照、复印等方式固定证据后，与最熟悉案件情况的王学新老先生请教、了解案件相关情况。他介绍说，五指山市地处海南省中部腹地，全地形都是山区，虽然林业工作成绩突出、森林覆盖率很高，但是林木的经济价值并不高，加之砍伐成本、运输成本较高，导致国家核准的采伐面积总是达不到要求——申请采伐证历年不足国家设定的合理的采伐数额。也正因如此，只要申请采伐，一般都获批准。他还强调，林业资源既要保护也要利用，合理采伐也是必须的。

此外，笔者还使用无人机航拍了被告单位种植沉香树的实景与育林效果，给法庭提供了非常直观的感受。

案件于2017年11月16日、11月24日第二次、第三次开庭，公诉人坚持要求有罪判决，称：采伐证过期了，不再具有砍伐的合法性，被告人仍然是非法砍伐、无证采伐性质的滥伐，仍应当追究刑事责任。下面是笔者的辩护词：

辩护词

尊敬的审判长、审判员：

海南海大平正律师事务所杨路生律师作为被告人卞志德的辩护律师，现就本案事实与适用法律提出如下意见，敬请合议庭考虑、采纳。

一、指控的事实不清、证据不足

公诉人向法庭提交的证据，证明了确有砍伐林木事实发生。但就砍伐行为成立犯罪所要求的构成要件、要素，属于指控的事实不清、证据不足：

1. 卞志德自行决定雇请他人砍树，还是咸卫东指使卞志德雇请他人砍树的事实不清。

咸卫东是被告单位的法定代表人、大股东，对于五指山满好沉香种植专业合作社（以下简称：合作社）重大事项具有决定权。而王英鹏当庭作证目击了咸卫东授意、指使卞志德砍树事宜，且提到咸卫东事后商请其代替顶包事实，得到了卞志德的印证，同时还有可信度很高的录音证据印证，咸卫东本人也在录音中默认了指使砍树并要求卞志德顶包的抱怨和指责。因此，主体以及决策过程事实不清。

2. 砍伐林木行为的事实不清。

采伐区内砍伐了多少、采伐区外砍伐了多少，不清楚。证人朱权英、王英鹏证实：2013年间，周边村民拆毁合作社围栏并砍伐树木，数目不详。朱权英就此与村民所在的村委会、村小组交涉，未果，之后向毛阳派出所报案，派出所所长带人到现场实地勘验，最后因镇政府领导认为不宜得罪村民而作罢的事实。卞志德当庭供述也对此予以承认。因此，合作社砍伐多少、村民砍伐多少，事实不清。

鉴定所划定的砍伐区域，包括属于合作社的土地范围，也包括不属于合作社土地的其他村民土地范围，证明把村民砍伐林木也一并计入了砍伐数量之中，到底该区域范围内，被告人砍伐了多少，事实不清。

3. 砍伐行为是合法砍伐、非法砍伐甚至犯罪性质的滥伐林木，事实不清。

仅就合作社以及卞志德在采伐区内的砍伐行为而言（超出部分疑似属于村民砍伐的区域而不予讨论），存在着采伐证申请所必需的《采伐勘察设计》，而双方当庭认可的采伐证，则证明截止2011年年底、2012年年底，在涉案承包土地上进行砍伐是完全合法的。采伐证与《采伐勘察设计》充分证明指控砍伐行为属于犯罪性质的违法，事实不清。

二、被告合作社、卞志德的行为不符合滥伐林木罪的犯罪构成要件

1. 砍伐林木并不具有违法性，滥伐林木才具有违法性。包括无证砍伐和不按批准的条件方式肆意砍伐林木，二者均要求具备核心条件——滥伐，数量较小的滥伐则是行政违法、数量较大的则是刑事违法。法理上的根据是：数额较大的滥伐林木行为，不但违反林木保护的行政管理制度，而且严重损害了刑法保护的法益——林木资源！所以滥伐林木行政违法行为与刑事犯罪的核心区别是：是否严重损害林木资源。

2. 被告合作社实施了砍伐行为，但是，已查明事实是它同时自2012年起至案发时，已经种植了12万株沉香树，且至今长势良好——为发展、维护林木资源作出了实质性的巨大贡献。控方意欲追究的所谓的砍树行为，也是为了更好地培育林木发育、生长而采取的生产措施，其性质与间苗、剪枝等看似破坏性实则是促进性、建设性的林木生产行为性质一致。

3. 合作社以及卞志德被告知有砍伐手续、有采伐证，这一点非常重

要。咸卫东的证言、参与砍伐树木的民工的证言、卞志德的供述与辩解、朱权英的证言，以及勘察设计图、采伐证与采伐证档案照片等书证，均相互印证——卞志德一直认为砍伐是有手续的、合法的，确有事实依据。其仅仅具有过失而不是故意破坏林木资源。刑法历来要求主客观相一致，反对客观归罪，因此即便产生损害，也应当承认其出于不够谨慎、应当预见有可能采伐证过期了必须申请补办而疏忽大意没有预见、主观过错属于认识错误的过失。

4. 涉案土地获得240余亩远超砍伐区域的采伐证，证明五指山市林业局代表政府确认在此区域内采伐的合法性，其权威性必须予以维护。其记载采伐强度的内容为“全伐”，意味着全部采伐也没有损害“林木资源”。假设采伐权人完全按照采伐证实施了“全伐”，则属于完美的合法行为；而完全没有获得采伐许可的大范围滥伐行为，属于犯罪。介于二者之间的被告的行为，仅仅是超过了采伐证许可的采伐期限，并不会产生损害林木资源的实质性违法后果——树木多生长了一两年再砍伐，肯定不会产生资源损害后果，因而仅仅应当承担没有重新申请采伐证的程序违法的行政处罚。也就是说，无证砍伐或者即使申请也不能获批的砍伐，因为侵害到公共林木环境资源利益而属于实质性违法，被告的行为，业已经政府审批行为获得了不侵害林木资源利益的合法性确认。因此，与无证砍伐的法律性质完全不同。

三、被告合作社、卞志德的行为不具有犯罪基本特征——严重的社会危害性

为了防止滥用刑罚、过度干预社会生活，《中华人民共和国刑法》第13条规定了“犯罪”的概念，并以“但书”规定，特别强调“情节显著轻微危害不大的，不是犯罪”。因此，犯罪必须具有严重的社会危害性这一基本特征。反之，不论看起来多么像犯罪，都不成立犯罪。而评价行为是否具有严重的社会危害性的标准，则是案件所表现出来的主观恶性与客观恶性之和。

法庭已经充分查明基本事实，专事林木种植的合作社、卞志德，自2012年取得合法土地承包经营权以来，苦心经营、殚精竭虑地在荒山坡地种植12万余株沉香树苗，长势良好（视频与照片证据证明确实情况），为绿化荒山作出了巨大贡献，也受到了包括五指山市委、市政府领导的视察、肯定。其所谓的砍树，也是在许可砍伐的范围之内，砍伐本身也是为了育林。就主观内容而言，自法定代表人大股东咸卫东起，到卞志德以及其他员工，均出于对政府林木采伐许可证的信任而决定、实施砍伐，目的也是更好地育林。其应当预见而没有预见采伐证已经过期，则应当作为行政违法予以评价——仅仅是违反了林木管理秩序，不是完全没有砍伐许可的滥伐行为。

因此，投入巨资造林620余亩、12万棵的被告合作社、卞志德为了更好的育林，砍伐了已经获得砍伐许可且砍伐强度为全伐的林木，行为虽有不妥（应当再行申请并补办采伐手续），但并不具有成立犯罪所需要的严重的社会危害性，不构成犯罪。对于已经被国家判定可以全部砍伐而不损害林木资源的林木的剩余部分，在大量种植新的树木并形成树林的情况下再行砍伐，只能产生更有利于发挥林木资源效益与林木资源保护的效果。

杨路生

二零一七年十一月二十八日

海南省三亚市中级人民法院于2017年12月11日作出（2017）琼02刑初36号《刑事判决书》，以有罪轻判（被告人卞志德判处减轻处罚、缓刑）结案。对于辩护人提供的被告人植树造林12万余株、采伐地块上确实由政府林业主管部门开具采伐证等证据，鉴于控辩双方没有争议，判决予以确认。

法院认为，被告单位五指山满好沉香种植专业合作社未经林业主管部门的批准并取得采伐许可证，滥伐林木，违反《森林法》的相关规定，且滥伐活立木蓄积量达235.6563立方米，数量巨大，其行为已构成滥伐林木罪，应当依法追究其刑事责任并予以惩处。公诉机关指控被告单位五指山满好沉香种植专业合作社犯滥伐林木罪的犯罪事实清楚，证据确实充分，罪名成立，法院予以确认。被告人卞志德系被告单位的股东，主要负责沉香基地的工人、生产和技术管理工作，系直接雇请工人实施毁林行为的直接责任人，依照《中华人民共和国刑法》第346条的规定，亦应按滥伐林木罪追究被告人卞志德的刑事责任。被告人卞志德自辩称被告单位老板说有采伐证而认为无罪。因取得采伐证的主体并非为被告单位，且砍伐时间不按有关部门批准的砍伐时间进行砍伐，其无罪自辩意见，法院不予采纳。关于笔者辩称的指控犯罪事实不清、证据不足以及在适用法律上指控罪名不成立，不符合构成滥伐林木罪的法律标准的辩护意见。被告人卞志德雇请他人砍伐树木的事实已为其自认及涉案证人证实；砍伐事实亦为鉴定报告所确认，砍树（环割）时间亦有被告人卞志德的自述和证人的证言为证，足以认定。咸卫东是否涉案、是否指使被告人卞志德实施犯罪行为，与被告人卞志德是否应对被告单位犯罪行为承担主要责任的犯罪行为无关。王英鹏的证词与被告人卞志德的供述存在不能相互印证的地方，且与被告人卞志德有其他关系，其证言法院不予采信。被告单位违反《森林法》的规定，未取得采伐许可证，实施滥伐森林的行为，已构成犯罪，被告人卞志德对被告单位的犯罪行为负有主要责任，依法亦应追究其刑事责任。

被告人卞志德主动到五指山市森林公安局投案，如实供述自己的罪行，在庭审过程中，亦如实供述自己的犯罪行为，其无罪辩护意见系其对其行为是否构成犯罪存在错误认知，不影响其如实供述其犯罪行为的事实，应认定为自首，被告单位当庭认罪，愿意承担相应的责任，认罪态度较好，有悔罪表现，且涉案林木曾取得林业主管部门批准的采伐证，亦属被告单位合法承包的土地范围内，被告单位亦在该承包土地范围内种植了大量的沉香树，对林木环境的破坏有所减轻。综合以上情节，法院对被告人卞志德的犯罪行为减轻处罚，同时，被告人卞志德患有高血压三级（230/136m1g），有可能发生脑血管破裂危及生命情况，不宜收监，且被告人卞志德认为涉案林木曾取得采伐证砍伐该林木不致构成犯罪，主观上存在错误认知，对其适用缓刑不致再危害社会，故对其宣布缓刑。

法院为严明国法，依法惩处滥伐林木罪，保护林业资源，根据被告单位五指山满好沉香种植专业合作社、被告人卞志德的犯罪事实、性质、情节和对社会的危害程度以及本案的具体情节，依照《中华人民共和国刑法》第67条、第72条、第345条、第346条，《最高人民法院关于审理破坏林地资源刑事案件具体应用法律若干问题的解释》第5条、第6条规定，判决如下：

一、被告单位五指山满好沉香种植专业合作社犯滥伐林木罪，处罚金人民币100000元；

二、被告人卞志德犯滥伐林木罪，判处有期徒刑三年，缓刑四年，并处罚金人民币50000元。（以上缓刑考验期从判决确定之日起计算；罚金自本判决生效之日起十日内向本院缴纳。）

判决送达后，控辩双方均认可判决，没有在法定期限内提起抗诉、上诉，一审判决生效。

设立妨害考试罪研究

近年来，愈演愈烈的妨害考试行为严重破坏了考试的公平竞争秩序。在威慑惩治妨害考试行为方面，行政法律法规早已难以胜任，而刑法规定的缺漏限制了刑罚效用的发挥，也使妨害考试行为无法从源头上得到遏制。在构建法治社会、和谐社会的进程中，考试制度发挥着选贤任能、确定资格等重要功能。增设妨害考试罪有利于保障重大考试的公平竞争秩序，是保障国家选拔人才机制顺利运行的良策。

早在2005年，填补我国一项法律空白的重要法律"国家教育考试法"已由重庆市专家起草完毕，然而时至今日，该法依然处于征集意见和立法讨论阶段，这不能不说是立法的一个缺憾。法律保障的缺失也是考试舞弊、泄题行为猖獗至今的一个重要原因。

考试舞弊、泄题早已有之。然随着社会的发展，科技的进步，考试舞弊的手段愈来愈隐蔽，所泄露的考题和答案通过网络传播的范围愈来愈广，对考生所造成的不公平也愈来愈令人愤怒。2011年的国家司法考试、注册会计师资格考试、医师资格考试、国家公务员考试、全国大学生英语四六级考试相继被曝泄题，在考试开始前的一两个小时内就有人将考题或答案公布在网上。更有专门卖考题及答案者在各个网站发布消息，通过短信、电话等聊天工具以及其他的电子设备将答案传递给考生，并从中牟利，各种各样的考试舞弊行为俨然已形成了地下产业。在2012年1月的研究生英语考试中，现场查获作弊取消资格的有5000人。2012年1月18日，《南方都市报》报道，1月

7日开考首日，作为考生大省的湖北省即查处违纪作弊考生486人，另发现8个场外作弊团伙，抓获作弊者20多人，发现、监控并处理网上有害考研资讯31条。当日，3名利用无线电设备发送答案的男子相继在珠海落网。而此后据多家媒体报道，全国部分城市出现“泄题”事件。央视《焦点访谈》曾对考研作弊展开调查，据其报道，为考生提供答案和工具的作弊者，信号可突破无线电遮罩和干扰，考场内收到答案的准确率超过70%。

在考试法久悬未决之时，将妨害考试行为纳入刑法规范，对其定罪量刑，维护国家考试制度和考试秩序，保障考试公平，维护广大考生的合法权益，实乃众望所归，势在必行。

一、妨害考试行为的严重社会危害性

近年来，在高考、公务员考试、专业资格考试等各种国家考试中，妨害考试行为越来越严重。从披露的案件和材料看，妨害考试行为突出表现为以下特点和趋势：（1）从秘密性向公开化发展；（2）从自发性向组织化发展；（3）从单个性向群体化发展；（4）从偶然性向连续化发展；（5）从关系性向商业化发展；（6）从群众性向领导化发展；（7）从传统性向高科技化发展。①

妨害考试行为对社会的危害是相当严重的，它严重妨害国家的考试制度，妨害国家对于人才的选拔和培养，妨害国家机关的管理活动，而且腐蚀干部、青年，败坏社会风气，严重妨害社会主义精神文明的建设。除应继续采用行政措施和思想教育规范之外，还应积极地运用法律手段，惩处严重的考试舞弊行为，维护国家的考试制度。

妨害考试行为有多种表现形式，就目前的形势看来，妨害考试行为主要以泄露考题为主，之后由各培训机构或专门从事买卖考题和答案的人员将考题和答案出售给考生，以从中牟利。

2007年，国家医师资格考试发生泄题事件。据北京市西城区人民检察院

---

① 苏波：《应增设考试舞弊罪》，载于《法理与实务》2000年10月。

反渎职侵权局披露，案发前，国家医学考试中心试题开发一处某负责人孟某，负责医考的命题工作，考前所有医考题目都在孟某的手中掌控。时任四川大学华西口腔医学院口腔修复学教授王某与孟某是相识多年的朋友，在王某几次三番求情下，孟某用U盘将口腔类考题从单位电脑里拷回家，从中抽取了360余道题，把每道题的题干和答案整理成一句话。考试之前，两人约在北京的一家茶馆见面，王某当场将孟某整理后的考题拷进自己电脑再飞回成都。2006年和2007年，孟某采用相同的手法将考题交给王某。

2009年，国家医师资格考试再次发生泄题事件。经人民法院查明，2009年7月，国家医学考试中心试题开发处的工作人员叶某，将2009年国家医师资格考试临床类别的4套试题及答案拍摄下来，提供给张某。随后，张某伙同多人开设培训机构对外承诺“真题培训”，每位学员收费上万元；还提供给赵某，获利15万元，而赵某又向全国各地数十名考生泄露了试题答案。

为牟取高额利益，一些“助考”培训班成了发生泄题事件的中介。2007年，北京某文化发展有限公司法定代表人李某伙同该公司副总经理杨某，以10万元的价格从他人手中购得全国一级建造师执业资格考试试题及答案，随后把试题及答案泄露给该公司旗下的考试培训班学员及各加盟分校，从中赚取利润40余万元。

除了泄题之外，妨害考试行为还包括替考，即所谓枪手，以及冒用他人的名义参加考试，使他人丧失考试资格。考试完毕后，侵入考试系统，删改考试成绩、在考场上或考场外利用电子设备等传送考试答案等。随着社会的发展、技术的进步，妨害考试的手段越来越高明，也越来越隐蔽，甚至形成了考试舞弊链，形成了专门从事帮助考生舞弊的地下产业，并且由于法律规制的缺陷，许多从事助考者甚至光明正大地在网络上公开叫卖。妨害考试行为已日益严重，妨害考试行为造成考试不公，具有极大的危害性。

（一）妨害考试行为侵害了公民的受教育权和劳动权

1. 教育权的内容和意义

受教育权的实现关系到一个人的生存、尊严、就业和社会地位，影响着其他基本权利的实现，如人格尊严权、劳动权和选举权。教育资源的有限与人口众多的矛盾决定了教育考试（尤其是中、高级别的教育考试，如中考、高考和研究生入学考试）是公民实现教育权的重要途径。而妨害考试行为的泛滥无疑将使得考生无法通过公平的竞争以实现个体的受教育权。

2. 劳动权的内容和意义

我国考试的类型有很多，除了教育考试之外，还有一些考试，其设立的目的是为了选拔符合特定行业需要的劳动者，如国家和地方公务员招录考试、国家司法考试、国家会计师资格考试和国家医师资格考试等。此类考试中的妨害考试行为直接妨害了考生获取和实现劳动就业的机会，侵害了公民的劳动权。保护法益是刑法的机能之一，立法者从诸多法益中选取特定的法益纳入刑法保护的范围内，以彰显该法益对于国家、社会和个人的重要性。

（二）妨害考试行为侵害了国家的社会公平

1. 社会公平是社会主义初级阶段的任务之一

社会公平正义对于我国现阶段社会主义和谐社会的建设具有重大的意义，业已成为社会发展转型的价值取向。和谐社会必须综合运用多种手段，依法逐步建立以权利公平、机会公平、规则公平、分配公平为主要内容的社会公平保障体系，使全体人民共享改革发展成果。社会公平应包括权利公平、机会公平、规制公平与分配公平。其中，机会公平要求社会提供的生存、发展、享受机会对于每一个社会成员都始终均等。它在实际社会生活中主要表现为两个方面：一方面，都有平等的参与机会，主要体现在自由选择、职务升迁、资源利用等方面；另一方面，都有获得平等的发展潜力、施展才干的机会，主要体现在接受教育和培训、获得信息等方面。

3. 妨害考试行为是对社会公平的破坏

考试是社会主体实现机会公平的重要途径，如教育考试体现受教育机会的均等，资格类考试体现技能认同机会的均等，职位招录考试体现工作机会的均等，等等。公平的考试可以使社会成员不受出生、家庭背景和地域的禁锢，通过自身的努力，平等地利用社会资源和参与社会分配，而不公平的考试实质上是对他人生存和发展机会的一种非法剥夺。妨害考试行为是危害考试公平的最大毒瘤，在其作用下，个体丧失的是因考试不公而引发的种种处遇不公，如收入不公、住房不公、医疗不公和地位不公等，而整个社会的贫富差距、城乡差距和地域差距也会因个体的处遇不公而逐步扩大。社会公平的确立需要法制的保护，而作为社会保障法的刑法更是义不容辞。

（三）妨害考试行为侵害了社会的安宁和秩序

1. 社会秩序与刑法的目的

《刑法》分则第六章规定了“妨害社会管理秩序罪”，可见社会秩序是刑法重点保护的法益，但刑法的保护层面不应仅仅局限在那些直接妨害社会秩序的行为上，也应关注社会中存在的足以导致社会秩序紊乱的其他诱因，妨害考试行为便是其中之一。

2. 社会秩序与妨害考试行为

在我国，考试不仅关系到个人的前途和命运，也同时受到社会的普遍关注。一些重大考试如高考、考研和司法考试中的舞弊现象极有可能引起社会的不满情绪，从而导致社会不安定因素的出现。例如，因他人实施妨害考试行为而招致不公正处遇的人，极可能产生对社会的怀疑、愤恨乃至报复心理，从而引发不必要的上访和冲突事件，甚至产生严重的违法和犯罪案件。

3. 妨害考试行为破坏社会秩序的表现

因考试舞弊而获得从事特定行业资格的人，极可能构成对社会的潜在危险，如公平诚信是对司法从业人员的起码要求，但通过舞弊手段取得司法职业执业资格的人，其较低的诚信标准便可能导致更多“权钱交易”、“枉法裁判”、“提供伪证”等妨害司法秩序情况的出现。又如，通过欺诈手段取得医师执业资格、公路驾驶资格、船舶驾驶资格的，但实际上缺乏相应医疗技能和驾驶技能的人，也会对不特定多数人的健康与生命安全造成威胁。此外，妨害考试行为背后巨大的利益链条还容易滋生腐败和有组织犯罪，继而严重威胁社会稳定。

我国是政府管制主导型国家，作为领导全国人民进行社会主义建设事业的国家党政机关人员，以及律师、会计师、建筑师等，全都通过考试遴选人才，以保证正常秩序的顺利进行，实行能者上、庸者下之规则。妨害考试行为使考试得以实现人才选拔的功能荡然无存。

二、增设妨害考试罪的必要性

在现实中，不少考试舞弊分子已被移交司法机关处理，如何对其定罪和量刑已成为亟待解决的问题。由于妨害考试行为属于实践中的新问题，理论界和实务界对其研究甚少，司法机关尚难以准确把握定罪和量刑标准。一方面，一些危害严重的妨害考试分子被司法机关以刑法无明文规定为由，不予追究其刑事责任。例如，在2007年西安考研电台作弊案中，公安机关便以治安处罚法与刑法没有明确条文规定为由，拒绝受理此案。另一方面，一些被定罪处罚的考试舞弊分子，其被认定的罪名尚存争议。例如，同样是教育官员利用职权便利为集团舞弊提供帮助，在广东某地高考舞弊案中，被告人陈某被定性为玩忽职守罪，而在湖南某地高考舞弊案中，被告人胡某却被认定为滥用职权罪；又如，同样是利用高科技设备为考生传递考试答案的行为，在安徽某地公务员考试舞弊案中，被告人张某被认定为故意泄露国家秘密罪，而在浙江某县高考舞弊案中，被告人谷某被定性为非法获取国家秘密罪。笔者认为，对现实中妨害考试案件的定性应以全面分析、归纳实践中妨害考试行为的特征、实施妨害考试行为主体的分类、妨害考试者的心理意图为基础，再以相关犯罪的构成要件为衡量尺度，确定舞弊者的具体罪名。此外，妨害考试者之间的共犯关系、罪名的交叉与竞合、罪数标准的认定和量刑情节的选取等问题也关系到对妨害考试者刑事责任的追究。因此，现实中解决妨害考试行为犯罪的紧迫感更是对刑事立法提出了新要求。

（一）现行刑法规定难以惩治妨害考试的行为

尽管我国现行刑法规定的非法获取国家秘密罪等罪名已经被适用来惩治妨害考试的犯罪行为。但与妨害考试行为方式及手段的发展相比，刑法的相关规定已经远远滞后，无法适应现实的需要。

其一，缺乏明确规范的规制妨害考试行为的罪名，借用其他罪名追究刑事责任，其司法适用并不容易。例如，河南某地高考舞弊案被定性为“非法获取国家秘密罪”立案查处后，学界争议不断，案件办理亦受到公众质疑。

直到教育部发布通知，对考试试卷“启用之前”作出解释，人民法院才最终在案发两年后判决认定涉案人员构成非法获取国家秘密罪。但这起适用非法获取国家秘密罪惩治考试舞弊行为的刑事判决并没有被广泛认可，相似的西安研究生考试舞弊案即以“刑法没有明确条文规定”的理由未予刑事立案。

其二，刑法惩治妨害考试的犯罪行为的法网存在严重疏漏，现行刑法罪名能够惩处实施妨害考试行为的外部组织、帮助行为，而对考场中的妨害考试行为本身却鞭长莫及。例如，吉林松原高考中的“买场”行为———就是花钱买通监考老师和同一考场其他考生，抄袭他们的试卷。被收买的老师不但可以睁一只眼闭一只眼，还可帮忙传答案，或者放风，以免被巡视员撞见。这种“买场”交易中，考生的作弊行为即缺乏适当的罪名追究其刑事责任。①

其三，刑法缺失明确惩治妨害考试行为的罪名，借用“非法获取国家秘密罪”等罪名处罚组织、帮助考试舞弊的行为，难以在考生作弊的源头遏制妨害考试犯罪本身，适用刑罚打击妨害考试犯罪效果不佳。2009年吉林某地教师贩卖作弊设备案烟云未散，2011年吉林某地再起硕士研究生考试舞弊案，即是对考试舞弊行为规范罪名的刑法缺失的无畏挑衅。

（二）将妨害考试行为独立成罪有利于保护考试的公平秩序

在我国，考试制度发挥着至关重要的作用。公民能够通过个人的努力在公平竞争中实现自我价值，考试的成功不仅是决定个人命运的重大事件，而且关系国家的兴衰和社会文明的进程。在社会竞争中，考试公平的意义愈显重要，升学考试的公平意味着受教育机会的公平，职业考试的公平意味着就业机会的公平。

妨害考试行为最本质的危害在于损害了考试的公平秩序和价值。对于惩治妨害考试行为，有的学者认为，考试作弊是一个道德上的问题，将道德问题上升到法律层面，十分不合适。胡乱动用国家法律特别是刑法，胡乱使用国家暴力，最终，要么亵渎神圣的法律，要么越治越乱。毋庸置疑，谦抑性

① 李朝晖：《建议刑法增设重大考试舞弊罪》，载《郑州大学学报》2011年5月第3期。

是现代刑法追求的价值目标，只有当具有一定社会危害性的违法行为，通过民事、行政等手段仍然无法有效地保护被侵害的利益，难以抑止其再次发生时，刑法才作为一种最后的保护手段发挥作用。为了惩治妨害考试行为，《中华人民共和国教育法》、《国家教育考试违规处理办法》、《国家司法考试违纪行为处理办法》等法律法规规定了惩处规则，刑法的若干罪名亦有适用来打击妨害考试行为。但每逢大考，妨害考试行为仍禁而不止。笔者认为，刑法作为法律体系的最后一道防线，在惩治妨害考试行为的效能上存在重大缺漏。

我国是一个考试大国，每年有各种各样的考试，有的考试社会关注度很高，如公务员考试、司法考试、事业单位招录考试、高考等。近些年来考试作弊行为屡禁不止，公务员考试、事业单位招录考试中也发生了作弊现象，这严重破坏了考试的公信力和严肃性，但即使是这样，我们也很少看到有考试作弊的考生受到司法机关处理的。

2011年11月20日晚，国内某知名论坛上出现了关于宿迁某事业单位招录考试作弊的帖子，而且事情很快得到证实。在这次考试中有3名考生作弊，但是这3名考生受到的处理是：取消参加体检资格，3年内不准参加该县事业单位招录考试。3年内不准参加该县事业单位招录考试，3年后就可以参加了，不参加事业单位招录考试，但可以参加其他考试，不参加该县事业单位招录考试，可以在其他县参加事业单位招录考试。这样的处理能吓得住考试作弊的考生吗？一旦考试作弊不被发现，就可以进入许多人梦寐以求的事业单位，有一个安稳的工作，这能为他们带来巨大的好处；而如果被发现了，只不过是面临很轻的处罚，如此的考试作弊惩处成本明显小于将来可能得到的利益，这如何能让一些考生在考试作弊上止步呢？

唯利是图、变通作假源于数千年封建专制社会对人性、人权的极端压抑与漠视全体成员衍生出的生存之道。人们无法抗拒政治、强权，无奈之中选择了顺从，并在没有强制的条件下，反抗强权。至今，这种传统仍具有深厚的社会观念基础，这也是官员、百姓作假，两面派广泛多发的原因。

笔者认为，积极补正刑法的疏漏，将妨害考试行为独立犯罪化，彰显法律对考试公平价值的保护，符合社会健康发展的需要，同时亦是维护考试制度的理性选择。

三、妨害考试罪的构成要件及其刑罚设置

妨害考试罪，是指行为人泄露全国统一或全省统一的招生考试、资格考试的考题或者以不正当的手段实施阻挠、破坏、冒充等妨害他人参加全国统一或全省统一的招生考试、资格考试的行为，或者在参加全国统一或全省统一的招生考试、资格考试中有舞弊行为或者帮助他人舞弊行为，以及以不正当手段删改考试成绩，情节严重，应依法追究刑事责任的行为。

（一）主体

妨害考试罪的主体是自然人。应试人员、办理考务人员和其他自然人，只要其负有完全刑事责任能力，都可以成为本罪的主体。所谓办理考务人员，是指主考人员、监考人员、出题人员、阅卷人员等与考试相关的工作人员。

（二）客体

妨害考试罪侵害的客体是国家的考试制度以及考试秩序。妨害考试罪侵犯了公平公正的考试制度和考试秩序，侵犯了应试人员公平竞争、公平考试的待遇。

我国是一个实行应试教育的国家，考试制度是国家的一项重要制度，妨害考试行为的存在必然妨害国家对人才的选拔和培养，故应以刑罚手段维护社会主义国家考试制度不受破坏，维护国家选拔人才的公平机制不受威胁。当然，这里所说的考试仅指全国统一、全省统一的招生考试、资格考试、职称考试，如国家公务员考试、国家司法考试、注册会计师考试、全国大学生英语四六级考试、雅思、托福考试、驾照考试、重点名校保送生考试、各省公务员考试、高考、中考等，即通过考试后能够取得某种资格或资格证书、职称证书、语言能力证书或者获得升学机会类型的考试，而不包括各类学校自主进行的教学学期考试以及各类模拟考试。

（三）主观方面

妨害考试罪的主观方面为故意，即行为人明知自己的行为将妨害考试公平、侵犯国家考试制度和考试秩序而实施妨害考试、侵犯考试秩序的行为，如泄露、出卖考题、答案，以不正当手段妨害他人参加全国统一或全省统一的招生考试、资格考试等行为。故意的认定，即行为人明知自己的行为将违反考试秩序、损害考试公平而放任或积极实施妨害考试、可能影响考试结果的行为。

行为人实施妨害考试行为不需要以牟利为目的。妨害考试罪为行为犯，只要行为人实施了损害考试公平的妨害考试行为即可构成此罪。

（四）客观方面

妨害考试罪的客观方面，即以不正当手段实施了妨害考试、可能影响考试结果的行为。所谓不正当手段，是指违反国家考试制度、扰乱考试秩序的一切方法，如泄露考题、以不正当的手段实施阻挠、破坏、冒充等妨害他人参加全国统一或全省统一的招生考试、资格考试的行为，或者在参加全国统一或全省统一的招生考试、资格考试中有舞弊行为或者帮助他人舞弊行为，以及以不正当手段删改考试成绩的行为。

（五）刑罚设置

妨害考试罪的刑罚可以设置为，处1年以下有期徒刑、拘役、管制或者剥夺政治权利，单处或并处罚金，并责令行政机关或相应部门予以行政处罚或行政处分，情节特别严重者，处1年以上3年以下有期徒刑，并处剥夺政治权利，并处罚金，并责令行政机关或相应部门予以行政处罚或行政处分。对于国家工作人员犯本罪的，应从重处罚。

所谓情节特别严重的，是指行为人实施的妨害考试行为波及范围广，涉及人数众多（为10人以上），社会影响恶劣之情形。

四、增设妨害考试罪需注意的几个问题

笔者认为，若在刑法中增设妨害考试罪，则应将该罪列入《刑法》第六章妨害社会管理秩序罪中。另外，在对妨害考试罪的适用中，应注意厘清以

下一些问题：

（一）妨害考试罪的既遂与未遂问题

妨害考试罪是行为犯，因而只要实施了其构成要件中的某一种妨害考试的行为，就构成此罪的既遂，而不论其是否产生妨害后果，如行为人实施了泄露考题或答案的行为，不论该考题或答案是否为他人所知，是否传播，都不影响其构成此罪的既遂。妨害考试罪关注的是行为人是否实施了妨害考试之行为，而不论其行为是否实际产生妨害考试的后果。

（二）妨害考试罪的帮助犯问题

妨害考试行为包括多种方式，有在考场内实施的，也有在考场外实施的，在考场内实施的妨害考试行为构成妨害考试罪无疑，然而在考场外实施的妨害考试行为大多是帮助行为，如利用无线电声讯设备等为考生传递答案，此时，该帮助行为也应是妨害考试行为，为妨害考试罪的构成要件之一，而考场内外相互配合实施妨害考试行为的行为人将构成妨害考试罪的共犯。

（三）妨害考试罪与非法获取国家秘密罪

依照《保守国家秘密法》第10条的规定，国家秘密级分为“绝密”、“机密”、“秘密”三级。“绝密”是最重要的国家秘密，“机密”是重要的国家秘密，“秘密”是一般国家秘密，泄露“绝密”、“机密”、“秘密”都会使国家的安全和利益受到严重的损害。本罪所说的国家秘密包括上述三类秘密。依照有关规定，全国统一或全省统一的招生考试、资格考试、职称考试等重大考试，如高考、国家司法考试的试题和答案属于绝密级国家秘密。《刑法》第282条规定，以窃取、刺探、收买方法，非法获取国家秘密的，处3年以下有期徒刑、拘役、管制或者剥夺政治权利；情节严重的，处3年以上7年以下有期徒刑。本罪的主体为一般主体，一般人员以收买等方法获取重大考试的考题、答案，或者考生通过可接收重大考试答案信息的手机、寻呼机在重大考试中作弊的，均可涉嫌构成本罪。

妨害考试罪与非法获取国家秘密罪存在法条竞合的关系，此时，由于妨害考试罪相对于非法获取国家秘密罪而言是特殊法条，因而，应适用特殊法条优于一般法条的原则，适用妨害考试罪。

（四）妨害考试罪与故意泄露国家秘密罪

故意泄露国家秘密罪，是指国家机关工作人员或者非国家机关工作人员违反保守国家秘密法，故意使国家秘密被不应知悉者知悉，或者故意使国家秘密超出了限定的接触范围，情节严重的行为。按照《刑法》第398条的规定，犯故意泄露国家秘密罪的，处3年以下有期徒刑或者拘役；情节特别严重的，处3年以上7年以下有期徒刑。非国家机关工作人员犯前款罪的，依照前款的规定酌情处罚。这里的非国家机关工作人员应作广义理解，即指一切知悉或者了解国家秘密的非国家机关工作人员。如果教师利用工作便利，获取、泄露考题，提供并传播答案，可涉嫌构成本罪。若信息台工作人员发送重大考试的答案信息，可涉嫌构成故意或过失泄漏国家秘密罪。

妨害考试罪与故意泄露国家秘密罪存在法条竞合的关系，此时，由于妨害考试罪相对于故意泄露国家秘密罪而言是特殊法条，因而，应适用特殊法条优于一般法条的原则，适用妨害考试罪。

（五）妨害考试罪与受贿罪

受贿罪是指国家机关工作人员，利用职务上的便利，索取他人财物，或者非法收受他人财物并为他人谋取利益的行为。按照《刑法》第386条之规定，对犯受贿罪的，根据受贿所得数额及情节，依照《刑法》第383条的规定处罚。如果国家工作人员因收受贿赂而故意泄露考试试题或答案的，则还可构成受贿罪，此时，依据罪刑相适应原则，应和妨害考试罪数罪并罚。

（六）妨害考试罪与渎职罪

渎职罪是指国家机关工作人员滥用国家赋予的职权或者不履行、不认真履行自己的职权，致使公共财产、国家和人民利益遭受损失，破坏国家机关正常活动的行为。《刑法》第397条规定，国家机关工作人员滥用职权或者玩忽职守，致使公共财产、国家和人民利益遭受重大损失的，处3年以下有期徒刑或者拘役；情节特别严重的，处3年以上7年以下有期徒刑。国家机关工作人员徇私舞弊，犯前款罪的，处5年以下有期徒刑或者拘役；情节特别严重的，处5年以上10年以下有期徒刑。对一些重大考试的妨害考试行为，按规定应宣布考试成绩无效，取消考生的考试资格。这种情况无论是对于考生还是组织者，都将造成极大的人力、物力和财力的浪费。因此，对于实施妨害考试行为的行政领导、主管人员等均可涉嫌构成本罪。

此时，妨害考试罪与渎职罪存在法条竞合的关系，由于妨害考试罪相对于渎职罪而言是特殊法条，因而，应适用特殊法条优于一般法条的原则，适用妨害考试罪。

（七）妨害考试罪与诈骗罪

诈骗罪是指以非法占有为目的，用虚构事实或者隐瞒真相的方法，骗取数额较大的公私财物的行为。《刑法》第266条规定，诈骗公私财物，数额较大的，处3年以下有期徒刑、拘役或者管制，并处或者单处罚金；数额巨大或者有其他严重情节的，处3年以上10年以下有期徒刑，并处罚金；数额特别巨大或者有其他特别严重情节的，处10年以上有期徒刑或者无期徒刑，并处罚金或者没收财产。

如果行为人使用虚假的试题或答案骗取考生或家属的财物，数额较大的，可构成诈骗罪。此时，由于诈骗罪的量刑较重，较妨害考试罪而言更能有效地保护法益，为体现罪刑相适应原则，应适用重法优先于轻法的原则，适用诈骗罪对其定罪量刑。

五、结语

我国是一个考试大国，考试几乎伴随着我国公民的一生，而且每一个考试的结果对应考试者都非常重要。特别是高考，在某种程度上来说，其是一些贫困地区的考生改变命运的唯一机会。所以严肃考纪、公平竞争就显得尤为重要。然而，由于我国没有统一的《考试法》，对于考试制度，在《教育法》、《高等教育法》、《学位条例》中虽有相关规定，但是一些具体问题，如怎样去考、谁来组织考试、考试制度如何规范，尤其是对重大考试中的妨害考试行为如何处理却没有相应的法律作出专门规定，往往是由教育部门出台一些考试的行政性规范，其效力层次很低，处罚乏力、无序，没有司法的强制力，由此造成反向刺激而舞弊愈演愈烈，终至恶性循环。因而，笔者认为，将妨害考试行为列入刑法单独定罪处罚是形势所需，如此，方能有力地打击各种妨害考试的行为，维护正常的考试秩序。

《刑法修正案（九）》规定："在刑法第二百八十四条后增加一条，作为第二百八十四条之一：在法律规定的国家考试中，组织作弊的，处三年以下有期徒刑或者拘役，并处或者单处罚金；情节严重的，处三年以上七年以下有期徒刑，并处罚金。为他人实施前款犯罪提供作弊器材或者其他帮助的，依照前款的规定处罚。为实施考试作弊行为，向他人非法出售或者提供第一款规定的考试的试题、答案的，依照第一款的规定处罚。代替他人或者让他人代替自己参加第一款规定的考试的，处拘役或者管制，并处或者单处罚金。

法律从不强人所难[1]

——防卫权例外？

引 言

“于欢案”二审结果公开后，有关防卫权的讨论被再次提上议程，防卫权的行使困境得到了多数法学研究者及司法实践者的认可，对于本案，论述者们基本同时发声，支持案中行为防卫性质的成立，但对于应该构成正当防卫或者防卫过当仍存在不同分歧。虽然各方见解各有不同，但防卫权司法再次以高调的光环出现于公众视野之内，各方的个案讨论对于推动“于欢案”尤其是防卫权司法现状的讨论与反思，功不可没。“于欢案”的二审结果虽较一审而言已有实质性的改变，即在承认防卫权存在的前提下认定于欢行为构成防卫过当，但笔者认为，在如此空前的学术、实践双方对于防卫权的大规模讨论下，于欢案最终仍以防卫过当入罪而非成为我国正当防卫史上一个真正里程碑似的案件，让人惋惜。值得研究的是，防卫权在我国的保护现状到底如何，被司法机关一直严格控制适用的防卫权是否真的起到了其所希望的保

① 杨路生：《法律从不强人所难——防卫权除外?》，载《海南师范学院学报（社会科学版）》2008年第2期。

护效果，这种被司法机关所希望的理想和防卫权现实之间是否达到了所希冀的平衡呢？

一、数据展现：极低的正当防卫认定率

根据笔者2017年6月26日在“裁判文书网”检索的结果，在判决书全文中检索，一审刑事判决书以“防卫”为关键词，即检索条件为“刑事案件、判决书、一审、防卫”，检索到判决书13399个；在判决理由和结果中进行检索，以“刑事案件、判决书、一审、正当防卫、无罪”的检索条件进行检索，检索出判决书29个；以“刑事案件、判决书、一审、防卫、无罪”的检索条件进行检索，检索出判决书34个；以“刑事案件、判决书、一审、防卫、免于刑事处罚”的检索条件进行检索，检索出判决书30个。

根据上述数据，以计算的方式，一审判决中，主张正当防卫，被采纳判为无罪的概率为29/13399=0.0022=0.22%，即1000例中不到3例；一审判决中，主张成立防卫，但不区分防卫过当与正当防卫，被采纳判为无罪的概率为34/13399=0.0025=0.25%，1000例中不到3例；一审判决中，主张成立正当防卫，被免于刑事处罚（含判无罪）的概率为（30+29）/13399=0.0044=0.44%，即1000例中约有5例；一审判决中，主张成立防卫，但不区分防卫过当与正当防卫，被免于刑事处罚（含判无罪）的概率为（30+34）/13399=0.0048=0.0.48%，即1000例中约有5例。

由此可见，在主张行为人行为构成防卫行为的过程中，被一审人民法院否认的概率达到了99.75%，而主张正当防卫，最终还要处以刑事处罚或者说受牢狱之灾的，一审的概率达到了99.52%。故而从数据来看，让人民法院判定行为人行为属于正当防卫，甚至退一步说，让其免于刑事处罚的概率几乎为零。

根据一般的理解，《刑法》第20条第1款规定的成立一般正当防卫必须具备五个条件 ：第一，必须存在现实的不法侵害行为；第二，不法侵害必须正在进行；第三，具有防卫意识即主观的合法性要素；第四，必须针对不法侵害者本人进行防卫；第五，没有明显超过必要限度造成重大损害。针对以上理解，需注意的是，现行的刑法学研究中，对于正当防卫的成立是否必须将

防卫意识作为正当防卫的成立条件之一仍有争议，同时，也有学者特意指出了不法侵害正在进行时，通过造成不法侵害者身体从而制止不法侵害的，理所当然也是构成正当防卫的。

以上规定，展示了司法机关自初始起，便设定了“既要允许正当防卫，又要严格防止权利滥用；既要保护防卫人，又要保护侵害人”的平衡理想。既然初衷是为了实现防卫权实施的平衡，那么实践中如此和理想相左的偏低的正当防卫认定率又是为什么呢？

为寻找答案，经进一步检索具体内容，努力缩小数据误差，笔者以2017年1月1日至2017年6月1日为日期范围，以“一审、基层法院、判决书、正当防卫”为检索条件检索判决书，共检索出判决书629例。为选取样本库，笔者从这629例判决中随机抽取了500例判决书作为笔者筛选数据的基本样本，虽然这500例判决只能准确代表2017年上半年我国基层人民法院在一审判决中对主张正当防卫的被告人的判处结果，但笔者认为，将一个时间段内的具体数据和一个大阶段内较为泛泛的数据进行比对，若二者误差较小，则基本可认定该数据的可靠性。

现将筛选数据呈现如下：

在500份主张正当防卫的判决书中，定罪结果分别为：无罪（肯定正当防卫）1例（占比0.2%）、聚众斗殴1例、寻衅滋事罪11例、过失致人死亡罪1例、非法拘禁罪1例、盗窃罪1例、故意毁坏财物罪1例、破坏生产经营罪1例、妨害公务罪2例、故意杀人罪2例、故意伤害罪477例（占比95.4%）。

在499份主张正当防卫而不被人民法院认可的判决书中，正当防卫的排除理由分别为：因为斗殴而排除具有防卫意识的284例（占比56.9%）、认为不具备正当防卫起因条件而排除的50例（占比13%）、认为不具备正当防卫正在进行的时间条件的74例（占比14.8%）、认为防卫对象错误的5例、认为防卫超过合理限度的53例（占比10.6%）、肯定存在防卫权但成立防卫过当予以量刑考虑的15例（3%）、以证据不足排除的12例、被告人主张成立防卫权而法院不在判决书主文中予以提及及判定的6例。

根据笔者在小范围、短时间内得出的检索结果，笔者计算出以下结果：主张正当防卫被认定进行无罪判决的可能性只有0.2%。这就是说，入罪的可能性达到了99.98%，该数据与笔者在大数据直接检索下所得的结果基本吻合，笔者认为此数据可信。

二、数据分析：防卫权认定极高的门槛

根据上一部分的检索结果，可以看到，故意伤害罪几乎已经成为主张正当防卫人的“口袋罪”，笔者认为人民法院排除正当防卫的理由，占比最多的是因为互相打斗而直接排除具有防卫意识进而近乎全部以故意伤害罪入罪，这种认定方式是否正确，笔者认为值得商榷。

此外，在对大量案件的检索过程中，笔者发现司法机关对被告人主张正当防卫的成立似乎达到了一种坚决的“拼命”否定的地步，即一旦被告人主张正当防卫，判决书所展现的不是去寻求正当防卫如何成立，而是想方设法地寻求理由让被告人对于正当防卫的主张不能成立，这种对防卫权如此的防范似乎已成了部分人民法院在审判过程中的病态式发展，而这种发展直接导致部分人民法院在认定正当防卫的过程中，不自觉地抬高防卫权的认定门槛。

数据往往反映的是最真实的客观事实，上述结论可以说触目惊心，正当防卫作为《刑法》总则中明文规定的内容，且因其重要性自1979年《刑法》出台以来被两次修改，但为何正当防卫的行使现状却如此经不住数据的论证，主张行为具有防卫性质，却仍然可能被人民法院判处有罪并入狱的概率竟然达到了将近百分之百，甚至可以说，作为《刑法》总则中规定的第二十条内容，在现在的刑事审判中已经形同虚设。原因究竟是什么，值得深究。

笔者认为，防卫权形同虚设的原因，主要有两个：其一，司法实践中不分前因后果皆将斗殴一方造成轻伤的行为一概入刑，又以互殴不存在防卫意识而直接排除被告人关于防卫权的辩解，致使绝大多数主张防卫权的案子被认定为故意伤害罪，也导致故意伤害罪的判决数量的大幅度提高，犯罪数量一直居高不下；其二，司法机关为达到理想中的平衡状态，无限提高防卫权认定的技术门槛，还将这种技术门槛的提高归结于“刑法学上的意义”，主要表现为严苛限制行为人使用防卫权的时间（必须要求与伤害行为同时同刻，不能晚一分、不能早一秒）及罔顾案发时的实际情况，无限要求行为人降低

行使防卫权所造成的后果，将防卫的后果和超过必要限度混为一谈。而在实践中，这里的后果一般以造成轻伤为准，即只要行为人行使防卫权造成加害人轻伤以上的后果，在当前的司法实践中，则几乎存在防卫人入罪的必然宿命。如此可见，防卫权困局发生的原因，不止与公安机关“重破案、轻事实”的办案习惯有关，还与法检两家倾向于以一种较为苛刻的态度来看待正当防卫行为，导致司法者背离立法初衷，而去刻意追求具有可操作性的客观标准来判断防卫行为是否超过必要限度（以防卫结果来判断或者以防卫行为的各项具体指标来判断），而审判机关对于移送的案件绝大部分再以入罪进行判定有莫大的关系，导致了人民法院往往倾向于将防卫权的享有者限定在对侵害的发生毫无道德瑕疵的绝对无辜者之上。就是这样，让正当防卫在公、检、法三家的惯性处理中不断被挤压，以至于最后连“生存”的空间都几乎完全丧失。试问，法律从不强人所难，但为何防卫权例外呢？

三、研究讨论：强人所难的防卫权认定

（一）强人所难之一：不分前因后果的将斗殴入罪

在检索结果及笔者阅读的500份判决书中，排除正当防卫的理由通常表述为“在双方互殴的过程中，可见其主观上故意伤害他人的意图明显，客观上造成他人受重伤的结果发生”“被告方具有不甘示弱、相互殴斗的故意”“双方相互攻击，主观上都有以侵害对方身体的故意”等。上述理由是将存在互相厮打的行为全部以刑法学意义上的“互殴”进行性质界定，不对被告人所辩解的事情发生的前因、事情发生过程中的具体情况进行具体的分析比对，不考虑案件所面临的实际情况，一概以“互殴中不存在正当防卫 ”为由排除被告人正当防卫的成立。

笔者认为，这种判决方式存在极大的风险。究其原因，从处于最末端的审判机关来讲，人民法院方面因为移送的证据不足，难以进行具体事实的认定，及越来越多的判例的出现，也为人民法院对此类案件直接入罪提供了“保护伞”；从侦查机关的角度来讲，案发时，破案效率至关重要，而与时刻关注的破案效率相比，事实发生的前因就显得无关轻重，故造就了侦

查机关只对行为发生的结果予以重视，从事情的起源上造成了之后一系列的偏差。

另外，从整个司法系统的一贯思维考虑，重打击的思维模式从未改变。在双方因为琐事起争执而发生互相厮打等案件处理上，必须从维护社会稳定的角度对这种行为予以惩处，对双方都无受伤的，以行政处罚处之，对一方受轻伤以上的，则以故意伤害罪直接入刑，对于双方都不同程度受伤的，则各打三十大板，以故意伤害罪或者以聚众斗殴罪进行入刑惩处。由此导致了互殴行为完全盖过了防卫权的行使权利，致使防卫权在存在互相厮打的行为中皆无立足之地。站在刑法学的角度思考，这种思维模式是否正确？如此大的数据的偏差，让我们不禁思考，我们是否在最基本的刑法学意义上的认定就已经错了呢？

1. 互殴中不存在正当防卫的理论分析

正当防卫，是指为了保护国家、公共利益、本人或者他人的人身、财产和其他权利免受正在进行的不法侵害，采取对不法侵害人造成或者可能造成损害的方法，制止不法侵害。张明楷教授对此特意强调，不法侵害正在进行时，通过造成不法侵害者的身体伤害从而制止不法侵害的，当然是正当防卫。与此同时，防卫人面临重大侵害时，向不法侵害人发出攻击但并未致伤的行为，也当然是正当防卫 。从刑法学意义上讲，互殴和防卫之间确实存在着一种对立的，甚至可以说是相互排斥的关系。故从纯粹的学理上，因为互殴行为的行为人双方在进行互殴行为时彼此都有攻击对方身体甚至伤害对方的故意，故直接排除了形成防卫权所应有的防卫意识。所以说，一般情况下，互殴与正当防卫是一种相互排斥的关系，互殴的双方都不能构成正当防卫。

2. 互殴与成立正当防卫的厮打行为的界限

由上可见，一般情况下的互殴行为的性质本身不可能存在正当防卫，但是如果在互殴过程中，互殴的一方已经较明确地停止了侵害行为，而互殴的另一方在可明知对方已停止侵害的情况下仍对对方加以侵害，又或者说，互殴开始时，双方皆以较为轻缓的方式进行，但另一方突然加大打击力度，该力度可能造成另一方死伤后果的，此两种情况下，被加害方当然有权实施正当防卫。

故笔者认为，司法实践案例中大多数认定的互殴都不准确，换句话说，大多数在判决书中被认定为互殴的行为，其行为本质上并非刑法学意义上的互殴，再以此排除防卫权当然不妥。除了张明楷教授提出的“斗殴时双方都承诺了轻伤害，放弃了法益的保护，故造成轻伤的斗殴双方都是合法”的观点，笔者认为，最关键的是对什么样的行为才能认定为互殴，而非像现在司法实践中的“一锅端”，笔者以为主要区分以下三点：

其一，互殴的认定必须以双方存在斗殴意图为前提，这里提及的斗殴意图包括了行为人应具有积极的加害意思，否则不能以互殴来认定其行为性质。以“被告人马某某故意伤害罪一案”为例：2017年2月1日凌晨1时许，被告人马某某与李某在某酒吧，因摇骰子喝酒一事发生争执，后二人相约到该酒吧门前理论，争吵时李某掐住被告人马某某的脖子，马某某就从身上掏出一把刀捅了李某的左腹部两刀。经鉴定，李某的损伤为重伤二级。人民法院评议认为，在被告人马某某、李某发生争执后，两人相约到酒吧门外理论，在相约理论时均能意识到有发生互相厮打的可能，且在酒吧门外相互对骂时，具有相互挑衅的意图，排除了防卫的正当性，故马某某进行还击的行为不具有正当性，辩护人关于被告人马某某的行为具有正当防卫性质的辩护意见不成立，法院不予采信。

笔者以为，上述判例很好地解释了何为存在斗殴的意图。案例中，被告人和被害人因为喝酒起争执，相约到固定地点进行理论，视为有挑衅的意图，且被告人直接携带刀具到现场，是可以认定具有明显加害对方的意思，后二人在约定地点厮打在一起，在被告人被被害人掐住脖子的情况下，被告人用刀将被害人捅伤，可以认定为是在互殴过程中致人重伤，可排除被告人的行为的防卫性。

这里值得一提的是，被害人的先动手行为是否影响到被告人行为性质的认定？笔者以为，明显具有事先挑衅意图的互殴行为，互殴双方都有加害对方的故意，而双方的行为都是不法侵害，故不存在防卫者和侵害者之分，因为双方自事情发生开始就是为了挑衅，而非具有防卫目的，所以谁先动手，就不影响此时互殴行为的认定。

其二，及时性的反击意图不能认定为具有积极的加害意思。行为人是在对方先动手的情况下被迫还击，进而发展为相互厮打，即使造成对方受伤，也不能认定为具有斗殴的故意。以“朱某某故意伤害罪一案 ”为例：2016年2月18日，被害人刘某陪同丁某来到某公司找被告人朱正明要钱，被朱某某拒绝。当天下午5时许，朱某某与妻子何某一同走出该公司门口时，被丁某拦住，何某首先与丁某发生拉扯，继而刘某与朱某某相互发生揪打，刘某先用拳头击打朱某某左眼部，致朱某某左眼流血，随后，朱某某随手在地上拾起一铁质簸箕打在刘某左膝处，致刘某左膝关节内、外侧半月板撕裂。经法医鉴定，朱某某的损伤程度被评定为重伤二级，刘某的损伤程度被评定为轻伤二级。被告人朱某某的辩护人提出，是被害人刘某先动手将朱某某的左眼打伤，被害人存在明显过错，且朱某某是在左眼被打伤的情况下才用铁簸箕击打刘某的，该行为属正当防卫或者防卫过当；但人民法院判决理由为被告人朱某某与被害人刘某在相互斗殴过程中致对方受伤，其行为不属于正当防卫，辩护人关于被告人朱某某属正当防卫的辩护意见与查明的事实不符，不予采纳。

笔者认为，上述判决的作出明显不妥。互殴的核心是相互斗殴，虽然斗殴是相互的，但还是存在着谁先动手、还手，是在何种处境下发生的区别，这不仅是从法理上的考量，还是从人与人之间最基本的生存法则来进行考虑的。如果事情在发生最初，还手一方并无伤害他人的故意，那么面对出手伤害一方明显具有人身侵害性的侵害行为，后动手或者是面对侵害被迫动手的一方则毫无理由地应该成为防御方，可以行使防卫权，而这样的具有事先斗殴意图的行为导致的双方厮打，也切不可以认定为刑法学意义上的互殴。上述案例，人民法院在审理查明的事实部分已经清楚地写明，是被害人刘某同丁某一起在被告人回家途中截停被告人并和被告人妻子发生拉扯，后双方厮打在一起，且被告人是在被害人将其左眼打至重伤的情况下被迫还击，将被害人的膝盖打伤，被告人的行为具有明显的即时性反击意图，和斗殴行为应有的事先报复心理完全不同，故被告人的行为应为正当防卫而非互殴行为。

其三，提前预知侵害行为即将发生，而主动准备工具并在侵害行为发生时进行反击，不能认定为具有事先已有的报复心理并具有积极的加害的意思。在法律赋予大众的权利救济方式中，有公权力救济和私权利救济两种，当行为人预知到即将到来的侵害，可以选择公权力救济也可以选择私权利救济，这是法律赋予人们的基本选择权利，故行为人选择私力救济解决即将到来的预知侵害时，法律应予以肯定，而非以行为人事先准备工具又在案发时使用工具为由，认定其具有积极的加害的意思，进而否定其行为的防卫性质。此处值得注意的是，若本来就有挑衅意图，在挑衅意图的前提下准备工具进行所谓的“防卫”，这种“防卫”实际上是一种积极地准备工具以加害，则不能认定为具有防卫性。以“吕某故意伤害罪一案 ”为例：被告人吕某与张某系恋人关系，被害人苑某系已婚男性，与张某有情感纠纷，苑某得知张某与吕某建立恋爱关系后，多次通过张贴对张某进行严重侮辱性大字报，向吕某、张某发送严重侮辱、威胁短信，对吕某及张某进行侮辱和威胁，阻止二人的恋爱关系，苑某向吕某发送侮辱、威胁短信若干，对吕某进行挑衅。某日17时许，苑某来到张某家门口，与张某发生口角，后苑某又与吕某进行通话。通话后吕某与苑某相约至某路段，此时张某及其亲属陈某、刘某均在场，吕某与苑某相遇后发生冲突，过程中吕某用铁管将苑某打伤，后吕某以故意伤害罪入刑。因本案的判决结果针对吕某，笔者对此判决结果暂且不论，但此案件双方行为人行为性质是值得分析的。

一是若受伤的是吕某，且是吕某不堪忍受苑某的威胁、骚扰，才在当天约苑某赴固定地点理论，苑某可否以事先准备工具是为了制止预知到的侵害行为而辩称其行为构成正当防卫？笔者以为不然，因为在事情发生前，苑某多次发短信对吕某进行威胁，并与吕某发生过口角，其行为具有明显的挑衅意图，即使是张某叫苑某到某处理论，苑某携刀具而去，此时的携刀行为可理解为是其此前威胁行为的继续，故不予认定其行为的防卫性。

二是若苑某约张某赴某地点理论，而携刀而来的是吕某，而非苑某，见面后二人争执、厮打，此时吕某将苑某打伤，可否认定为吕某的行为具有防卫性？笔者以为可以，因为在苑某长期的短信威胁、数次辱骂下，吕某可以相信苑某具有侵害自己的故意，这种侵害可视为吕某是未来即将发生的侵害结果的预知，在苑某找其理论的情况下，提前准备工具，以便对预知到的侵害进行适时性的防卫，可以认定其行为的防卫性质。同样的，若是吕某因为苑某的威胁短信产生恐惧，而在出门时随身携带刀具以备万一，而在出门途中被苑某拦截并发生争执，此时吕某将苑某打伤的行为，也可以认定为是具有防卫性质的行为。

概言之，对于目前司法实践中“事先准备工具就一概认定为具有斗殴的故意”“正当防卫的工具只能是就地取材或者夺取对方工具”的观点，笔者皆以为不妥，对于事先准备工具的行为，要从基本的人性和案件的具体事实的角度出发共同进行考量，不能不考虑实际情况而将行为人的私力救济一棒子全部打死，如果实践中强调群众面对预知到的不法侵害只能寻求公权力救济，那法律上的私力救济的存在就成了一张废纸。

在司法实践中，因为互相厮打致人受伤被起诉至人民法院，被告人辩称自己行为属于正当防卫的，大多数是熟人之间因为言语争执引发的争执，往往有一方行为受另一方先动手而引起，真正具有斗殴意图并有加害对方意思的并不多见，但是多见的因为邻里纠纷、琐事引起的厮打冲突，只要一旦有一方受伤，就必定被认定为互殴诉至人民法院进行定罪判刑，这样只重后果不重前因的侦查思路，导致人民法院难以对前因找到具体证据进行认定，加之对互殴行为性质认定的偏差，直接致使大部分的正常生活纠纷被刑事审判定罪惩罚。这样的判决如此大范围地存在于当前的刑事诉讼之中。

（二）强人所难之二：防卫时间严格限定

正当防卫所强调的时间要件为“正在发生的不法侵害”，而“防卫不适时”则是人民法院在最终判定行为人不构成正当防卫的另一个主要原因。其苛刻要求主要表现在对防卫权行使适时性的严苛认定上。根据笔者目前研究的判例，几乎所有否认正当防卫行使适时性的判例都认为防卫行为必须发生在侵害行为发生的过程之中，不能早一分，不能晚一秒，否则就难逃“已丧失防卫的时间，具有伤害他人的故意”，若造成侵害人受伤，则行为人翻身成为侵害人，最终多以故意伤害罪入罪。

以“赵某某故意伤害”案为例：2016年11月21日，案外人王某某同其朋友李某乙、李某甲、姜某某一同前往被告人赵某某和其女朋友宋某某居住的长春市宽城区某栋2单元908室给宋某某还钱。23时许，其四人来到赵某某和宋某某住处，李某乙、李某甲、姜某某三人共同谩骂赵某某和宋某某，其三人又在门口处用拳脚殴打赵某某，此后赵某某回屋取出菜刀，将李某甲和姜某某砍伤，后赵某某被一审人民法院以故意伤害罪入刑。被告人赵某某向一审人民法院主张成立正当防卫，被一审人民法院以不符合正当防卫的五个构成要件为由予以否认。笔者以为，这里最容易让人产生否认正当防卫的理由便是李某乙、李某甲、姜某某三人对赵某某的殴打行为在当时已经“结束”，此时被告人冲进屋内拿出菜刀将施害人砍伤，不符合正当防卫中“侵害正在发生”的时间要件。但是笔者以为不妥，根据判决书中提到，王某某同被告人赵某某的女友宋某某有纠葛，案发当天，王某某以还钱为由敲开了赵某某及其女友宋某某的房门，在王某某进屋后，李某乙、李某甲、姜某某三人相继进屋对赵某某进行殴打，赵某某后跑进屋内拿起菜刀对以上三人追砍。笔者以为，先不论赵某某的行为是否防卫过当，但就从肯定其行为的防卫性上来认定是没有问题的。如果按照上述严格的时间要求，赵某某要在上述三人对其拳打脚踢的过程中予以反击才能构成正当防卫，但根据现场的情况其女友宋某某被王某某制伏，赵某某以一人之力明显难以抵挡以上三人的殴打，在殴打当时发起防卫根本不可能，但是王某某所带的三人在赵某某屋内，赵某某有充分理由怀疑以上三人有继续侵害其身体的可能，故拿起菜刀奋起反击，是适时的防卫行为。若非要要求赵某某在被殴打当时予以反击，只能说是司法实践的判例已经罔顾行为人的基本人性，难免有强人所难之嫌。

另外，由于一定要严格限制正当防卫的实施必须是在“侵害行为正在发生时”，实践中还出现了类似于“A拿刀砍B，B奋力将刀夺下，后将A砍伤”，人民法院却以A已将刀夺下，此时的侵害行为不急迫，A已丧失防卫权行使的权利为由直接否定A行为的防卫性予以入罪的判例。笔者认为，这种判例都是司法实践中裁判者对正当防卫属性的过度解读，也是对行为人实施正当权利设置了畸高门槛。

（三）强人所难之三：防卫强度严格限定

正当防卫的防卫强度，是指正当防卫构成要件中所规定的反击行为不得超过必要的限度。在笔者对进行正当防卫相关资料进行搜集中，笔者认为正当防卫被否认的最大原因应该是有关防卫强度的认定，但在笔者检索和分析结果中，防卫强度的相关数据却只占据相当小的比例。后来，笔者又对因认定为斗殴而以故意伤害罪入刑的判例进行了研究，在本不应认定为斗殴的案例中，大多数皆存在防卫限度的不合理要求。故笔者以为斗殴和防卫强度的案例存在重复，防卫强度的规定仍然是正当防卫被排除的理由中不得不考虑的一项。

一个巴掌引发的“血案”。在笔者研究的500例判决书中，其中被告人辩称“因为对方打了我一巴掌，我才动手打他的 ”，这样的辩称非常多见。在被告人被打了一巴掌后，被告人气不过还手，或者是推了对方，或者是锤了对方，或者是与对方厮打，等等，但结果都是被告人将侵害人致伤（大多数为轻伤），而被告人最终的法律后果是入刑。笔者将这类案例统称为一个巴掌引发的“血案”。中国俗语有云“打人不打脸”。打脸行为是一项同时带有侮辱性质和伤害性质的侵害行为。一个正常的、具有人格尊严和自然血性的人，在面对如此的侵害时，予以反击，笔者以为在常理之中，难道只有忍才是解决问题的方法吗？而且基本常识，被人打了一巴掌，经常性地不在公力救济的范围之内，但是行为人采取私力救济致人损伤时，过于严格限定所谓的“强度”，也就是“我打你一巴掌，你就只能对我造成一巴掌所能造成的伤害，只可以少，不可以多”，这不是强人所难吗？

只要致人受伤，就是防卫过当或者直接否定防卫性，这是目前司法实践中对正当防卫行为认定中最违背常理的通病。法律赋予行为人正当防卫权的理由是什么，或者说，法律为何将正当防卫权明确规定写入《刑法》总则，就是因为行为人在采取正当防卫行为的时候可能或者说是有极大可能会造成侵害人的伤害，正因为会造成伤害，才有了法律对此种防护行为予以明确排除负刑事责任的可能。但是现在的审判实践是，只要造成伤害，就是防卫过当，更甚者，竟直接否认行为的防卫性。

以“陈某故意伤害案”为例：2016年4月29日23时许，被告人陈某与被害人汪某某在某处发生争吵，汪某某用手指陈某，被陈某挡开，双方发生了抓扯。抓扯中，汪某某用右手打陈某的头部一拳，并用左手指陈某说：“你信不信，老子今晚弄死你在这儿。”陈某遂用双手抓着汪某某的左手，用嘴将其左手第三指关节咬断后逃离现场。人民法院判决书主文部分关于否认被告人属于正当防卫的意见是这样评判的：事发前吴某到过现场但未打过陈某，后走了。事发时现场只有陈某和汪某某、“小王四”，但只有陈某和汪某某两个人发生抓扯，汪某某虽然手上有刀，但未打开，且未用刀指向陈某。抓扯中，汪某某用拳头打陈某头部并用左手指向陈某时，陈某咬了汪某某左手后逃离现场，造成汪某某左手第三指远节离断。经鉴定，汪某某左手第三指远节离断所受损伤符合咬伤特点，其损伤程度评定为轻伤二级。根据现有证据包括监控视频以及庭审笔录证实，陈某的行为是一种故意的行为，该行为不符合正当防卫的相关法律规定，故对该辩护理由本院不予支持。后陈某被一审人民法院以故意伤害罪入刑。笔者认为这一评判极为不妥。人民法院最终判定被告人行为不具有防卫性的关键点在于“陈某的行为是一种故意行为”。这种理由在笔者看来简直可笑，因为是故意行为，所以就排除防卫权了吗？如何的不故意才能构成人民法院口中的防卫意识呢？该例判决中，人民法院特意描述了施害人汪某某手上有刀但未打开，言外之意为汪某某只将刀拿在手上不能对被告人构成威胁，只有将刀打开并捅向被告人时被告人的行为才具有防卫性吗？另外，被告人采取的只是咬一口这样最基本的一般人都会做的防卫动作，而且是在被告人将刀拿出、用拳头击打被告人头部，且威胁被告人“你信不信，老子今晚弄死你在这儿”这三重危险条件下采取的，这是一种最基本的自保行为，仅仅因为这一口下去咬得重了些，把施害人咬伤了，就构成犯罪、排除防卫性质了？换句话说，在这种情况下将施害人咬伤，不恰恰应该是用《刑法》总则第20条的规定让其免于刑法处罚，怎么反而还入了刑呢？

对防卫权防卫强度的为难，还体现在多处。比如，有案例为“施害人来到被告人家中，用烟灰缸将被告人打伤，被告人奋起反击，将施害人致伤为轻伤二级，最后否认行为的防卫性以故意伤害罪入罪 ”“施害人酒后进入被告人住宅，对正在看电视的被告人进行人身攻击，后被告人就近取得刀具进行抵挡但将施害人致伤，以防卫过当应负刑事责任为由以故意伤害罪入罪 ”“施害人用铁质拖布把殴打被告人并掐被告人脖子，被告人挣脱后冲到墙边拿起仿制的日本刀，用刀抵挡后将施害人伤至轻伤，以明显超过必要强度为由否定行为防卫性，具有伤害他人故意，最终以故意伤害罪入罪”……类似的案例不胜枚举，可以说，司法实践中对防卫权的使用和认定，已经到了近乎病态的严苛的程度，这种严苛的直接后果就是群众不敢轻易地行使防卫权，防卫权的存在完全沦为一纸空文，而这样的直接后果则是，群众丧失了防卫的积极性，面对危险，内心知道“反抗会被入刑”，因而只能一而再，再而三地躲避、逃脱，而最终的结果是在沉默中死亡，还是在沉默中爆发，笔者实在不敢深思妄论。

（四）强人所难之四：持续侵害行为不考虑累积升高的不法侵害

持续侵害行为不考虑累积升高的不法侵害对防卫相当性的特殊影响。对持续侵害的侵害行为，也要求必须有伤害身体的侵害时才能进行“伤害侵害人身体”的反击，若是在持续侵害明显减弱时进行防卫，仍会认为有“具有明显伤害他人的故意”，最终多以故意伤害罪入罪。这里笔者想简单说一下“于欢案”，于欢案最终被二审人民法院以防卫过当认定，肯定了于欢行为的防卫性质，这个判决是否恰当，暂且不论，这里笔者提一点，笔者曾和一位仔细阅读过于欢案全部案卷的记者进行沟通，据该记者表述，于欢案在二审的时候，人民法院认定的难点之一在于于欢当时捅伤施害人的那把刀，外界传言是一把普通的水果刀，而实际上那是一把类似于镰刀缩小型的弯刀，因此人民法院认为这把刀是于欢事先带进去的，并以此认定于欢有事先伤害对方的故意。笔者认为不管这把刀是什么刀，是不是提前带进去的，都不影响本案正当防卫的成立，理由如下：

其一，本案中存在明显的持续侵害行为。对持续侵害行为，必须考虑在持续侵害的过程中所造成的行为人面临的“累积升高”的不法侵害，要综合考虑案件的特殊情况，尤其要考虑到在已经持续很久的侵害行为的发生过程中，行为人作为受害者，在从1分钟到1小时到连续几个小时之间心理承受范围的变化，行为人对未来可能发生的侵害的担忧是不明确的。换句话说，在持续侵害的过程中，因为施害者在时间跨度内占有绝对的优势，必须考虑到施害者随时提高侵害强度，进而危及生命，故于欢具有正当防卫实施的前提条件。

其二，刀具是否事先准备，不影响成立正当防卫。在“于欢案”中，追债者在于欢母亲的公司外已经守了许久的情况下才进入公司，此时可以肯定，于欢可以预知到即将发生的危险。因此，在追债者和于欢母子进入会议室之前，即使于欢将刀事先准备好并带进去，也是对预知到的侵害行为的一种防备，且根据案件的发展，于欢是在被殴打、母亲受侮辱、警察出门而去的情况下才使用该刀进行反击，完全符合正当防卫的特征。

其三，该记者特意提到了“于欢案”中，并不像外界流传的施害人将裤子脱下将生殖器在于欢母亲脸上磨蹭，而仅仅是脱掉裤子漏出生殖器在远处把弄。笔者以为，在女性在场的情况下，以上两种行为并无本质上的差别。另外，特意提到“没有拿生殖器蹭于欢母亲面部”，目的在于说明于欢还没有到了迫不得已的地步吗？笔者此处不再具体分析，只觉得无奈至极。

小　结

法律从不强人所难，意为法律从来不强迫任何人履行其不可能履行的事项，法律不能命令人们实施不可能实施的行为，也不能禁止人们实施不可避免的行为，这便是这一格言的基本含义。但是，我国防卫权的司法实践，却偏偏背道而驰，一而再，再而三地提高防卫权认定的门槛，让防卫权的规定几乎成为一纸空文。可以说，目前司法实践中关于否认行为人构成防卫权，进而以刑律入罪的审判判例，大多数是经不起认真推敲的，但这种现象还会、还能持续多久，不得而知。如此大范围的“于欢案”讨论最终仍是以防卫过当入刑，仅仅是承认了于欢行为的防卫性质，可见防卫权限制门槛在我国司法实践中的根深蒂固。如何让司法设身处地地去理解法律，而非不顾实际情况，仍然有待深入研究并形成共识。也唯有这样，才能给防卫权行使一个常态化、正常化的可能，这一天，笔者翘首以盼。

参考文献：

[1] 储陈城：《正当防卫回归公众认同的路径——“混合主观”的肯认和“独立双重过当”的提倡》，载《政治与法律》2015年第9期，第27~37页。

[2] 陈璇：《侵害人视角下的正当防卫论》，载《法学研究》2015年第3

期，第120～138页。

［3］陈璇：《正当防卫中风险分担原则之提倡》，载《法学评论》2009年第1期，第102～110页。

［4］陈兴良：《正当防卫论》，中国人民大学出版社2006年版，第174~175页。

［5］陈兴良：《互殴与防卫的界限》，载《法学》2015年第6期，第129~137页。

［6］陈兴良：《正当防卫论》，中国人民大学出版社2006年版，第49页。

［7］郭泽强：《“权利与权力”框架下的防卫权》，载《法学》2014年第11期，第65~71页。

［8］黎宏：《论正当防卫的主观条件》，载《法商研究》2007年第2期，第63~75页。

［9］卢勤忠：《无限防卫权与刑事立法思想的误区》，载《法学评论（双月刊）》1998年第4期，第75~80页。

［10］王政勋：《正当行为论》，法律出版社2000年版，第172页。

［11］伍金平：《正当防卫司法适用的困境探析——从一宗致不法侵害人倒地“猝死”案的定性之争》，载《河北法学》2012年5月第5期第30卷，第190~192页。

［12］杨路生：《防卫权行使困局的成因及其破解》，载《海南大学学报（人文社会科学版）》2011年4月第29卷第2期，第37~42页。

［13］杨毅伟：《自我防卫与相互斗殴的刑事司法判定研究——以个案为线索的分析》，载《西南政法大学学报》2012年12月第14卷第6期，第108~114页。

［14］赵秉志、田宏杰：《特殊防卫权问题研究》，载《法制与社会发展》1999年第6期，第36~44页。

［15］赵秉志、肖中华：《正当防卫立法的进展与缺憾——建国以来法学界重大事件研究（十九）》，载《法学》1998年第12期，第3~6页。

［16］张明楷：《故意伤害罪司法现状的刑法学分析》，载《清华法学》2017年第1期，第6~27页。

[17] 周光权：《正当防卫的司法异化与纠偏思路》，载《法学评论（双月刊）》2017年第5期，第1~17页。

[18] 周光权：《论持续侵害与正当防卫的关系》，载《法学》2017年第4期，第3~11页。